JN021661

慶應大生が学んでいるスタートアップの講義

編著｜KPMGコンサルティング
ビジネスイノベーションユニット

日本経済新聞出版

はじめに　日本経済を支える「木」を育てたい

スタートアップ（新規企業）を起業して大きくしていくことは、「木を育てること」に似ています。

木を育てるためには、まず植えるべき苗木を用意しなければなりません。しかし、苗木を荒地にそのまま植えておくだけでは大きく育つことはありません。苗木を植える場所で成長の邪魔になる雑草を刈り取り、定期的に間伐や枝打ちを行うなどして、木が育つ環境を何年にもわたって維持しなければなりません。これはたいへん手間のかかる作業です。

スタートアップにとっての「苗木」は、新規ビジネスの核となる技術やアイデアです。たとえ素晴らしい技術やアイデアを持っていたとしても、そのままで利益を生み出すビジネスが勝手に立ち上がるわけではありません。試行錯誤を繰り返しながら提供する製品やサービスの向上に努め、新規顧客を開拓しつつ、規模拡大と収益化を進めていかなければなりません。木を育てるのと同じように、ビジネスの「苗木」を根気強く育てていく努力が必要なのです。

このように手塩にかけて育てられた木々は森林を形成し、多様な動植物の棲む生態系を育みます。山に植えられた多くの木々は雨水を蓄える手助けもしてくれ、治水にも役立ちます。

翻（ひるがえ）って、成長するスタートアップは、単に新たな雇用を生み出すだけでなく、新しい技術とアイデアの組み合わせとしての「イノベーション」を推進します。その結果として、経済の成長、社会課題の解決、人々のウェルビーイング（心身の健康や幸福）の向上にも貢献してくれます。つまり、すくすくと育つ木々のように、元気なスタートアップは現代経済の活力の源泉なのです。

しかし、懸命に努力したからといって、木が順調に育つ保証はありません。大事に育ててきた木が悪い病気にかかって枯れてしまうかもしれません。あるいは山火事が発生して全ての木々が失われるかもしれません。

スタートアップも同じです。新サービスに期待していたほど顧客が集まらないかもしれません。軌道に乗りそうになった時に、類似サービスを始めた競合企業に顧客を持っていかれることもあります。さらに、突然の災害・疫病や大不況などによる経済状態の悪化で、順調に拡大していた事業が頓挫することもあるでしょう。このようなリスクを乗り越えてこそ、スタートアップを成長させていくことができるのです。

ところで、そもそも林業においてコストをかけ、リスクを負ってまでして木を育てる目的は何でしょうか。

それは、木を大きく育てて伐採し、木材として売るためです。

スタートアップも同じです。スタートアップにおける「出口戦略」とは、いかに高く企業本体を売りに出すかということにほかなりません。最初から売却することを前提に企業を立ち上げるという発想は、伝統的な日本企業の価値観からは出てこないかもしれません。

しかし、スタートアップに出資しているベンチャーキャピタル（ＶＣ）にとっては、出資した企業の株式を新規上場（ＩＰＯ）する、あるいはほかの企業や投資ファンドに売却することで利益を確定することが投資戦略の要です。ＶＣから資金提供を受ける以上は、ＩＰＯなどで投下資金の回収を目指さなければなりません。

さらに付け加えると、木を売り続けられることは木を育てる山を維持することにつながります。木がうまく育ったとしても木材の市況が悪化して利益を上げることができないようであれば、先ほど述べた木の育成にかかるコストを回収できないため、林業は経済的に成り立ちません。そうなると人々は林業を離れてしまい、山は放棄されて荒れ放題となり、木が育てられなくなります。

スタートアップも同様です。ひとつのＩＰＯが成功すれば、新たに獲得された資金が次のスタートアップを始める元手となります。そして、この企業のＩＰＯにも成功すると、もっと資金が増えて次の新規事業につながります。このような好循環が生まれることで次々とスタートアップが生み出される環境ができ上がります。

しかし、ＩＰＯがうまくいかない状態が続くと、ＶＣからの資金も途絶し、結果としてスタートアップは生まれにくくなります。
イノベーションが起きず、停滞感と閉塞感に包まれている現在の日本経済は、まさにこの「放棄された山林」の状態にあるのではないでしょうか。かつての日本経済を支えた「巨木」は老いて往年の勢いを失ってしまいました。これに代わるべき「若木」はまだ育っていません。木を植えて育てようとする人も限られています。

この状況を打破すべく、次世代を担う若者に起業の必要性とイノベーションの重要性を理解してもらい、1人でも多く起業の道に足を踏み入れてもらうために、慶應義塾大学経済学部は、KPMGコンサルティングの協力のもと、2022年4月より寄附講座「スタートアップとビジネスイノベーション」を開始しました。1年間、合計28回におよぶ講義では、イノベーションとは何か、という根源的な問いに始まり、イノベーションの最新事例を紹介しつつ、実業界で活躍されている起業家を外部講師として招いて講演していただくとともに、スタートアップのために必携のビジネス知識を学生に教えました。

1年間という長丁場の授業の成果を目に見える形にまとめるとともに、その授業内容を広く社会と共有するため、日経BPの協力を得て授業のエッセンスを一冊の書籍にまとめ上げました。本書がきっかけとなり、起業に対する日本社会の理解が進むとともに、本書の内容に触発された読者が将来起業家となって日本経済を牽引してくれることを期待してやみません。

2023年6月

慶應義塾大学　経済学部教授　中妻　照雄

慶應大生が学んでいるスタートアップの講義　目次

第2講

スタートアップとイノベーション 033

第3講

事業化・産業化におけるイノベーション 081

第4講

スタートアップに必携のビジネス知識

第5講 学生起業家からのメッセージ 333

第1講

なぜ大学発スタートアップが重要なのか？

読者の皆さまは、どのような目的で本書を手にされているのでしょうか。近い将来起業してみたい、あるいは〝イノベーション〟を起こしたい、など様々かと思います。本書はその目的に資する内容を意識していますし、慶應義塾大学で行っている講義もその実現を十分にサポートする内容だと自負しています。

その細かな内容に入る前にまず、一番伝えたいことを言わせてください。それは、今や〝イノベーション〟を起こすこと、そのひとつの形態としての〝スタートアップ〟を活性化させていくことは、日本にとって待ったなしの最優先課題なのだ、ということです。

にもかかわらず、その認識・危機感が今ひとつ乏しいことが、日本の最たる問題に思えてなりません。大学生の就職人気企業ランキングを見ていても、依然メディア露出が多い大企業の名前ばかりが並んでいるように思え、この危機感は増すばかりです。ですので、まずは大局的な視点から、「今、どのような環境変化が起きているのか」「なぜイノベーションが必要なのか」「なぜ大学発スタートアップなのか」という大本の問いから考えていきたいと思います。

1 「今の日本が求めるイノベーションの本質とは」

2023年（令和5年）に入って、政府は「異次元の少子化対策」をスローガンに掲げ様々な具体策を講じ始めました。「少子化問題」は何も今急に始まった課題ではなく、すでに何十年も前から警鐘が鳴らされてきた事実であることを踏まえると、正直遅きに失した感は否めませんが、これまでにない危機感を持って具体的な政策・施策を急ピッチで進めようとしている動きは、非常に歓迎すべきと考えています。本書は政策本ではありませんので、少子化問題をこれ以上深掘りすることはしませんが、少子化という構造的な課題とイノベーションやスタートアップ機運がどのような関係性にあるのか、というポイントに焦点を当てて考えていきたいと思います。

イノベーションとは何か

まず、イノベーションとは何でしょうか？

明確な定義があるものではありませんし、それぞれの立場や状況に応じて様々な言葉で語られていることに意見するつもりもありません。ただし、イノベーションを起こす、その手段としてスタートアップの起業を後押しする本講座の目的に照らした際には、もう少しその解像度は上げておきたいと思います。

筆者は、イノベーションとは「新しい価値や市場（産業や雇用が生まれるもと）を創造する活動」と位置付けています。加えて、もうひとつの大切な点は、それが「継続的（サステナブル）な価値・市場であること」です。一過性の打ち上げ花火で終わるようなブーム的製品や一部の業界や企業だけが恩恵を受けるようなもの、またはこれまでにない新しい〝価値観〟といった〝感覚論〟の話は、筆者のこの定義には合致しません。イノベーションは、それまでの社会や産業構造の奥深い問題、あるいはまだ誰も気付いていない・認識すらしていない可能性、未来のニーズなどを探し出し（〝創り出す〟とも言える）、その価値の発現を通じてより大きな影響範囲をもって新しい産業や雇用を創り出すことであって、一過性の流行りものではダメなのです。

市場追随型か未来創造型か

冒頭、なぜ「少子化」の話から入ったと思われますか？　何より「人口」というのは経済の拡大・縮小を規定する重要な要素であり、その動向に応じて産業の在り方や我々の思考、行動様式さえ左右するものだからです。

ひたすら市場が拡大していくなかでは、製品やサービスを欲する人々や新しいニーズが次から次へと生まれ、いち早くニーズを〝拾い〟、それを他社よりも優れた形で製品・サービスに仕立て、素早く市場に投入するといった、ニーズ拡大に追随するような「市場追随型」での行動様式が基本となります。ニーズに乗り遅れないように産業や人がついて行くようなモデルです。生産側の労働力も潤沢かつ途切れることなく供給されるので、「これだ」と決まったら一気呵成にみんなで必死に稼働する。

戦後、日本の奇跡的発展をもたらした「高度経済成長期」はまさにこの「追随型産業モデル」が機能した時代と言えるでしょう。真面目で勤勉な日本人が得意とするモデルだったとも言えます。

図表1-1-1　市場追随型と未来創造型

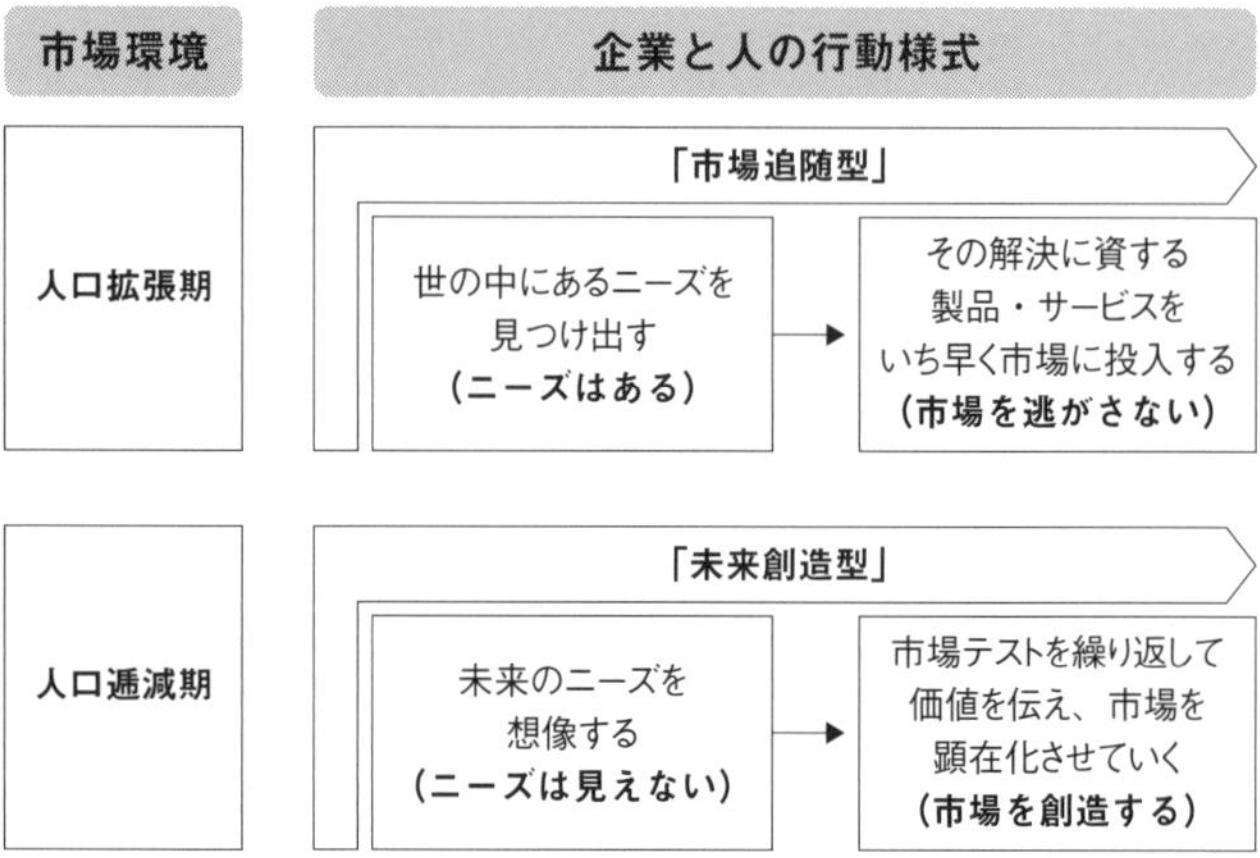

市場環境	企業と人の行動様式		
	「市場追随型」		
人口拡張期	世の中にあるニーズを見つけ出す **（ニーズはある）**	→	その解決に資する製品・サービスをいち早く市場に投入する **（市場を逃がさない）**
	「未来創造型」		
人口逓減期	未来のニーズを想像する **（ニーズは見えない）**	→	市場テストを繰り返して価値を伝え、市場を顕在化させていく **（市場を創造する）**

しかし、その後、製品やサービスが国内外の市場の隅々まで行きわたり、人々の欲求も満たされていくなかで、個々人の価値観や生活感は多様化し、ボリュームある市場（ニーズのかたまり）を見つけることも難しく、また製造技術の向上により先手を打ったはずの製品がすぐに真似されて価格競争に陥ってしまったり……、いったい何をどうやれば産業（市場）を創り出せるのか、その進め方すらわからない時代に突入しました。「消費人口」も「生産人口」も今後回復することは期待できず、双方ともに年々減少していく構造は、我々のこれからの行動原理のベースとなるのです。

では、海外市場に進出しよう……。そんな簡単な話ではありません。問題は、その動きの〝目的〟なのです。既存製品やサービスが国内では売れないので、海外市場に持っていこう、アジアの国で我々のサービスを展開していこう、という〝生き残るための〟単純な発想だけでは、遅かれ早かれ市場がレッドオーシャン化し価格競争にのみ込まれ、次なる市場を探して転々とする羽目になってしまいます。多少の延命にはなりますが、それで日本のサステナブルな成長につながるでしょうか？

日本が必要とするイノベーションの本質とは

もう一度、今の日本においてなぜ〝イノベーション〟が必要なのかを考えてみてください。

人口が減少していくという有史以来の初めての潮流のなかでも、人々の生活や心を豊かにできるような新たな産業や製品・サービスを創り出し、〝その価値〟を世界に届け、その価値のさらなる磨き上げとともに世界からお金が集まり、産業規模だけでなく多様な人々の雇用が生まれる……。そうした「価値創造」で戦っていく市場発展ループを再びこの国に創り出すことが、今の日本が最優先で追い求めるべき〝イノベーション〟の本質なのです。生き残りのための経済合理性、DX（デジタルトランスフォーメーション）によってオペレーションの効率性を高め、コストを圧縮するばかり

図表1-1-2　日本が必要とするイノベーションの本質とは

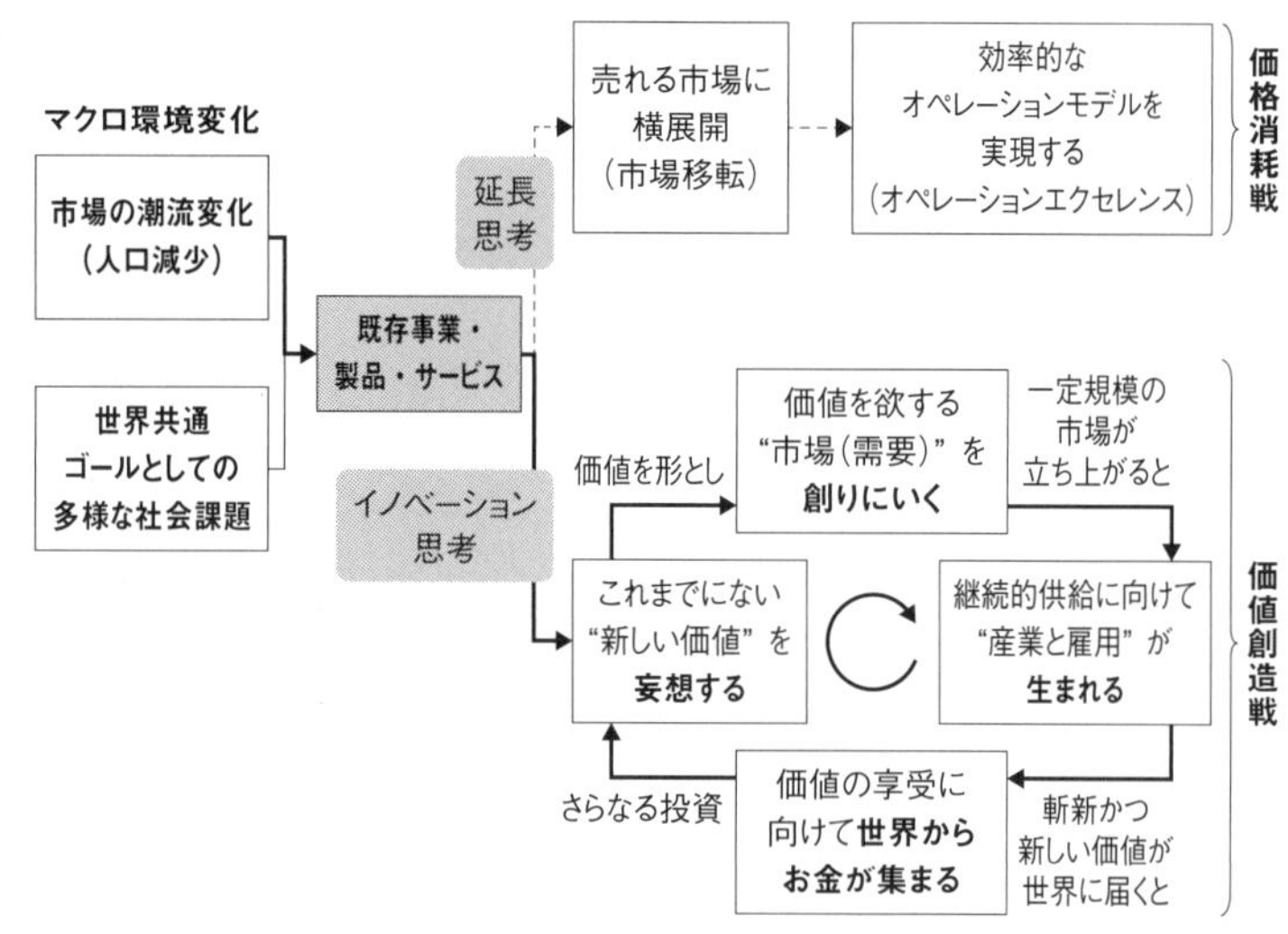

で勝負し続けていたら、その先で行きつくのは「価格消耗戦」なのです。

潮目は変わったのです。今こそ大きなマインドチェンジ、ビヘイビア（行動）チェンジが必要なのです。これまでのように、どこかに転がっているはずの〝ニーズ〟探しの旅から始まっていた産業発展モデルを、これからは、「こういう世界になるはずだ」「こういう世界にしてみたい」「だからこういう事業・製品はきっと世の中に必要とされるはずだ」という妄想起点、未来潜在ニーズ起点で産業を創っていく「未来創造型」モデルに変えていかなければならないのです（何も0か100かで、思いきりどちらかに振り切りましょう、という極端な話をしているつもりはありません。ただ、この2つのモデルの違いを理解し、イノベーションの必要性を理解し、重心を切り替えることが必要だということです)。

日本は「失われた30年」という暗闇に迷い込み、いまだ明確な出口を見つけ出せずにもがき苦しんでいます。人口減少局面を頭では理解していながらも、長く染みついた企業の成功原理や社員の行動様式を変えられずに、その「慣性の法則」によって「市場追随型」に比重を置いたまま時間だけが過ぎてきた感が否めません。世界に通じるイノベーティブな事業やサービスを創り出す力、その〝イノベーション創出力〟を強化していくことが今の日本の最優先の課題であって、その力が発動・躍動できる環境もないままに、過去の延長線上での事業モデルや製品やサービスでただ闇雲に「次なる市場」を求めて横展開していくような取り組みだけでは、日本の未来は縮小均衡から脱せられないと筆者は考えています。

小さな市場でも世界と戦える、豊かに暮らせる、そのような日本を創り上げるために今、イノベーションは待ったなしなのです。

2

「イノベーションのタネを探す」

では、どうすれば「イノベーションのタネ」が見つけられるのでしょうか？

満点解は当然ありませんが、2つの「視点」を持つことがその目的に対して有効です。これは筆者の所属する組織において新規事業開発を支援する時や、自ら主体となってイノベーティブなサービスの発案を行う（アイディエーション）際に重視している「視点」であり、きっと皆さんのアイディエーションの一助にもなると思います。

イノベーションのタネを探す①——

「社会課題」起点から考える

産業革命以来、世の中は飛躍的に豊かになりました。しかしその反動とも言える「大量消費型社会への猛烈な反省」が世界を包んでいることは、皆さんもご認識のことと思います。この反動によって人々の消費行動も生産行動も日々変化してきていま

図表1-2-1　イノベーションのタネを探す～2つの「切り口」

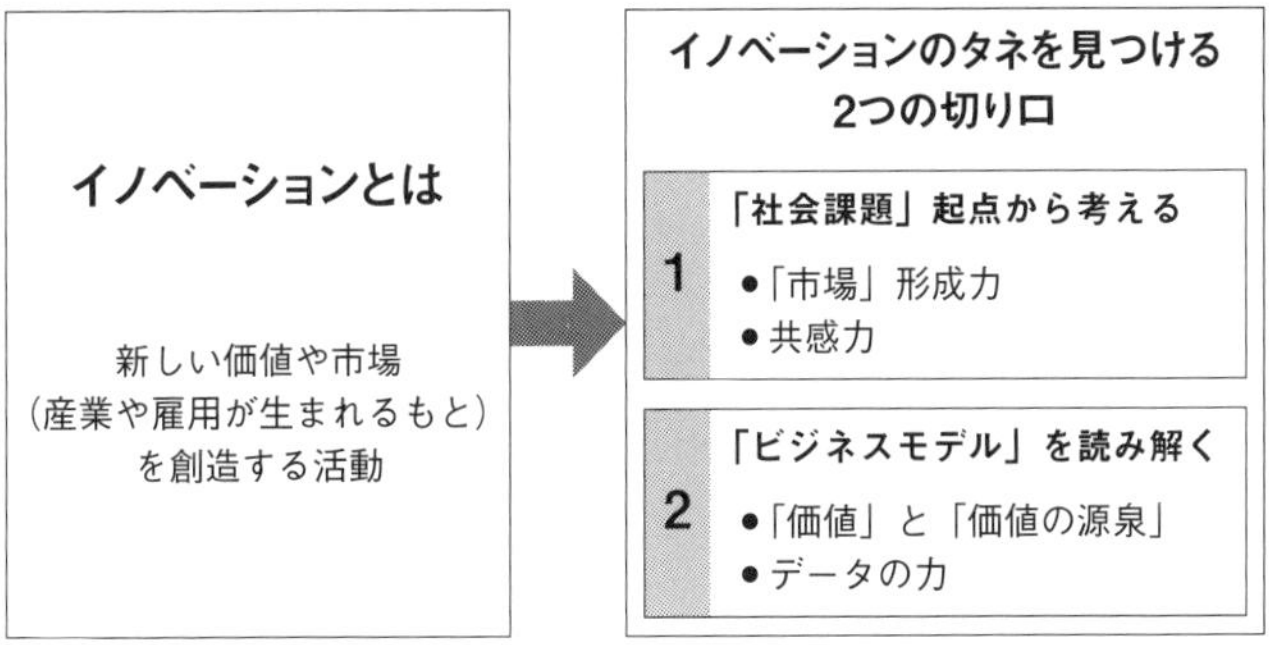

イノベーションとは		イノベーションのタネを見つける2つの切り口
新しい価値や市場（産業や雇用が生まれるもと）を創造する活動	→	**1** 「社会課題」起点から考える ●「市場」形成力 ●共感力
		2 「ビジネスモデル」を読み解く ●「価値」と「価値の源泉」 ●データの力

す。表面的なユーザーニーズを拾っては製品やサービスに置き換えて大量生産し、二酸化炭素（CO_2）をまき散らしながら世界中に届けていく、といった行動様式では、市場からレッドカードで一発退場が命じられる時代です。

逆に言うと、こうした世界や社会の動き、重視される〝価値観〟や〝感性〟などを十分に考慮して、〝共感〟を生み出せるような新しい製品やサービスであれば、一気に市場を創造できるということでもあるのです。イノベーションというものが、新しい産業や雇用、つまり市場を創造するものと定義するならば、素直に「社会課題の解決につながること」はイノベーションへの第一歩となるはずです。

また、この切り口から考え始めることで、過去の延長線上の思考に縛られない、というメリットも忘れてはなりません。人間の思考上、どうしても「今、目の前に見えているもの」、産業界で言うと「既存の業界」や「今存在する（稼働している）オペレーション」をデジタルなどの手段を用いて変革するようなことに意識や目線が行ってしまいがちです。そうなると、おのずと業界独自や特定の受益者限定のサービスにしかならず、イノベーションとは遠い姿に着地してしまうことが多くあります。日本のＤＸがイノベーションと縁遠いのも、思考の起点がそもそもずれているからです。

なお、社会課題には様々なテーマがありますが、その優劣などをつける作業に全く意味はなく、我々が日ごろ目にし耳にしている時点ですでに世界レベルでの潜在ニーズ、潜在的市場があるわけですから、本当に自身にとって一番関心が高く、解決してみたい、と熱意を持って向き合えるテーマにこだわって、イノベーションのアイデアを探ることをおすすめします。

CO_2、ごみ、フードロス、貧困、教育……さらに掘り下げて、そのテーマのなかでどういったことに一番関心があるのか、どういったことができればいいと思っているのか……ごみ再生に向けた新しい循環経済の創出、最適消費にもとづいた地産地消モデルの構築、教育格差をなくすようなワールドワイドなデジタルスクール……などなど（筆者が勝手に思いついたまま書いていますので、ぜひ深掘りしてみてください）。

そのアイデアはどのような〝形〟であれば実現できるのか、市場が創造できそうか……と、どんどん思考を深めてみてください。この最後の〝形〟を考える際にカギとなるのが、次なる視点、「『ビジネスモデル』を読み解く」なのです。

イノベーションのタネを探す②――
「ビジネスモデル」を読み解く

そもそもビジネスモデルとは何でしょうか？

本書では、イノベーションのタネを見つけるためにどのようにビジネスモデルを読み解くか、という視点から、その意図を解説してみたいと思います。理解をしやすくするために、既存の業界やサービスのケースで話を進めたいと思います。

例えば、みずほ銀行や三菱ＵＦＪ銀行、三井住友銀行といった大手メガバンクと、ソニー銀行や楽天銀行、ＰａｙＰａｙ銀行といったネット専業銀行。同じ「銀行業」ですが、ビジネスモデルは同じでしょうか？　同じく身近な例として旅行代理店はどうですか？　ＪＴＢや日本旅行、ＨＩＳ（エイチ・アイ・エス）などの大手代理店と、エクスペディアや一休ドットコム、じゃらんなどのＯＴＡ（Online Travel Agency）と呼ばれるネット専業の代理店のビジネスモデルは同じでしょうか？　簡単な概念図で見てみましょう（図表１―２―２・３）。

大手旅行代理店もＯＴＡも、観光事業者と観光客の間に立って〝旅行の仲介〟とい

図表1-2-2　旅行代理店――大手旅行代理店

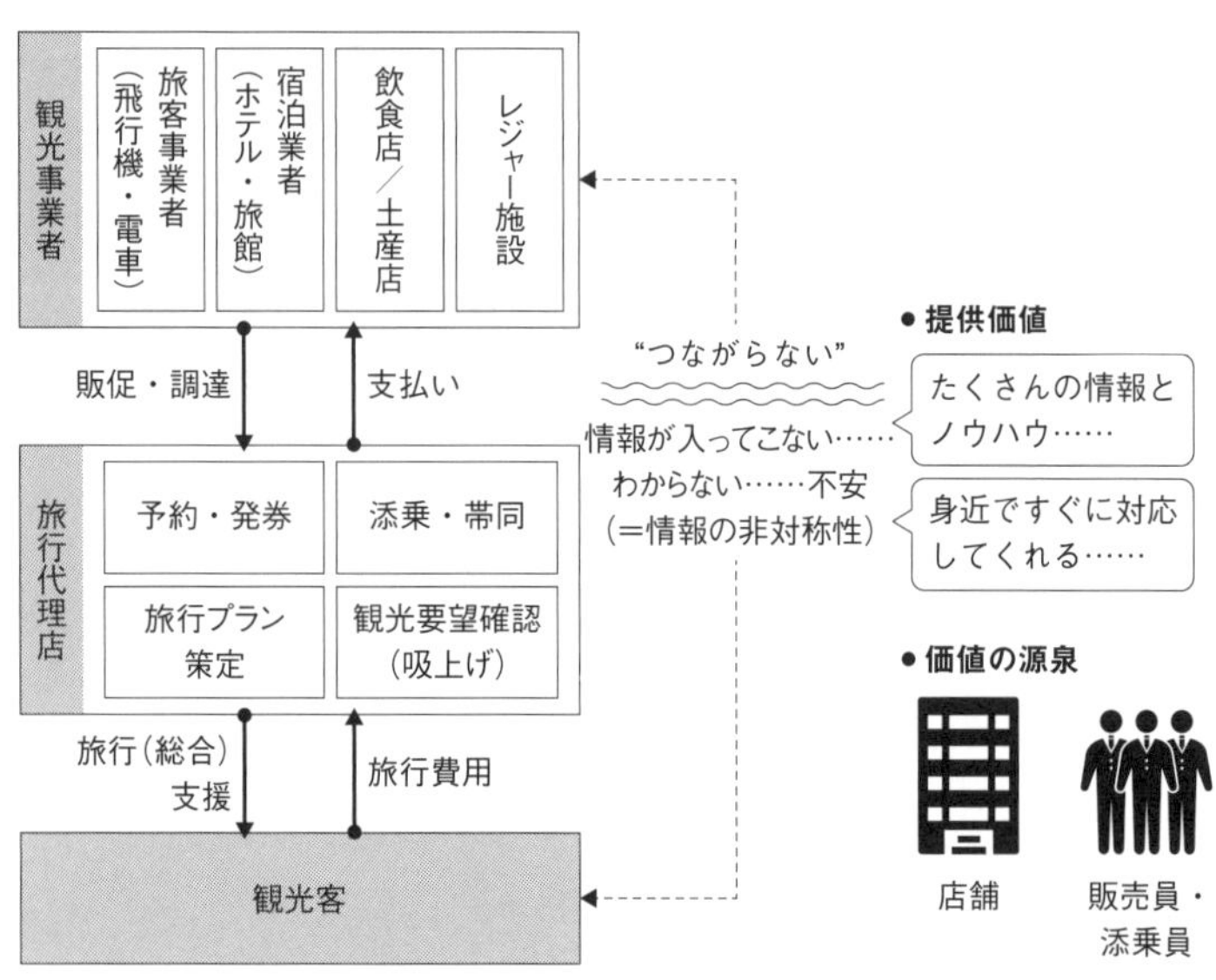

う〝価値〟を提供している点は何ら変わりません。それをネット（デジタルプラットフォーム）で実現するか、店舗と販売員で実現するかという〝手段〟が異なるだけです。

しかし、もう一段〝価値〟というものを要素分解してみると、そこに違いが見えてきます。大手代理店の〝仲介〟価値は、店舗という手段を伴うことによって「お客様の身近」でいつでも対応してくれて、自分よりもノウハウや情報を持っている専門家が理想の旅行プランを組み立てて手配までしてくれる「情報・ノウハウ」の2つの〝価値〟を提供していると考えるのが自然でしょう。

ところが、テクノロジーの進化によっ

図表1-2-3　旅行代理店――OTA（Online Travel Agency）

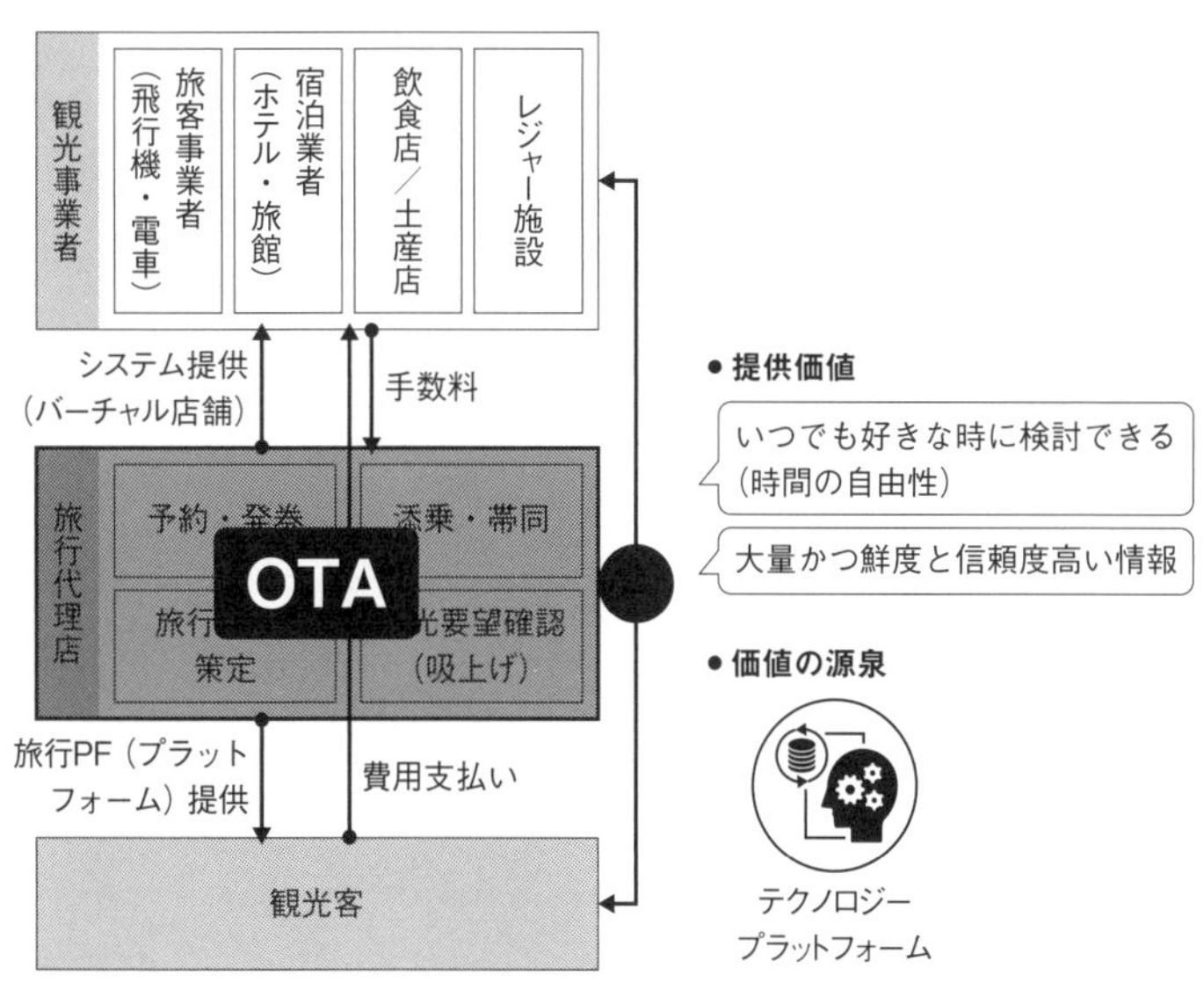

て事業者と観光客の間にあった情報格差（非対称性）が完全になくなってしまい、どこに行くにも詳細な現地情報を自ら事前に調べることができますし、ホテルや飲食店、何ならその「口コミ評価」や現地での最適な観光順路ですら、スマホアプリを使えば難なく収集できるようになりました。「仲介」という価値の源泉であった店舗も専門的なノウハウを持った窓口社員も、現地ツアーガイドも、「最適な旅行の実現」においてはほとんど必要がなくなったわけです。多くの旅行サイトを比較して、自分の好みに合った最適な旅行プランを膨大な情報を見ながら自ら選定し、組み立てて、ボタンひとつでチケット発券まで済ませられる、その

「時間の自由性」と「信頼できる大量の最新情報」に価値がシフトし、テクノロジーの優れ度合いが価値の源泉となったのです。

1990年代半ば、インターネットが世界中に張り巡らされネットビジネスというものが立ち上がり始めた頃の話です。バブル崩壊後の景気後退に苦しんでいた日本企業の多くは、テクノロジーを駆使して業務の効率性を高め、再び利益が生み出せる企業体質にリバイバルすべく躍起になりました。テクノロジーを用いたオペレーションエクセレンスを徹底的に追い求めたわけです。ちょうど同じ頃、アメリカではインターネットの出現に魅了された1人の青年が、自宅のガレージからネット書店を立ち上げました。今や、世界一となったECサイトの創業者、ジェフ・ベゾス青年です。彼はテクノロジーを「今あるモデルやオペレーションをより便利にできるもの」という「IT革命」の〝切り口〟ではなく、本を買う際にユーザーが欲しい情報が何で、それを維持・向上させていくためには既存の「取次モデル」を抜本的に変えたほうがいいのではないか、という「情報革命（データ革命）」の切り口でビジネスを眺めたのではないでしょうか。もし彼が「従来の本の販売モデルの作業を便利に」という切り口しか有していなかったなら、書店の店主が楽になるような「在庫管理支援」や「より良いＰＯＳ（Point Of Sales：商品の売買データをリアルタイムで収集する）レジの開発」といった程度の製品しか生まれてこなかったのではないでしょうか。そして、その切り口だけで考えていたならば、今の巨大ＥＣプラットフォームは存在しなかったことでしょうし、プラットフォームビジネスの登場も何十年も遅れたかもしれません。

ここにテクノロジーの影響を表面的にだけ捉えてしまうか、情報、つまりデータの新しい流れや価値創造の手段、といった視点で捉えるかの違いが見て取れます。

では、この視点をもって旅行代理店業界を眺めると、どのような進化が見えてくるでしょうか？　間違いなく、各社とも〝価値の源泉〟であるテクノロジープラットフォームでより有用なデータを大量に得て処理する機能に競って投資していくでしょう。「Google Travel」などは膨大なデータ量を武器に、ユーザー一人ひとりの嗜好（しこう）や予定などをＡＩ（人工知能）が読み取り、その人に合ったタイミングで、その人が行きたいであろう観光地や、家族構成に見合った遊び方までを提案してくれるようになっています。旅先で事故や大幅な遅延などが生じた場合に、瞬時に関係各所に連絡をし、全てが更新された「旅行プラン修正版」を提示してくれるサービス（機能）の提供までも目指していると言われています。もはや〝仲介〟というより〝パーソナルエージェンシー〟と呼んだほうがいいかもしれません。

ビジネスモデルを自ら画にしながら、その事業やサービスの〝価値〟は何で（要素分解しながら）、それを実現している〝価値の源泉〟が何なのかに着目して、それはそのままでよいのか？　テクノロジーやデータを駆使した際にドラスティックな進化を遂げる余地はないのか？　どこにあるのか？　を考察してみてください。

そして、１つ目の視点を忘れないでください。「『社会課題』起点から考える」です。環境にやさしい最適な旅行プランを常に提案してくれる、ＳＤＧｓ貢献につながる旅行プランをパーソナライズに仕立ててくれる、世界中の社会課題教育プログラムと絡めながら現地で学べるプランを潤沢かつパーソナライズに提案してくれるなど、人々がまだ十分に気付いていない潜在的なニーズを妄想起点で考え抜き、その〝価値〟を具体的に定義し、それを圧倒的に提供できる〝価値の源泉〟をどう構築するか（実際に構築できるのか、のフィージビリティを確認して）を考えてみてください。きっと面白いイノベーションのタネを見つけることができるはずです。

3

「大学発スタートアップの重要性・期待」

2011年の東日本大震災は、多くの人や企業がその存在意義・使命、未来を今一度見つめ直す転機ともなり、この10年近くで旧来の日本企業にこびりついてきた「経済合理性の追求」やそのための「オペレーションエクセレンスへの過剰な重心」といった短視的な競争原理・行動様式から徐々に脱しつつあるように思えます。

大企業とスタートアップ・ベンチャーのオープンイノベーションも年々高まってきていますし、政府も積極的に後押ししています。Uberしかり、Airbnbしかり、〝業界破壊者〟と評されるスタートアップ・ベンチャーの多くは、業界ごとに当たり前とされてきたビジネスモデルに対して、その〝価値〟やそれを創り出している〝価値の源泉〟が本当に今のままでよいのか、もっとドラスティックに変えられないのか、といった疑問を出発点に、新しいイノベーションで業界を席捲してきました。

一方、ここ数年、日々新聞紙面をにぎわす日本国内のDX事例の中身を見るたびに、1990年代「情報化革命」の時と同じ轍を踏んでいるのではないか、という危機感を覚えます。業務の効率化、無駄の解消、部署間の情報連携、お客様サービス向上に向けたアプリの導入など。第1節の市場追随型と未来創造型の比較でも述べましたが、デジタルの力を最大限活用して既存ビジネスモデル上でのオペレーションエクセレンスを徹底追求していく取り組みは必要ですし大切です。他方で、もっと高い視座から社会課題起点で関心があるテーマに対してのビジネスモデルを描き、その顕在価値を疑いながらイノベーションのタネを探索していく、そんなトライアルアンドエラーのエンジンをたくさん回していく動きが、今の日本にはもっと必要です。それが「失われた30年」に終止符を打つ確実な有効打になるはずです。

染みついた慣性の法則や過去の成功体験に無用に縛られることなく、社会課題意識やテクノロジー感度が高く、生まれた時からデジタルネイティブで多様な人とのつながりも有し、熱意にもあふれている大学・大学生という存在が、やはり日本のイノベーションを活性化させていく上ではとても貴重なのです。たくさんの大学発スタートアップが世界に羽ばたける環境を整え、国も企業も一体となって産業創造を後押しできたならば、必ずや日本の未来は明るいものになると確信しています。

第2講

スタートアップとイノベーション

1 「シリコンバレーに学ぶイノベーションの仕組み」

シリコンバレーとは

イノベーションの拠点としてよく耳にするのがアメリカのシリコンバレーではないでしょうか。そもそも半導体メーカーがこのエリアに集積するようになったことからこのように呼称されるようになりました。半導体の素材がケイ素（シリコン）であることに由来しているのですが、これは1939年、スタンフォード大学の卒業生である、ウィリアム・ヒューレット氏とデービッド・パッカード氏がヒューレット・パッカード（HP）を創業したことに端を発していると言われています。

今やシリコンバレーはGoogle、Apple、Facebook（現Meta Platforms）などに代表されるソフトウェアやインターネット関連企業が多数生まれたIT企業の一大拠点として有名になりましたが、なぜシリコンバレーはそのようなテックジャイアントを続々と生み出す地域となっていったのでしょうか。

シリコンバレーではなぜイノベーションが起きる？

シリコンバレーとよく比較されるのがボストンです。ボストンとシリコンバレーはともに半導体ビジネスで成功を収めた都市と言われ、いずれもIT産業地域でした。ボストンにはマサチューセッツ工科大学があり、一方でシリコンバレーにはスタンフォード大学がありました。そのため、ともに環境として産学連携が図れる地域でしたが、ボストンは大企業が中心となり、自前でイノベーションを起こそうと考えた方で、シリコンバレーは半導体を軸とした事業を営む中小スタートアップが多かったため、イノベーションを起こすにも企業同士がコラボレーションせざるを得ず、人と人が交流しやすい文化が醸成されていったという違いがあったとされています。

この人と人、企業と企業のネットワークの強さ、つながりやすさが、各スタートアップの持つ技術の融合はもとより、スタートアップを支えるエンジェル投資家（起業間もないスタートアップに出資する個人投資家）やアクセラレータープログラム（スタートアップを対象に短期間でビジネスを成長させる支援プログラム）などとのつながりを生み、強力なエコシステムが構築されることとなりました。この産学官の連携が高度に行われていることが、シリコンバレーのイノベーションの源泉となっています。

イノベーションの担い手の変遷

最近のイノベーションと言えば、前述のＩＴ関連企業を含む〝ＧＡＦＡＭ（Ｇｏｏｇｌｅ、Ａｍａｚｏｎ、Ｆａｃｅｂｏｏｋ、Ａｐｐｌｅ、Ｍｉｃｒｏｓｏｆｔ）〟を思い浮かべるのではないでしょうか。ご存じの通り、これらは過去20年ほどの間にスタートアップから世界に名だたる大企業に変貌を遂げた企業群です。イノベーションの担い手が、アメリカではスタートアップが、日本では大企業が中心となっている背景に、両国のビジネス慣習の違いがあると日本人の多くは認識しているのではないでしょうか。

実際には、それだけではありません。一番の違いはビジネス慣習ではなく、時間軸だと考えられています。アメリカでのイノベーションの担い手は、次のような変遷をたどっています。

１９２０年代までは、グラハム・ベルやトーマス・エジソンに代表される個人発明家がイノベーションの担い手でした。次に、1930年代から1970年代までは、多くの設備投資、そして優秀な研究員を要するIBMやイーストマン・コダックなどの大企業が担い手となりました。そして1980年代以降は、大学およびスタートアップがイノベーションの担い手になっているのです。

現在は日本でも、スタートアップ、特に大学発スタートアップにイノベーション創出の期待の軸が移っていますが、時間軸としてはアメリカが先行する形となっています。

アメリカでイノベーションの担い手が大学発スタートアップに移っていった理由

アメリカにおいてイノベーションの担い手が大学発スタートアップへ移行していった背景に、1980年制定のバイ・ドール法が火付け役になったとされています。バイ・ドール法とは、連邦資金を利用した大学の研究・発明の成果を大学側に帰属させることを認めたアメリカ連邦法です。

それまで連邦資金を利用して得られた成果は政府に帰属することとされていたため、大学側にとってメリットがなかったことから、大学の研究成果の十分な活用はな

図表2-1-1　バイ・ドール法

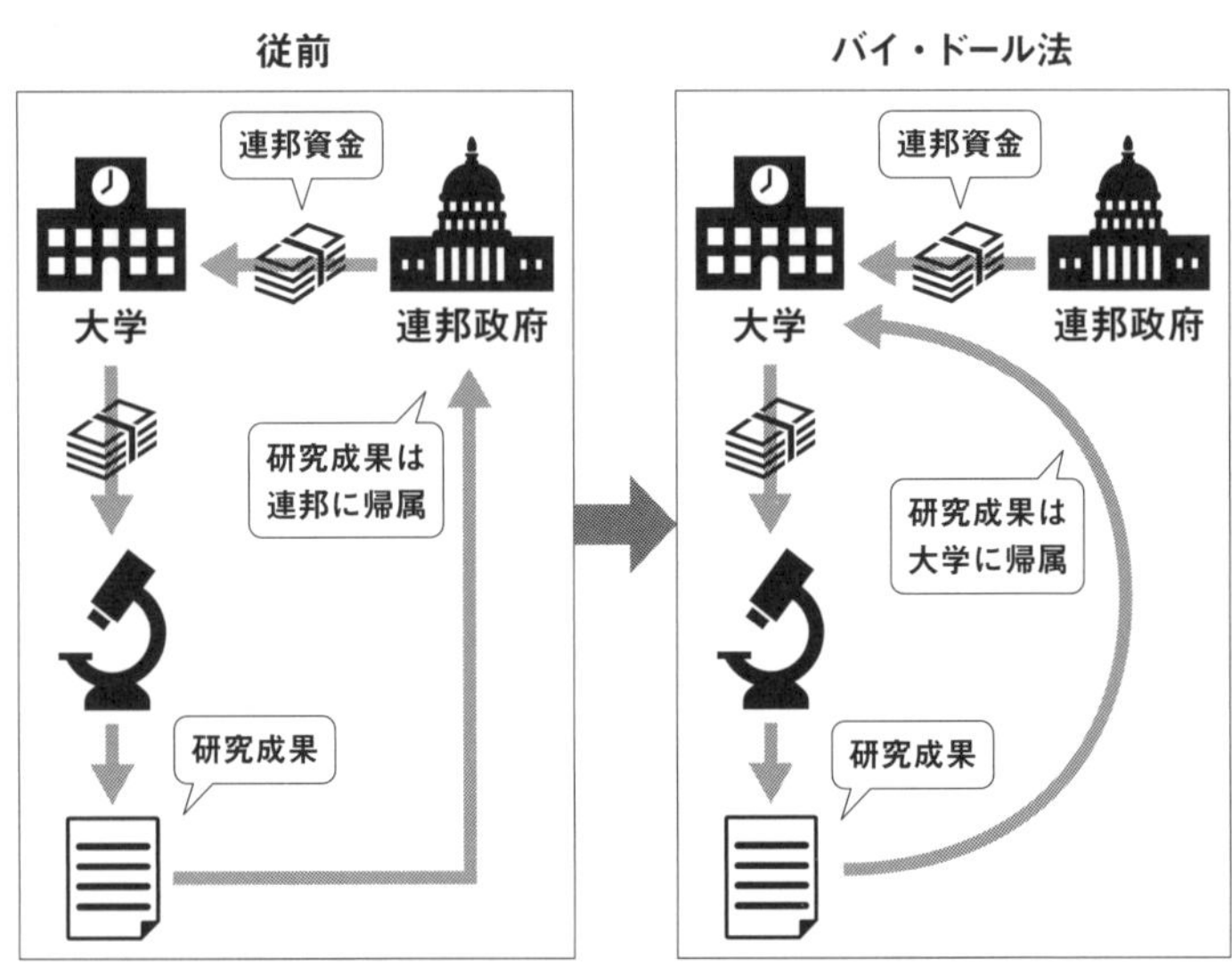

されてきませんでした。しかし、バイ・ドール法の制定により、大学は特許を通じて収益が得られることになり、大学における特許取得の流れが促進され、取得した特許のライセンス供与が進むようになっていきました。

例えば、Googleの検索エンジンの基礎となる技術に関する特許はスタンフォード大学が保有しており、Alphabetが大学からライセンスを受けて事業を運営しています。

かつては日本でも、政府資金による研究開発から得られた成果は国が保有することが原則とされていましたが、アメリカのバイ・ドール法を参考として、いわゆる日本版バイ・ドール制度（現・産業技術力強化法第17条）が導入されました。

シリコンバレーにおけるエコシステム①——大学

シリコンバレーに構築されている、イノベーションが創出されやすい強力なエコシステムについて少し掘り下げます。エコシステムとは「生態系」を意味しますが、シリコンバレーでは各プレイヤーがその生態系の中で各々の役割を果たすことにより、イノベーション創出の好循環が生まれています。

まずはシリコンバレーのエコシステムの最も中心的存在である、スタンフォード大学の経営について見ていきたいと思います。

1．大学と大学発スタートアップの関係

日本では2003年の国立大学の独立法人化以降、国からの運営交付金が大きく増えることが期待できないため、大学自らが運営のための自主財源を確保することが求められていますが、アメリカではどのような大学経営がなされているのでしょうか。

アメリカの大学経営においては、大学発スタートアップも重要な役割を担ってお

図表2-1-2　アメリカの大学運営の3つの収入源

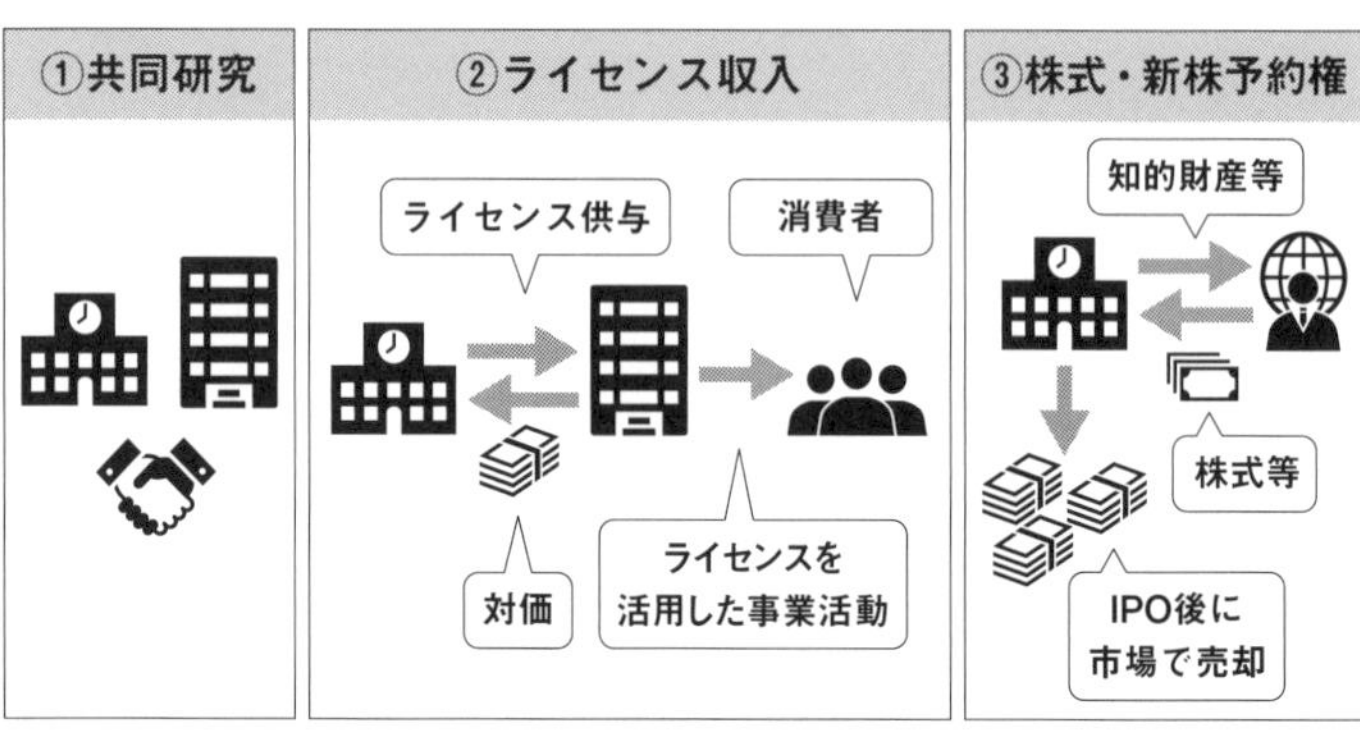

り、スタートアップ支援により、①大学と企業の共同研究による収入、②知的財産のライセンス収入、③株式・新株予約権収入——を得ることができます。

例として、先ほど挙げたスタンフォード大学と大学発スタートアップ企業であるGoogleを運営するAlphabetとの関係で、その収入について解説します。

先述の通り、Googleの検索エンジンの基礎となる技術に関する特許はスタンフォード大学が保有しており、Alphabetが大学からライセンス供与を受けて事業を運営しています。そのため、まずはこの特許技術のライセンス収入が大学にもたらされます。

また、スタンフォード大学はAlphabet設立時の株式を引き受けており、当該株式の売却によって3億3600万ドルの収益が同大学にもたらされました。

ただしこのような多額な収入も継続的なものではない

ため、それだけで大学の財政を継続的に支えることは困難です。そのため、大学からの支援を受けて成功した起業家が大学に還元した資金の運用益によって大学経営とさらなるスタートアップへの支援が行われるというイノベーションエコシステムの循環サイクルが生まれています。

このような意味からも、大学によるスタートアップ支援の意義は非常に大きいものと考えられます。

2．大学の収入の約20％は「資金運用益」！

スタンフォード大学の収入構造を見ると、ここ数年の大学（単体）収入のうち約20％は、これまでの寄付金を積み立てた基金の運用益が占めています。アメリカの大学経営においては寄付金を前提とした収入が重要な収入源であることがわかります。

しかし、これは誰が寄付したものなのでしょうか。スタンフォード大学には、ビル・ゲイツ氏（マイクロソフトの創業者）やウィリアム・ヒューレット氏（HPの創業者）など有名起業家の名前を冠した建物が多数存在しています。このことからわかる通り、これらは成功した卒業生からの寄付により賄（まかな）われています。アメリカでは、ビジネスで成功した人が寄付をすることで次の世代に貢献しようとする文化があり、この寄付金を基金とした運用益で大学が運営されているのです。

3. 大学による事業化エコシステム

シリコンバレーでは、GAFAMなどのIT企業のほかに優良な「医療機器ベンチャー」も多数輩出されています。これは、全米屈指の評価を誇るスタンフォード大学およびカリフォルニア大学の医学部・工学部が、卒業生として優秀な医師やエンジニアを輩出していることはもとより、それを支えるエコシステムとして、①新たな医療機器のアイデアを生み出す環境づくりと、②事業化支援の取り組みなどの、事業化に向けたエコシステムが構築されていることが大きな要因となっています。

①新たな医療機器のアイデアを生み出す環境

●医工連携のために、実業家によるメンターシップのもとで、臨床ニーズの掘り起こし、アイデアの創出方法や事業化プランの策定まで、医工をつなぐ教育プログラムが実施されている。

●2006年にスタンフォード大学の特許活用プラットフォームとして産学連携プログラム「SPARK」が設立されている。これは、ライセンスされていない創

図表2-1-3　研究大学の基金の状況

基金については、日一米英間で大きな差があり、今回のファンドからの支援等により、大学内における基金の造成を促していくことが必要。

■大学基金の比較

（億円）

	2014年度	2017年度	2019年度
ハーバード大学	40,072	40,806	45,023
イェール大学	26,284	29,894	33,346
スタンフォード大学	23,591	27,264	30,470
プリンストン大学	22,486	25,570	28,050
カリフォルニア大学バークレー校	4,305	4,187	5,279
カリフォルニア大学サンディエゴ校	827	1,480	1,908
ケンブリッジ大学	3,093	3,995	4,591
オックスフォード大学	5,445	6,843	8,235
ユニバーシティカレッジロンドン	122	150	187
東京大学	104	108	149
京都大学	—	—	197
大阪大学	25	35	52
東北大学	21	34	33
九州大学	31	31	36
慶應義塾大学	543	688	783

■基金による運用益（2018年度）

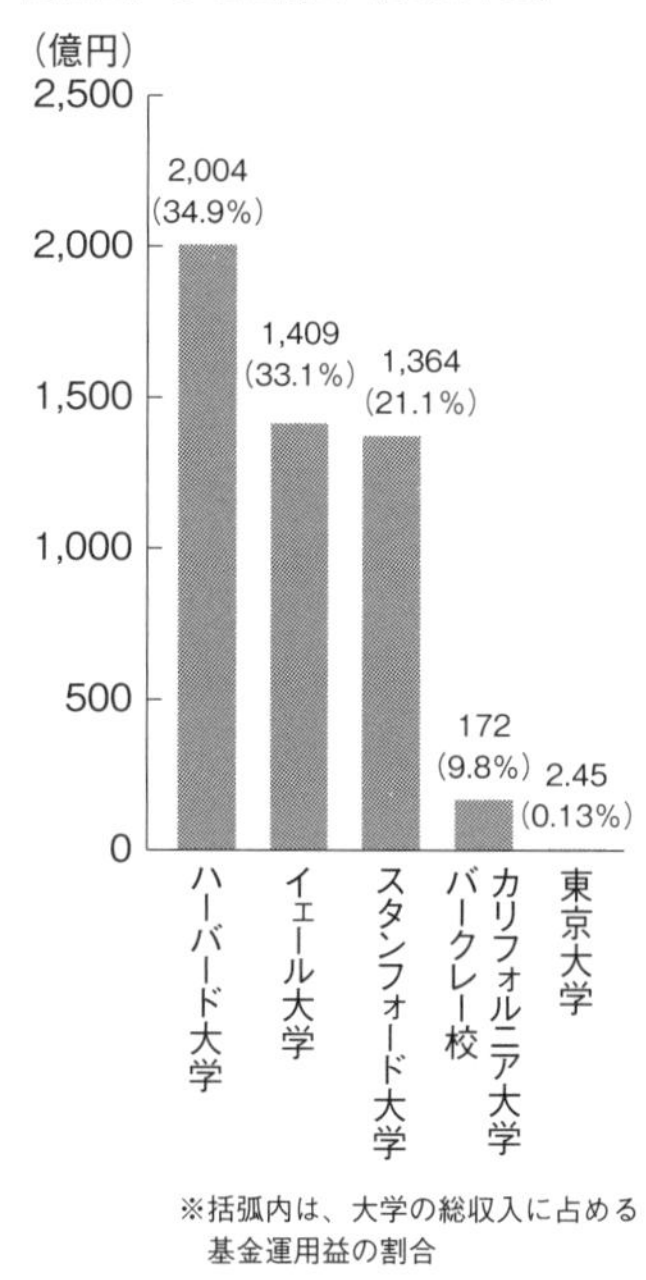

※括弧内は、大学の総収入に占める基金運用益の割合

※米国・英国大学は各大学・カレッジの財務諸表、またはManagement Companyの報告書より作成。ケンブリッジ大学はCambridge University Endowment Fund（CUEF）の数値で、カレッジは含まない。オックスフォード大学はカレッジの基金を含む。オックスフォード大学本体の基金はそれぞれ以下の通り：1,620億円（2019年）、1,228億円（2017年度）、926億円（2014年度）。$1＝110円、£1＝135円として計算。東京大学は財務諸表および基金年度報告より、京都大学は基金HP（アクセス日：2021年2月19日）より、大阪大学は基金活動報告書および基金HP（アクセス日：2021年2月19日）より、東北大学は財務諸表より、九州大学は基金活動報告書より、各大学基金の期末残高を記載。慶應義塾大学は事業報告書より第3号基本金の当期末残高を記載。

出所：内閣府総合科学技術・イノベーション会議「世界と伍する研究大学について」（2021年3月）

薬や診断方法などの学内技術シーズにもとづいたプロジェクト提案を大学内で募集し、その提案が認められるとSPARKから開発に必要な実験設備や資金、専門性を持つ人材へのアクセス、資金援助などが行われる仕組み。SPARKでは大学の研究者以外に製薬関連業界、知財・規制関連の専門家や投資家など様々なメンバーが集まるSPARKミーティングというセッションが毎週開催されており、人的ネットワークによりアイデアを生み出す環境が整備されている。

②事業化支援の取り組み

●卒業生を含むシリコンバレーにいる多数のインキュベーターやベンチャーキャピタル（VC）が、起業家への資金やインフラの提供、起業経験のある実業家や医師のメンターシップの提供、イグジット（出口）となる大手医療機器メーカーの紹介など、事業化に向けて徹底的に支援している。

前述のように、シリコンバレーでは卒業生を含む起業家が成功した後、後述するインキュベーターになったり、VCを立ち上げたりするなどし、新たに起業家をサポートする側に回ることで、エコシステムをさらに好循環させていることが大きな強みとなっています。

シリコンバレーのエコシステム②——リスクマネー供給の仕組み

アメリカのVCが大学発スタートアップに対して供給（投資）するリスクマネーは、日本のそれと比べて一桁も二桁も大きいと言われています。これは、アメリカにおいてVCから出資を受けているスタートアップの特許保有率が高くなっていることに起因しています。特に、IT系よりもバイオ・医療機器・ハードウェアの分野で特許保有率は高くなっています。

海外では、ドクター人材（博士課程を修了するような、難易度の高い技術を正確に理解できる人材）が「スタートアップの起業⇒VCの事業評価担当⇒大企業の事業開発担当……」と絶えず循環しています。そのため、VCにはその分野のドクター人材が多く集まっており、出資する側に大学の特許・技術を正確に理解できる人材が多数存在します。そのような人材がVCでスタートアップ企業に投資し、そのリターンとして多額の成功報酬が得られるとともに、自身の経験等をVC側からスタートアップに伝えて後進を育てる「貢献面でのインセンティブ」が強く働くという循環が生まれてい

図表2-1-4　スタートアップを支援するエコシステムの輪

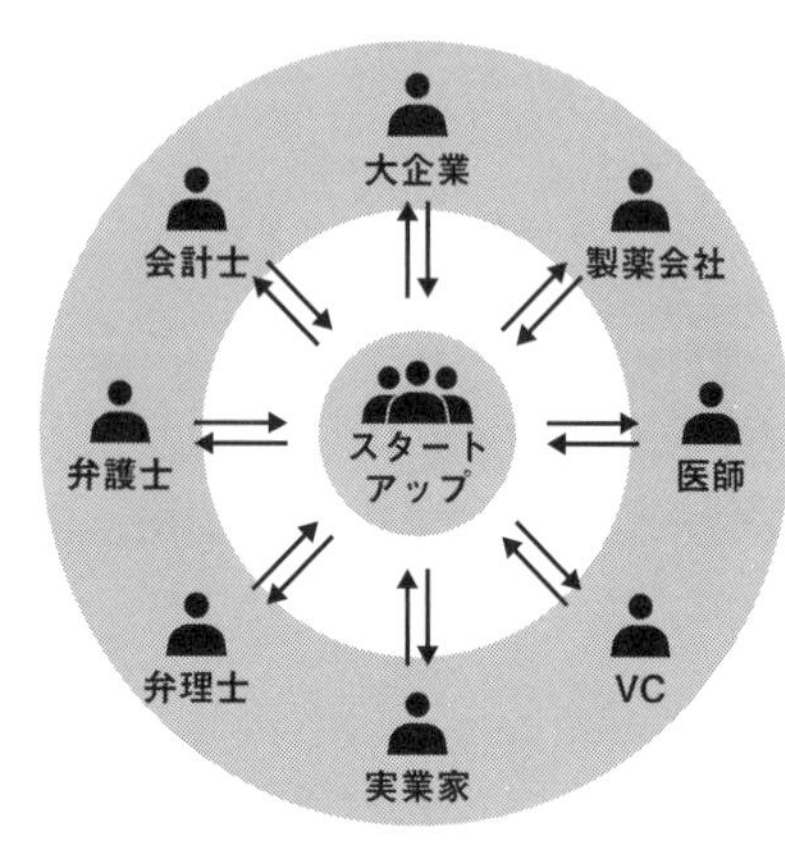

ます。

そのため、研究者やエンジニアとして経験のあるベンチャーキャピタリストが、スタートアップの保有する技術について革新的なものか、新市場を創出できるかを目利きした上で、事業の急速な拡大および継続性を確保するために、知財戦略を支援している実態があります。結果、おのずとスタートアップは特許保有率が高くなり、またVCからスタートアップに対して巨額のリスクマネーが供給されるという流れが生じています。

このような意味でも、大学発スタートアップの保有する知財は重要性が高いと言えるでしょう。

また、前述の通り、アメリカの大学には寄付が多く、自主財源が潤沢にあるため、様々な起業支援が幅広に実施できるほか、シリコンバレーでは特に自身で起業を経験したシリアルアントレプレナーがエンジェル投資家として自分の資産をスタートアップ企業へ投資することが多いと言われています。これらの点は、日本の文化と大きく異なるところだと思われます。

シリコンバレーのエコシステム③——文化の相違

日米の文化の相違には、リスクマネーの供給源としての寄付に関する考え方や、エンジェル投資家の多さなどのほかにもいろいろなものがあります。シリコンバレーは特に、こうした文化の相違により、日本と比べ人と人の結びつきが強く、また、起業を促進するという風土が定着しています。そのため、イノベーション創出のカギはテクノロジーや知性だけではなく、この文化に強く根差していると言われています。

1．失敗を許容する起業文化とアントレプレナー教育

日本と比べアメリカで起業が文化として根付いている要因に、雇用環境や教育における相違点が挙げられます。

例えば、アメリカには日本の「終身雇用」のような雇用形態はなく、「ジョブ型雇用」が一般的で、その報酬体系は成果主義となっています。労働者もキャリアアップのために転職するのが一般的であり、雇用の流動性が非常に高くなっています。その

図表2-1-5　シリコンバレー発の代表的な創業者（共同創業含む）

Apple スティーブ・ジョブズ氏 （シリアからの移民2世）	**テスラ（Tesla）** イーロン・マスク氏 （南アフリカ出身）	**Alphabet（Google）** セルゲイ・ブリン氏 （ロシア出身）
インスタグラム マイク・クリーガー氏 （ブラジル出身）	**Yahoo!** ジェリー・ヤン氏 （台湾出身）	**YouTube** スティーブ・チェン氏 （台湾出身）

ため起業で失敗しても、起業した経験がキャリアのひとつとして認められるものとなっています。このような文化が、多くの大学発スタートアップの設立につながり、ひいては不確実性の高いハイリスクな事業へのチャレンジにつながっているのです。

また、起業文化を支えるものとして、アメリカにおけるアントレプレナー教育も大きく影響しています。「失敗を許容し、失敗から学ぶ」というものです。

アメリカでは、失敗はマイナスに評価されるどころか逆に称賛され、その失敗から学ぶことが重要と言われています。現代は未知へのチャレンジが必要な時代であり、特にスタートアップにはそのようなチャレンジングな気持ちが大事です。失敗を許容し、「失敗した」と言える環境づくりが、日本においてもイノベーションが成功するための秘訣だと言えるでしょう。

2．多様なバックグラウンドを持つ人が集まっている

アメリカでは、国外から集まる野心を持った移民や留学生の存在がイノベーションに大きく寄与しています。

アメリカの大学におけるアントレプレナー教育では、シミュレーションではなく、リアルにビジネスを立ち上げ、事業を経営する機会を提供しているケースが多いと言われています。そのなかで世界中から様々な人材が集まり、それぞれの視点で議論し、グローバルな観点で成功するビジネスのタネを見つけ、起業に至ります。

AppleやAlphabetを含め、アメリカで成功しているスタートアップの創業者あるいは共同創業者に移民が多いという事実もあります。このことからも、イノベーションを起こすためには、多様なバックグラウンドを持つ人種・人材との出会い、コラボレーションが非常に重要と言えるでしょう。

シリコンバレーに学ぶイノベーションの仕組みとは

以上、見てきたシリコンバレーのイノベーションの仕組みを簡潔にまとめると、図表2－1－6のようになります。

図表2-1-6　シリコンバレーの強力なエコシステム要素

画期的なイノベーション創出

01 多様なバックグラウンド
多様な人が集まり、様々な意見が交換される

02 起業文化
アントレプレナー教育（失敗を恐れず）

03 ネットワーキング
人と人、企業と企業同士のアクセスのよさ

04 寄付文化と潤沢なリスクマネー
成功者による他者への貢献

これらの要素が好循環で回り続けることで、シリコンバレーではイノベーションの連鎖が起きやすい風土が醸成され、実際に大きなイノベーションが次々に起きていると言えます。根差す文化の相違もあることから、その全てを日本で実行することは簡単ではありませんが、それでも学ぶべきことは非常に多いと言えるでしょう。

先述の通り、Ｇｏｏｇｌｅを運営するＡｌｐｈａｂｅｔなども、もともとは大学発スタートアップでした。経済産業省の資料によれば、ＧＡＦＡＭなどのスタートアップが明らかにアメリカの経済成長のドライバーとなっています（https://www.meti.go.jp/policy/newbusiness/meti_startup-policy.pdf）。

日本でも、スタートアップによる経済成長の牽引を実現させるため、様々な政策が打たれています。そこで次に、日本の大学発スタートアップを見ていきましょう。

2 日本の大学発スタートアップとイノベーション

大学発スタートアップがイノベーションの担い手として期待される理由

時間軸として、日本はアメリカに対して約20年近く後れをとっていると言われることもありますが、現在、日本においても大学発スタートアップの果たす役割は非常に重要となってきています。

もともとは日本も、かつてのアメリカと同じようにイノベーションの担い手は大企業でしたが、現代においては、大企業からはイノベーションが起こりにくくなっていると言われています。

その理由として、大企業における昨今の経営成績に対する投資家からの要求が年々厳しくなっていることが挙げられます。経営への成果がすぐには見えにくい研究開発費は削られやすい項目であり、特に基礎研究については研究成果が出るまで相当な時間を要することから、大企業では敬遠されがちになっていると考えられています。また、技術自体が高度化しており、自社内だけでイノベーションが完結できない状況が生まれてきていることも理由として挙げられます。

そのためほかの企業や大学、そしてスタートアップなどと共同で研究開発を行う、いわゆるオープンイノベーションが非常に盛んになってきているのです。これは産学連携とも言われています。さらに、インターネットの普及による情報伝達手段の変化も研究開発の分業化に非常に役立っています。

このように、研究に専念できる大学や技術型のスタートアップがイノベーションの担い手として存在感を増してきているのが実情です。

日本の大学を取り巻く環境の変化

日本でも様々なスタートアップが生み出されているものの、ＧＡＦＡＭレベルの大きな存在には育っていません。その要因はいろいろ考えられますが、まずは日本の大学を取り巻く環境の変化を振り返ることで、大学発スタートアップによるイノベーション創出に向けての国の動きを確認したいと思います。

1．2003年国立大学法人法の施行

2003年に国立大学法人法が施行され、国立大学は法人化されました。それまで国立大学の経営面の権限や責任は文部科学省にあり、大学はそのもとで教育をするところという位置付けでした。しかし、同法の成立により、大学に大幅な人事権や経営権も含めた裁量が与えられる一方で、経営責任を担うとともに、研究費を自分たちで稼ぐことも求められることとなり、大学側も自らの収入を意識するようになりました。

その後、前節でも触れた日本版バイ・ドール制度が導入され、政府資金による研究開発から得られた成果も大学に帰属することとなり、そのライセンス収入を得ることができるようになりました。そのため、自ら稼ぐ必要性が生じた大学にとって知財管理・戦略が、大学の経営にとって重要な要素のひとつとなっていきました。

2．大学ベンチャーキャピタルの増加

2013年には産業競争力強化法が成立、国立大学法人による特定のベンチャー支援のためのベンチャーキャピタル（VC）への出資が可能となりました。ここで文部

科学省は1000億円の国家予算を国立4大学に割り当て、大学が直接出資する大学ベンチャーキャピタルが、この頃に数多く設立されました。その結果、大学ベンチャーキャピタルを通じ大学発スタートアップにも多くの投資がなされ、大学の基礎研究の事業化が大きく推進されることになったのです。

さらに2022年の国立大学法人法改正により、指定国立大学（東京大学、東北大学、大阪大学など9校）が大学発スタートアップに直接出資できるようになりました。大学ベンチャーキャピタルでは支援できないレベルの創業初期段階の大学発スタートアップへの出資が可能になり、大学の知見・知財の事業化の裾野が広がることとなりました。

3. 産学連携の加速

2018年には、産学連携の推進のため、各大学にオープンイノベーション機構（以下、OI機構）という大企業との連携を強化する機構への支援事業が、文部科学省で始まりました。これにより、多くの大学でOI機構が設立され、研究シーズの事業化や共同研究を推進する流れができました。

さらに2019年には、科学技術・イノベーション創出の活性化に関する法律により、大学がスタートアップの株式やストックオプションを保有することが認められました。これにより、資金力の乏しいスタートアップが大学から大学の研究シーズの活用や知財を受け取る対価として、ストックオプションを大学に発行する方法もとることができるようになりました。関係者の話によると大学がストックオプションを保有するスタートアップの成功事例は実際には10％程度にとどまる一方で、そのリターンは非常に大きく、大学の収益にもたいへん貢献しているとのことです。

このように、日本でも大学発スタートアップによるイノベーション創出を促進するための制度的な環境整備が適宜実施されてきています。

4．大学発スタートアップは3000社を超えた

以上のような流れの中で、大学発スタートアップは年々増え続けています。経済産業省によれば、2000年初頭は1000社にも満たなかったのですが、2021年には3000社を超えています。また、大学発ベンチャーの大学別の内訳は、同じく経済産業省の資料によると図表2－2－1の通りとなっています。

特筆すべきは慶應義塾大学発ベンチャーの顕著な増加です。2019年と比較した場合、その増加率は206％にもなっています。同大学は私立大学の中でもいち早

図表2-2-1　関連大学別大学発ベンチャー企業数の推移

- 昨年度調査に引き続き東京大学が最多。京都大、大阪大、筑波大、慶應義塾大と続く。
- 慶應義塾大、岐阜大等の伸びが目立ち、多くの大学がベンチャー創出に力を入れていることがうかがえる。

大学名	2019年度		2020年度		2021年度	
	企業数	順位	企業数	順位	企業数	順位
東京大学	268	1	323	1	329	1
京都大学	191	2	222	2	242	2
大阪大学	141	3	168	3	180	3
筑波大学	114	6	146	4	178	4
慶應義塾大学	85	8	90	10	175	5
東北大学	121	4	145	5	157	6
東京理科大学	30	20	111	7	126	7
九州大学	117	5	124	6	120	8
名古屋大学	94	7	109	8	116	9
東京工業大学	75	10	98	9	108	10
早稲田大学	85	8	90	10	100	11
デジタルハリウッド大学	70	11	88	12	99	12
立命館大学	24	26	60	13	87	13
広島大学	49	12	52	15	61	14
北海道大学	48	13	54	14	57	15
岐阜大学	14	45	20	30	57	15
九州工業大学	44	14	44	16	43	17
神戸大学	35	16	38	19	42	18
龍谷大学	44	14	44	16	42	18
会津大学	35	16	39	18	39	20

※ここでいう関連大学別大学発ベンチャー企業数は、本調査のベンチャー類型に基づく大学発ベンチャーの設立数を示すため、大学公認の大学発ベンチャーの設立数とは異なる可能性がある。

※本調査の調査時点（2021年10月）と大学におけるベンチャー把握のタイムラグにより、調査時点でカウントされていない企業が一定数あると考えられる。

出典：経済産業省「令和3年度 大学発ベンチャー実態等調査 調査結果概要」（2022年5月）

く、2015年に大学ベンチャーキャピタルである「慶應イノベーション・イニシアティブ」を設立し、スタートアップ創出に力を入れてきました。2022年12月にはインターネットを活用した人材関連サービス事業を展開する株式会社ビズリーチと連携協定を締結し「慶應版ＥＩＲ（Entrepreneur in Residence：客員起業家）モデル」の運用を開始すると発表しているのですが、そのなかでは「2026年までに慶應発のスタートアップ企業を300社創出することを目指す」と書かれています。今後、ますます慶應義塾大学発スタートアップが増加し、ひいてはそのなかから世界的にインパクトを与えるスタートアップが創出されることが期待されます。

大学発スタートアップを取り巻くエコシステム

前節で、シリコンバレーでは大学とスタートアップを取り巻くエコシステムの好循環がイノベーション創出の源泉となっていると説明しました。日本においても大学発スタートアップは年々増加してきていますが、では、それを取り巻くエコシステムはどのような状況になっているのでしょうか。

ここではまず「ヒト」「モノ」「カネ」の観点で、日本における大学発スタートアップを取り巻くエコシステムの状況やその課題などを見ていきたいと思います。

1．ヒト

①「起業」人材

日本では、まず起業する人材が不足していると言われています。前節で述べましたが、日本ではアントレプレナー教育が充実しているとは言えない現状があります。最近でこそ、アントレプレナー教育の取り組みが進められている大学も増えつつあるものの、大学を卒業した優秀な人材は大手企業に就職する傾向がまだまだ強いと思います。内閣府の調査によると、失敗への恐怖や起業を身近に感じていない、アントレプレナーシップ教育を受けていないことが主要因と分析されています。

また、大学の研究者も自身の研究内容を事業化につなげる発想を持ち合わせていないことが多いと思われます。自身の講義・研究室・ゼミ・論文など多忙を極めており、起業マインドが芽生えてもなかなか実行に至らないことが多いためです。関係者によれば、自大学におけるスタートアップ成功事例が少ない場合にはなかなか理解が進まないため、大学側のビジネス支援の広報活動が非常に重要とのことです。

②「経営」人材

研究者が起業する場合には、自身の発明した技術を基礎にすることが多いのですが、研究の経験や知識が豊富であっても、経営者としての資質が十分に備わっていないことが多いのが実態です。

経営者には、技術の実用化・事業化に向けてベンチャーキャピタルや金融機関から資金調達をするための事業計画の作成や外部との対話、人材の採用、知財戦略などの能力が求められます。このような能力は研究者単独で賄うことがなかなか難しいため、通常、金融機関やベンチャーキャピタル、取引先などからの紹介により外部から採用することが必要なのですが、個人的な人脈に頼っていることが多いため、経営人材の確保に悩むスタートアップは多いと言われています。

2. モノ(有形・無形)

①インキュベーション施設

インキュベーション施設は、オフィスや実験スペースの提供、技術支援、研究設備の利用、法務・会計・税務などの助言支援、投資家の紹介、業界関係者とのネットワーキング機会の提供を受けることができる施設ですが、大学構内にあるものや大手企業が提供するものなどがあり、東京大学などでは東京大学アントレプレナーラボ（本郷キャンパス）をはじめとして複数の施設を運営しています。最近では東京医科歯科大学が設立した「ＴＩＰ（TMDU Innovation Park）」や東京工業大学が設立した田町キャンパス内の「ＩＮＤＥＳＴ（Innovation Design Studio）」など、様々なインキュベーション施設が設立されてきています。

大学構内にあるインキュベーション施設では、学生らが関与している法人であれば安い賃料でオフィスを借りることができたり、研究設備を利用したりすることができます。そのほかにメンタリング制度や起業経営者同士でコミュニケーションできる機会（イベント）の提供を受けるなど、その利用のメリットは大きいと思います。ただ、なかには単なる「貸しオフィス」となってしまっている場合もあるため、必要な支援が受けられるかどうか確認することが重要です。

②ハイテクパークやサイエンスパーク

日本にはハイテクパークやサイエンスパークは50近くあり、代表例としては、筑波研究学園都市、かながわサイエンスパークなどがあります。当該パークではイノベーションを追求する大学・企業・研究機関などが参加していることが多く、賃料の軽減などによる不動産入手価格や不動産取得税の軽減、固定資産税・法人税等の軽減、人材育成に向けた雇用開発助成などの優遇政策がとられています。

③知財戦略支援

大学発スタートアップにおいては、その研究成果をどの範囲で権利化するか、いかに活用していくかなどの知財戦略が必要となりますが、共同研究などにおける権利帰属においてスタートアップに不利な契約とならないよう、経済産業省では共同研究開発の時系列に沿って必要となる秘密保持契約、PoC（技術検証）契約、共同研究開発契約、ライセンス契約に関するモデル契約書などのひな型を公表しています。

また、知財に関しては大学における技術移転機関（TLO：Technology Licensing Organization）が大学の研究成果を知財として権利化、それを企業に技術移転し、社会実装する役割を担っています。ただ欧米と比べ、日本のTLOは人員の不足から積極的には動けておらず、知財の商業化が進みにくいという指摘があります。

④アクセラレーションプログラム

アクセラレーションプログラムとは、自治体や大学の研究機関、大企業、ベンチャーキャピタルなどが主催する、スタートアップ創出と事業運営支援を行うプログラムのことです。指定国立大学法人などにおいて個別にプログラムが設けられていますが、そのほかに政府の取り組みとして、後述する科学技術振興機構（ＪＳＴ）の大学発新産業創出プログラム「ＳＴＡＲＴ」があります。

大学発スタートアップが対象とする技術はアーリーステージであるが故に実用化や新規マーケット、新産業創出に時間がかかります。そこで、事業化ノウハウを有する人材の活用により起業前段階から事業戦略や知財戦略を構築し、事業化を加速支援するプログラムが展開されています。ただ、スタートアップはそもそも人材が不足しているため、その対応にリソースを割かなければならないことなどの課題もあり、参加する際のメリットとデメリットを見定める必要があるようです。

3. カネ

①スタートアップの資金調達

スタートアップ企業全般にとって事業化資金をいかに集めるかは重要な課題ですが、特に大学発スタートアップの場合、大学の研究室での研究成果を社会実装するために設立されることが多く、その事業領域は様々ではあるものの、ＡＩやロボット、精密医療やバイオなど、いわゆる「ディープテック」と呼ばれる領域の企業が多いのが特徴です。こうしたディープテック企業は、大学での基礎研究を商業化するために長期にわたり多額の研究開発資金が必要となります。

創業経営者の自己資金で全てを賄うのは事実上不可能であり、外部からの資金をいかに調達するかが生命線です。ただ、将来事業化が成功する保証のない、リスクの高いスタートアップ企業が資金を集めるのは困難を伴います。そのため、スタートアップの各ステージに応じたそれぞれの資金調達方法を活用することになります。

②大学発スタートアップのステージごとの資金調達方法

まず、大学の技術シーズの事業化支援の資金としては、先述の文部科学省からの1000億円の国家予算の割り当てを受けた国立4大学を中心とした仕組みがありますが、そのほかの多くの大学では大学独自の財源で支援を行う仕組みがなく、国の助成金等を使って資金を確保しています。その後、会社となった後はシード〜アーリー期のスタートアップ企業に対しては大学ベンチャーキャピタルが投資を行い、支援しています。東大ＩＰＣ（東京大学共創プラットフォーム株式会社）などが運営する大学ファンドや、それ以外の大学が独自に出資する大学ファンド、民間のベンチャーキャ

図表2-2-2　各ステージの資金調達方法

プレシード	シード	アーリー	ミドル／レイター	IPO／PO
GAPファンド 大学の支援プログラム START事業等の支援プログラム	創業者の出資 大学のベンチャーキャピタル 民間ベンチャーキャピタル	大学ベンチャーキャピタル 民間ベンチャーキャピタル	民間ベンチャーキャピタル 事業会社(CVC)	個人投資家 機関投資家

※IPO=Initial Public Offering（上場時の最初の資金調達〈公募増資・売り出し〉）
PO=Public Offering（IPO後の資金調達〈公募増資・売り出し〉）

ピタルによる出資が行われています。

最も資金調達が難しいのが、プレシード〜シード期であると言われています。大学によっては十分な財源やGAPファンド（大学が自主的に大学研究室の基礎研究等に対して事業化のための資金提供を行い、大学技術をベンチャーに移転することを目的としたファンド）がないことに加えてシリコンバレーのようにエンジェル投資家がまだまだ多くはないことから、この段階での十分な支援を受けられることが研究成果の事業化においては重要となっています。

③国内スタートアップ資金調達動向

スタートアップ創出には各ステージに応じたリスクマネーの供給が不可欠ですが、日本においては事業化・成長を支える長期・大規模なリスクマネーがスタートアップに十分に供給されていない、と言われてきました。

しかし、日本国内のスタートアップ調達額は2013年度の876億円から2021年度には8228億円と、約10倍に大きく伸びてきています。国内ベンチャーキャピタルに加えて、最近は大手企業も積極的にコーポレートベンチャーキャピタル（CVC）を組成しスタートアップ投資を行っているため、投資は増加傾向にはあります。ただし、海外、特にアメリカに比べると著しく低い水準にとどまっており、増加ペースもまだまだアメリカにはおよんでいません。

このような状況にある理由は、日本には「ユニコーン」と呼ばれる、時価総額10億ドルを超えるようなメガスタートアップが少ないことから投資額が桁違いな世界的ベンチャーキャピタルが日本に拠点を有しておらず、アメリカなどと比較して資金が集まりにくい状況となっていることが要因だと言われています。

日本のエコシステム課題への対処

以上、日本におけるエコシステムの状況や課題を説明してきました。では日本には、このような状況への対応が何もないのかと言えば、そうではありません。

最近では、岸田文雄内閣が2022年を「スタートアップ創出元年」として各種政策を推進する方向性を打ち出していますが、それ以前からも、様々なエコシステム上の課題に対して官公庁を中心に各種対応や提言が示されています。ここでは、そのなかで主なものを整理して紹介します。

1．科学技術振興機構（JST）の取り組み

①スタートアップのステージに合わせた支援制度

大学への支援ということもあり、文部科学省が科学技術振興機構（JST）を通じてスタートアップのステージに合わせた支援を行っています（図表2－2－3参照）。

②スタートアップ・エコシステム形成支援

さらに、JSTではシリコンバレーのようにユニコーンを創出できるようなエコシステム拠点を日本で形成することを目標に、「スタートアップ・エコシステム形成支援」を開始しました。これはSTART事業の一環として、選定された拠点プラットフォームに対し、政府、政府関係機関、民間サポーターにより集中支援を実施する活動になります。

拠点プラットフォームとは、各拠点都市にある地方自治体、大学と民間組織（ベンチャー支援機関、金融機関など）で構成されるコンソーシアムです。例えば「GTIE

図表2-2-3　大学等の研究成果を活用したベンチャー創出加速に向けた課題

✓大学発ベンチャー創出に向けた支援体制の構築状況の全体像を調査し、大学の状況に応じた課題を明らかにすることを目指す

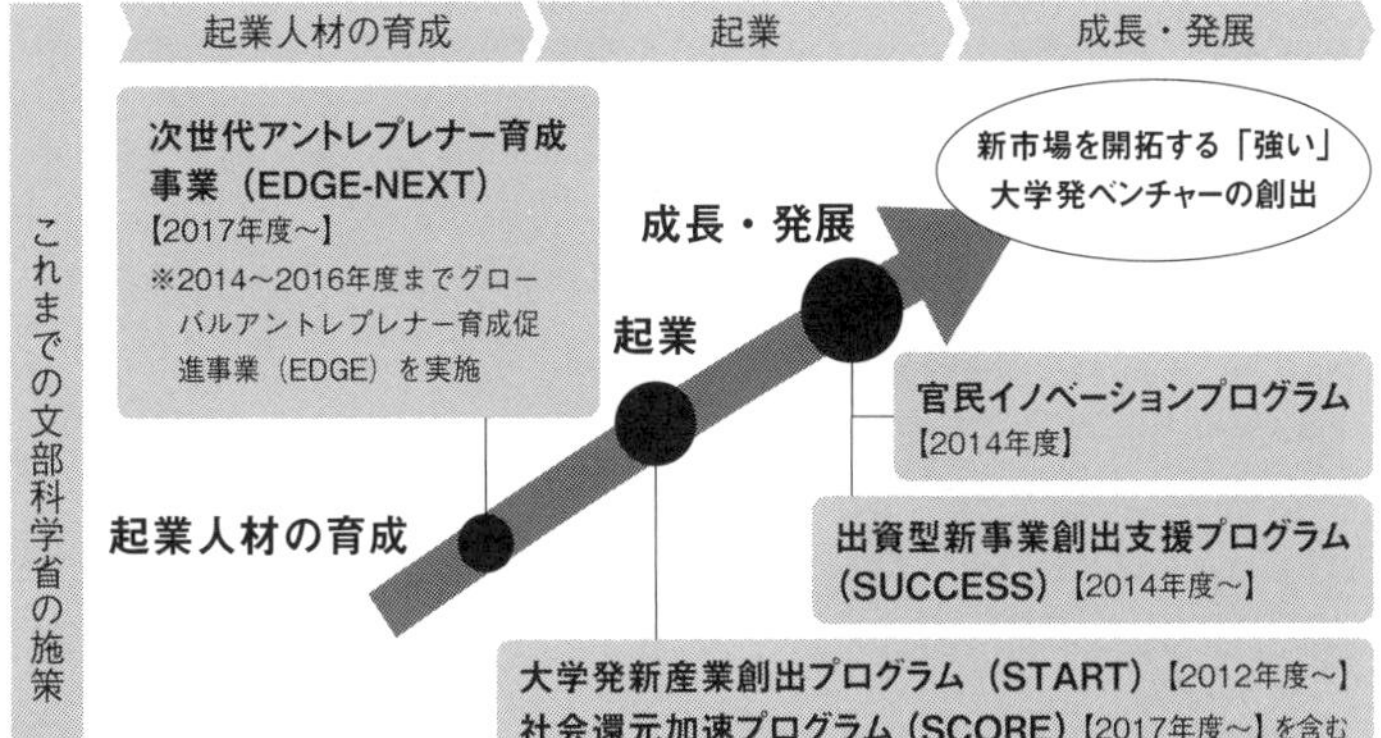

- 大学を中心としたスタートアップエコシステム構築の推進に向けた**真の課題**は何か。
- **必要十分な施策**が実施されているか。

問題意識と本調査の狙い

全体像の把握の必要性

- そもそも**大学発ベンチャー創出環境の現状に関する要素**、あるいは全体像について、**十分な情報が把握・共有できていない部分がある**のではないか。

- 本調査では、大学等を中心とした大学発ベンチャー創出に向けた**支援体制の構築状況の全体像**を調査し、**大学の状況に応じた課題を明らかにする。**

出所：ベンチャー支援に関する文部科学省の取組について（平成31年3月 文部科学省）

図表2-2-4　拠点プラットフォーム

拠点プラットフォーム	地域
京阪神スタートアップアカデミア・コアリション（KSAC）	関西地域
Greater Tokyo Innovation Ecosystem（GTIE）	関東地域
Tokai Network for Global Leading Innovation（Tongali）	東海地域
Platform for All Regions of Kyushu & Okinawa for Startup-ecosystem（PARKS）	九州地域
みちのくアカデミア発スタートアップ共創プラットフォーム（Michinoku Academia Startup Platform：MASP）	東北地域
Peace & Science Innovation Ecosystem（PSI）	中国地域
北海道未来創造スタートアップ育成相互支援ネットワーク（Hokkaido Startup Future Creation development by mutual support networks／HSFC "叡智の力、エイチフォース"）	北海道地域

（Greater Tokyo Innovation Ecosystem）」は世界を変える大学発スタートアップの育成のため、起業活動支援、アントレプレナーシップ人材の育成、起業環境の整備、エコシステム形成の4つの活動を、東京大学、早稲田大学、東京工業大学が共同主幹機関として、大学、自治体、ベンチャーキャピタル、アクセラレーター、企業等とともに実施するプログラムとなっており、ほかにも慶應義塾大学や横浜国立大学ほか、首都圏の全13大学も同プログラムに参加しています。

図表2－2－4は本書執筆時点で選定されているプラットフォームですが、このようなプラットフォーム全体への支援によって、様々な関係者間の情報格差が解消されることで、エコシステムがより高度化し、ここから

革新的な大学発スタートアップの創出・成長を促すことが期待されています。

2. 経済産業省の取り組み

文部科学省のほか、経済産業省においてもエコシステム課題解決のための政策が行われています。

①「SHIFT（x）」など人材支援

前項で日本においては起業人材のほか、経営人材も不足していると述べました。これについては京都大学や九州大学などいくつかの大学において人材ネットワークを構築する取り組みをすでに行っていますが、個別の大学の対応のみでは限界があります。そのため、経済産業省は、大企業人材をスタートアップ向け経営幹部候補者としてつなぐことで、人材の流動性を高めることを目的とした経営人材支援事業である「SHIFT（x）」をスタートしました。

アメリカとの違いでも少し触れましたが、そもそも日本の大企業においては長い間、終身雇用制度が定着しており、雇用の流動性が低い状況にあります。また、失敗を恐れるあまりスタートアップに挑戦する意欲も低く、スタートアップにとって本来必要な能力を有する人材がなかなかシフトしない状況でした。この大企業人材の意識を改善し、スタートアップへの挑戦意欲を高め、大企業人材の選択肢を増やすとともに、スタートアップの経営人材不足を解消しようとする取り組みが「ＳＨＩＦＴ（x）」です。これによりスタートアップに不足していると言われている「ＣxＯ」人材の流動性を高め、スタートアップの成長を促進することが期待されています。

このほか、経済産業省では起業支援として、客員起業家（ＥＩＲ）の活用に係る実証事業を実施しています。ＥＩＲとは、起業準備者や起業経験者等をＶＣや事業会社が雇用し、新規事業創出や社内改革を推進、ひいては起業の増加およびオープンイノベーションの促進を図ることを目的としたものです。この制度は、起業家のセーフティネットとして機能することで起業家が思い切って挑戦できる環境を提供するものであり、起業人材の不足に対処するための方策と言えます。

②J-Startup プログラム

「J-Startup」は、経済産業省が取り組んでいる、グローバルに活躍するスタートアップを創出するための育成支援プログラムです。実績あるベンチャーキャピタリストや大企業の新規事業担当者等の外部有識者からの推薦にもとづいて潜在力のある企業を選定し、政府機関と民間の「J-Startup Supporters」が集中支援を行います。

内容は政府の支援として、プレスリリースの投稿やピッチ機会の提供などの広報支援、国内外のイベント・展示会への出展支援、NEDO（新エネルギー・産業技術総合開発機構）などの各種支援制度における優遇、事業内容に即した規制改革を進めるための規制関係支援などに加え、協力サポーターとして民間企業による支援が行われています。

２０２３年3月現在、J-Startup のホームページに登録されているスタートアップは１８８社、サポーター企業は２０７社を数え、官民挙げてのスタートアップ支援の動きが活発化しています。なお、同プログラムの地域版として北海道、関西、東北など6つの地域で同様のプログラムが展開されており、全国的にスタートアップ・エコシステムを構築しようという動きが加速しています。

3．各支援機関とその連携

右記のほかに、政府系のベンチャー支援機関には日本医療研究開発機構（AMED）、情報処理推進機構（IPA）、NEDO、国際協力機構（JICA）などが存在します。

これらの組織は、アーリー期などの研究開発費の助成など様々なメニューを通じて人タートアップ企業を支援しています。

2020年にはこれらの政府支援機関によるワンストップサービス機能の強化を図り、支援の幅を拡大することを目指し「スタートアップ支援機関連携協定（〝Plus〟：Platform for unified support for startups）」が創設されており、サービスの拡充がなされています。現在では政府支援16機関が参加しており、加えてその一環として、ワンストップ相談窓口「Plus One（プラスワン）」を運用開始し、スタートアップからの個別相談に対して、事業内容・フェーズに合わせた研究開発支援を中心としながら各種制度の紹介を実施しています。

4．資金調達環境の改善

国内におけるスタートアップへの投資は増加傾向にあるものの、アメリカに比べてリスクマネーの供給はまだまだ少ないという課題がありますが、そのようななか、スタートアップの資金調達を加速・促進するための変化も起こってきています。

①「スタートアップ育成5か年計画」によるリスクマネー供給の拡大

岸田政権は2022年を「スタートアップ創出元年」に掲げ、税制の改正を含めてスタートアップ企業へのリスクマネー投資の増加に取り組む方針を決めました。この方針を受け同年11月に公表された「スタートアップ育成5か年計画」では、産業革新投資機構（JIC）の出資機能の強化や、それ以外の官民ファンドも含めた公的資金による国内外ベンチャーキャピタルへの投資強化を進め、5年後に10倍を超える規模のスタートアップへの投資額を実現するのに十分なリスクマネーを供給する、としています。

また、大学を支援するため「10兆円ファンド」の計画も含まれています。これは低迷する大学の研究力を回復させるため、政府主導で10兆円規模のファンドを設け、その運用益を〝国際卓越研究大学〟として認定された大学に配分する、としているもので、前節で述べた米スタンフォード大学などが数兆円規模の基金による運用益数千億円を研究者や研究開発に充てていることを参考にしています。アメリカの場合と資金の出所は異なるものの、運営交付金の予算減少により低迷しているとされる国立大学の研究力の向上が図られ、新たな技術の創出が期待されます。

その他、海外投資家やベンチャーキャピタルを呼び込むための環境整備を行い、海外投資家が国内スタートアップ・エコシステムで活動しやすい世界クラスの環境の整備を進めるとしており、リスクマネー供給を拡大するための方針が示されています。

加えて、年金基金を活用する方針も含まれています。日本の年金積立金管理運用独立行政法人（GPIF）が運用する資金は2022年12月末で191兆円に上ります。アメリカでは2021年のベンチャーキャピタルへのLP（リミテッド・パートナーシップ）出資の約32％を年金基金が行っていますが、日本では約3％にとどまっている（内閣府調べ）ことから、このうちのいくらかでもスタートアップ投資に向けば大きく資金調達環境が変わるものと期待されています。

②東京大学による投資

大学発スタートアップの輩出が国内最多の東京大学でも、2021年9月に公表した今後の方針「UTokyo Compass」において、2030年までに東京大学関連スタートアップ700社を創出するとし、また、600億円規模のスタートアップ向けファンドの設立を掲げています。この公表から1年経過した2022年10月のモニタリング指標においては、東京大学関連スタートアップが478社（前年度比40社増）となり、また、ファンドも東大IPCが独自の新ファンドを組成し、伸長する大学発スタートアップの人材育成事業と合わせて新たな枠組みを構築する、との報道がなされており、大学発スタートアップへの投資がますます加速することが期待されています。

大学発スタートアップとイノベーション

本節においては日本における大学発スタートアップを取り巻く環境と課題、官民挙げての様々な支援制度を見てきましたが、「スタートアップ育成5か年計画」はこれまで見てきた様々なスタートアップを取り巻く課題やシリコンバレーに学んだエコシステムのポイントに対応し、画期的なイノベーションを生み出すスタートアップ創出を促進する内容となっています（図表2－2－5）。

この計画は、「日本の戦後の創業期に次ぐ、第2の創業ブームを実現することを目指す」としており、5か年という期間を明示するなど、ここまで力の入った計画を示すことは政府の本気度を感じるところです。

このようなエコシステム拡充への取り組みにより、日本においても大学発スタートアップから続々とイノベーションが創出されることを期待したいと思います。

図表2-2-5 「スタートアップ育成5か年計画」の主な内容

01 **スタートアップ創出に向けた人材・ネットワークの構築**	●起業経験者らメンター（助言役）による学生を含む人材の育成規模を5年後には年間500人まで拡大。 ●起業を志す若手人材のシリコンバレーへの派遣事業について5年間で1000人規模に拡大。シリコンバレーなどの海外主要拠点に起業家育成の拠点をつくる「出島」事業も展開。 ●海外のトップ大学を誘致する「グローバルスタートアップキャンパス構想」などで、学界にも起業家を育む仕組みを構築。 ●海外のエンジェル投資家が日本で活動できるよう在留資格付与の円滑化を図る。 ●失業給付については起業して事業を行っている場合の優遇制度を創設、起業家による再チャレンジを後押しする。
02 **スタートアップのための資金供給の強化と出口戦略の多様化**	●産業革新投資機構などによるスタートアップへの投資額を増やす。ベンチャーキャピタルの投資をはじめ、様々な資金調達の手段について、増強・拡充を行う。 ●創業者などの個人が保有株式を売却してスタートアップに再投資する場合、売却益を20億円まで非課税化。 ●そのほか、スタートアップの事業展開および出口戦略の多様化のため、ストックオプション税制や公共調達の拡大なども進める。 ●スタートアップの創業から5年未満については個人保証を徴求しない新しい信用保証制度を創設。
03 **オープンイノベーションの推進**	●スタートアップの既存発行株式の取得にかかる税制の優遇措置を講じ、大企業×スタートアップのM&Aを促進。 ●研究開発税制についてスタートアップと連携する場合の優遇措置を拡充。 ●スタートアップへの円滑な労働移動を促進し、失業なき労働移動の円滑化を図る。 ●大企業が有する経営資源（人材、技術等）の潜在能力を発揮できるようスピンオフの促進を図るための措置を検討。 ●スタートアップが利用できる公共サービスやインフラに関するデータのオープン化を推進。 ●J-Startupなどを通じ、大企業とスタートアップ間のネットワークを強化。

出所：内閣官房による「スタートアップ育成5か年計画」をもとにKPMG作成

コラム1

伝説の起業家 曽我弘さんとのエピソード

定年退職してからシリコンバレーに渡って起業

起業を志す人のなかには、アップルの創業者スティーブ・ジョブズ氏に事業売却した曽我弘さんの話を聞いたことがある人もいるでしょう。曽我さんは日本の大手企業を定年退職後、シリコンバレーに単身渡米。たったひとりで現地にて仲間を集めて起業し、その技術をジョブズ氏との一対一の対面交渉によりアップルに売却しました。

シリコンバレー流の即断即決

曽我さんは日本企業で技術開発職として働いていた頃から独立志向をお持ちでしたが、当時の「ひとつの会社で定年まで勤め上げる」という時代背景から、会社が独立をなかなか認めてくれなかったそうです。ようやく退職した後にベンチャーを立ち上げ、資金調達をしながら事業展開を一気に進めます。ですが、上場一歩手前で競合からの訴訟に遭い、会社もろとも事業を手放すことになりました。

当時、売却先として日本の大手企業のほか、アドビやマイクロソフトなどの候補もあったそうですが、最終的にアップルに決まりました。

アメリカは契約社会。通常は弁護士を通した交渉が数カ月にわたり行われるのですが、ジョブズ氏は「曽我、あなたがCEOだね。2人でサシで話そう」と一対一での交渉を要求。たった3日で商談が成立したそうです。まさにシリコンバレー流即断即決のダイナミズムですね。

定年退職後にシリコンバレーで起業し、あのスティーブ・ジョブズ氏に事業を売却した曽我さんこそが、"It's never too late!（何事も遅すぎることはない）"の体現者です（写真中央が曽我弘さん、右が筆者）

曽我さんは、ジョブズ氏と対面で直に事業売却をした唯一の日本人なのではないでしょうか。この時に売却された技術はMacOS向けに開発し直され、今日のDVDの礎（いしずえ）となっています。皆さんの使っているMac製品にも曽我さんの魂が宿っているかもしれません。

シリコンバレーのスタートアップ・エコシステムを日本に

シリコンバレーには〝エコシステム〟といって、投資家、弁護士、会計士や、大学、行政機関など、起業家を支える人々の環境が整っています。経営陣にも〝ダブルメジャー〟といって、工学博士とMBA（経営学修士）など、技術と経営の両方の専門を持ったメンバーがいることも少なくありません。

現地のダイナミズムを自ら体感し、日本に戻った曽我さんは、このシリコンバレー流のエコシステムを日本にも定着させるため、2016年より能登左知さんと一般社団法人カピオンエデュケーションズ（https://japandeca.org）を立ち上げ、生徒向けにアントレプレナーシッププログラムの運営を開始しました。

会計や財務はビジネスを数字で語る上での世界の共通言語であり、事業アイデアをつくるために不可欠の知識ですが、日本の義務教育課程ではそのようなものを学ぶ機会はありません。そこで曽我さんから相談を受けたＫＰＭＧコンサルティングでは、カピオンエデュケーションズと共同で「起業力教育」というプログラムを企画し、生徒向けに会計や財務の基礎を体験してもらいました。２０１９年6月に開催したイベントには全国各地の中学校、高等学校、インターナショナルスクールに通う意欲ある生徒が約１４０名、保護者約50名が参加しました。

＝大学ではもう遅い？

カピオンエデュケーションズでは活動を始めた当初、多くの大学発ベンチャーや大学で起業教育を行っていました。ですが、日本の大学生は今なお、その多くが大企業への就職を希望する傾向にあり、起業をしたいと思っても指導教授の顔色をうかがう状態。そこで曽我さんは「大学ではもう遅い」と感じたそうです。

曽我さんは、「たった一度の人生、思い切り生きてほしい」と言います。「起業に最も必要なのは若さとパッション。定年退職した私にできたのだから、君たちもやろうと思えば行動できる」

結局はそのやる気を実行に移せるかということなのです。

第3講

事業化・産業化におけるイノベーション

1 イノベーションの概要

偉大なイノベーター：スティーブ・ジョブズ氏

イノベーターとしてよく名前が挙がるのが、アップルの創業者のスティーブ・ジョブズ氏です。現に、本講座においても多くの学生の方が名前を挙げました。ジョブズ氏は、イノベーションの源泉である創造力は「いろいろなものをつなぐ力であり、一見すると関係ないように見える様々な分野の疑問や課題、アイデアやひらめきを上手につなぎ合わせる力」と言っています。

例えば、彼が世に送り出したｉＰｈｏｎｅは世界を大きく変えましたが、ｉＰｈｏｎｅのもとになっているｉＰｏｄは、歩きながら音楽を聴くという日本のウォークマンに触発されたものであることを彼自身が認めていますし、電話とインターネットの組み合わせも、日本のｉモードがｉＰｈｏｎｅより10年近く前にリリースされています。ジョブズ氏は、ここに徹底的なこだわりと革新的なインターフェースを組み合わせることにより、「電話を再発明」したのです。

今、イノベーションが求められている

「イノベーション」という言葉が頻繁に使われるようになって久しくなります。かつて、日本企業からは多くのイノベーティブなサービスやプロダクトが生まれ、先進国はこぞって「ジャパン・アズ・ナンバーワン」と言われた日本の経営手法を研究し、模倣しました。その後バブル崩壊を経て、日本経済は長い低迷期に入ります。平成元年（１９８９年）と平成31年（２０１９年）の世界時価総額ランキングは「失われた30年」の象徴としてよく用いられます。かつて上位を独占していた日本企業の存在感は今やあ

図表3-1-1　イノベーションとは？

イノベーションの源泉である創造力：

創造力とは、いろいろなものを**つなぐ力**。
一見すると関係ないように見える
様々な分野の疑問や課題、
アイデアやひらめきを
上手につなぎ合わせる力。

アップル（Apple Inc.）創業者
スティーブ・ジョブズ氏

りません。[1]

一方、VUCA（Volatility：変動性、Uncertainty：不確実性、Complexity：複雑性、Ambiguity：曖昧性）の時代と言われる先行き不透明な現在、自社のリソースだけで成長を考えるのは難しく、インオーガニックな手法、つまり既存の経営資源だけでなく、他社との提携や買収などによって成長することを目指しています。

図表3-1-2　世界時価総額ランキング

失われた30年と世界の中の日本

世界時価総額ランキング（平成元年）

順位	企業名	時価総額（億ドル）	国
1	NTT	1,638.6	日本
2	日本興業銀行	715.9	日本
3	住友銀行	695.9	日本
4	富士銀行	670.8	日本
5	第一勧業銀行	660.9	日本
6	IBM	646.5	アメリカ
7	三菱銀行	592.7	日本
8	エクソン	549.2	アメリカ
9	東京電力	544.6	日本
10	ロイヤル・ダッチ・シェル	543.6	イギリス

世界時価総額ランキング（平成31年）

順位	企業名	時価総額（億ドル）	国
1	アップル	9,644.2	アメリカ
2	マイクロソフト	9,495.1	アメリカ
3	アマゾン・ドット・コム	9,286.6	アメリカ
4	アルファベット	8,115.3	アメリカ
5	ロイヤル・ダッチ・シェル	5,368.5	イギリス
6	バークシャー・ハサウェイ	5,150.1	アメリカ
7	アリババ・グループHD	4,805.4	中国
8	テンセントHD	4,755.1	中国
9	フェイスブック	4,260.8	アメリカ
10	JPモルガン・チェース	3,685.2	アメリカ

注：企業名は当時のもの

今日的な課題である脱炭素においても、イノベーションは求められています。

政府が2021年に公表した「グリーン成長戦略」においては、2050年までにカーボンニュートラル、つまり2019年時点で10・3億トン排出されていたCO_2を、2050年までにネットゼロにするために、これまでにない大胆な投資と、イノベーションの創出が不可欠とうたわれています。

図表3-1-3　イノベーションの必要性

世界中の経営者がインオーガニックな成長手法で
イノベーションを起こさなければならないと考えている

今後3年間の成長に向けた最重要戦略

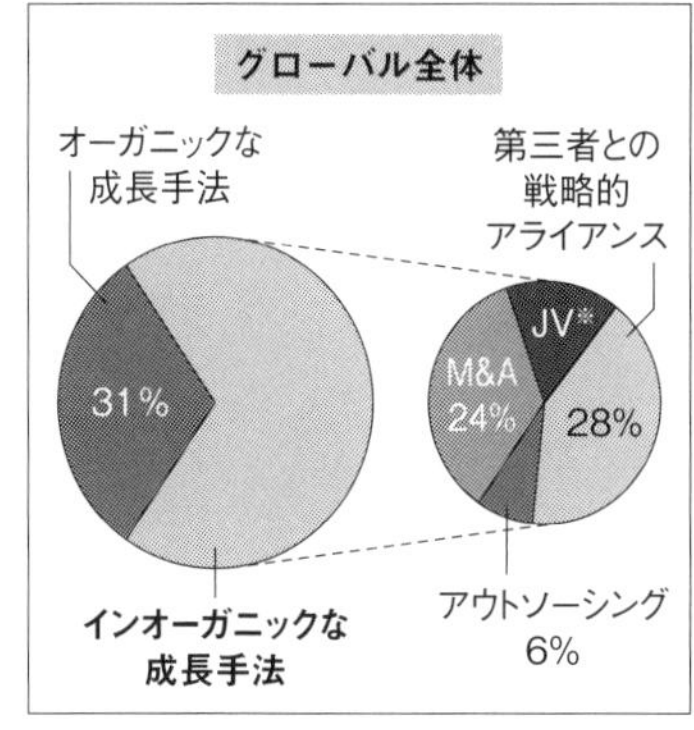

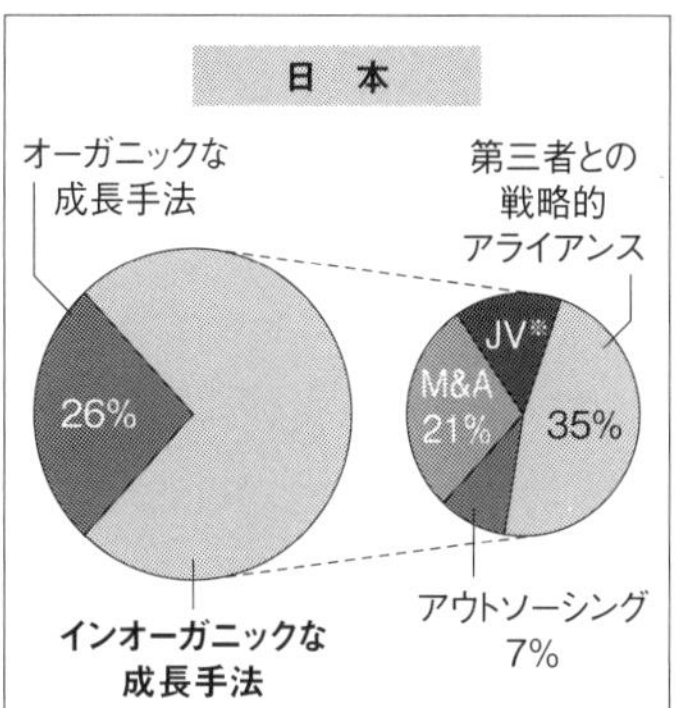

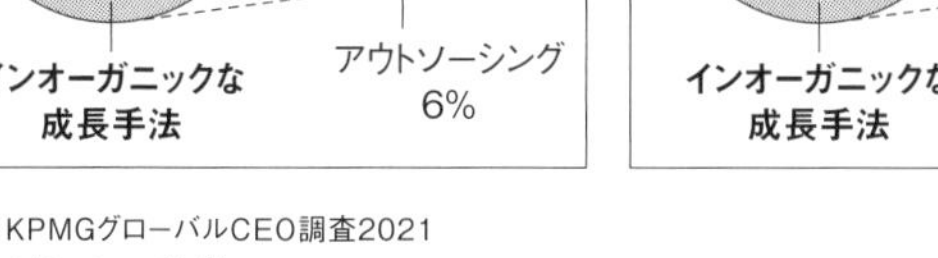

出所：KPMGグローバルCEO調査2021
※Joint Venture（合弁）

イノベーションって何？

イノベーションという単語はいろいろなところで用いられており、世界中の多くの文献で様々な定義がなされています。そのうち、最も有名な定義と言えるのが、〝イノベーションの父〟経済学者ヨーゼフ・シュンペーターのものでしょう。彼は、イノベーションを「新結合」、すなわち、「全く新しい生産要素の組み合わせによる価値の創造」と定義しました。スティーブ・ジョブズ氏の「つなぎ合わせる力」というのと、非常に近い定義ですね。

イノベーションと言うと、よく〝ゼロイチ〟、つまり何もないところから生み出すようなイメージがありますが、世の中の多くのイノベーションは、実はすでにあるものの組み合わせによって創造されているのです。

図表3-1-4　イノベーションとは「新しい結合」である

イノベーション：新結合

一定のルーチンをこなすだけの
経営管理者（土地や労働を結合する）
ではなく、**全く新しい組み合わせ**で
生産要素を結合し、
新たなビジネスを創造する者
＝イノベーションの実行者：
アントレプレナー

イノベーションの父
ヨーゼフ・シュンペーター

組み合わせによるイノベーション

シュンペーターによれば、イノベーションは新たな組み合わせです。認知科学の研究教授であり、人工知能、心理学、哲学、認知およびコンピューターサイエンスの研究者としても知られるマーガレット・ボーデン氏も、イノベーションを以下の3つに分類し、組み合わせによるイノベーションの可能性を示唆しました。[2]

①Combinational creativity——組み合わせ型創造性
②Exploratory creativity——探索型創造性
③Transformational creativity——変換型創造性

また、「組み合わせによるイノベーション」を、次の3つのタイプに分類した研究もあります。[3]

①問題主導型（Problem-driven）：問題と現在の解決策の間にあるギャップを既存のアイデアの組み合わせで解消
②類似性主導（Similarity-driven）：似たような機能、デザイン、目的から想起

③インスピレーション主導（Inspiration-driven）：一見すると無関係なアイデアの組み合わせ

ニーズ（消費者や社会の要請）とシーズ（生産者が持つ技術やノウハウ）の組み合わせでビジネスモデルを探るのはオーソドックスな考え方です。「イノベーション創出なんて一部の天才にしかできない」などと難しく考えず、ニュースなどの外部情報と自分が持っている雑多な知識を組み合わせる癖を普段から意識づけることにより、柔軟な発想力を鍛えることができるのではないでしょうか。

大企業ほど直面しがちな「イノベーションのジレンマ」

『イノベーションのジレンマ』（邦訳は玉田俊平太監修、伊豆原弓訳、翔泳社、増補改訂版、2001年）の著者として有名なハーバード・ビジネス・スクールのクレイトン・クリステンセン教授も、「一見、関係なさそうな事柄を結びつける思考」といって、シュンペーターの定義を踏襲（とうしゅう）しています。ここで、「イノベーションのジレンマ」の図解を簡単に見てみましょう（図表3－1－5）。

「持続的イノベーション」は、今存在するサービスやプロダクトの機能を向上させる

図表3-1-5　日本企業が不得意な“破壊的”イノベーション

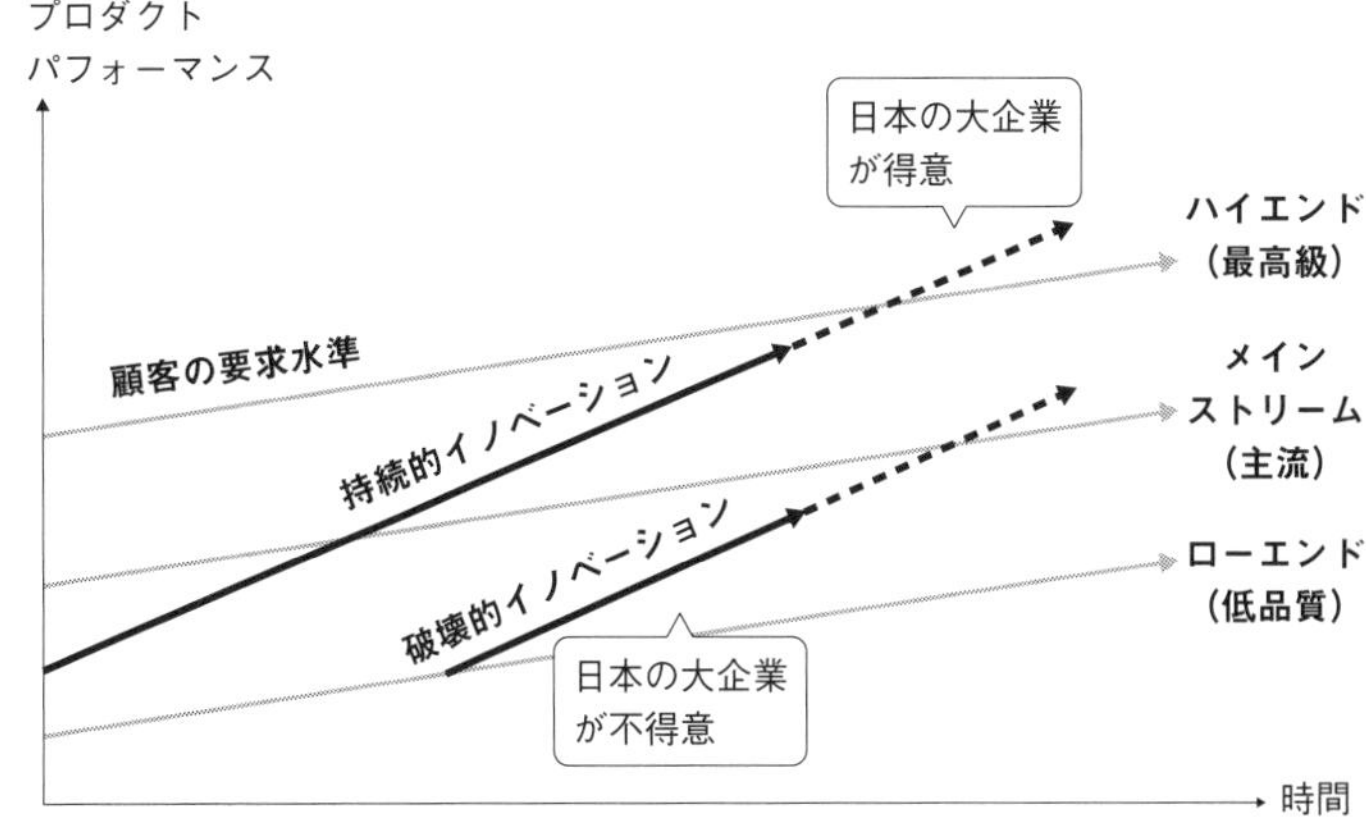

出所：『イノベーションのジレンマ』をもとにKPMG作成

ことです。「カイゼン」という言葉が象徴するように、日本の大企業はこれが得意だと言われています。かつてのガラケーや白物家電のように、ある時点でサービスやプロダクトが顧客のニーズを超え、オーバースペックとなってしまうと、マーケットを失います。

テレビを例にとってみましょう。かつて日本からは世界を席巻するようなヒット商品が生まれていましたが、品質の追求がいつしか消費者のニーズを超えてしまい、今やテレビはコモディティ化と技術流出も相まって、韓国勢の独壇場となっています。

一方、「破壊的イノベーション」は、スタート時点では市場性を見いだせないため、大企業の視点からは思い切った投資が難しく、新興のスタートアップ企業が起こす「破壊的イノベーション」が市場に受け入れられ、大企業の提供するサービスやプロダクト（製品・商品）の価値を棄損してしまうものです。ちなみに、経済産業省の統計によると、日本企業の研究開発の約9割が既存技術の改良だったそうです。

クリステンセン氏によれば、イノベーションのジレンマが起こる原因は、おおむね次のように要約できます。

●イノベーション初期の小規模な市場では大企業の成長ニーズを解決できない。
●存在しない市場は分析できず、不確実性が高いため参入の価値がないように見える。
●企業は顧客と投資家に資源を依存しており、既存顧客や短期的利益を求める株主の意向が優先される。
●既存事業への依存度が高まると、異なる事業が行えなくなる（カニバリズム）。
●既存技術を高めることと、市場の需要があることとは関係がない。

大企業ほど新規事業に投資をするのは難しい、と言われる所以がここにあります。

イノベーションの芽を摘むドリームキラー

日本から世界を変えるようなイノベーターが出現しない理由のひとつとして、「ドリームキラー」の存在があります。

「そんなのできっこない」

「そんなの誰も買わないよ」

「どうせ途中でうまくいかなくなる」

「失敗したらどうするの？」

「成功する保証はあるの？」

起業に反対する親、新規事業投資に踏み切れない経営者。成功をつかんだ破壊的イノベーターたちは、こうしたドリームキラーの声に打ち勝ってきた人達ばかりです。

本講座で登壇してくれた起業家の方々も、周囲の反対にもめげず、自分の信じた道を突き進んできた人ばかりでした。受講生の皆さんから「不安はなかったのですか？」という質問も寄せられましたが、「自分ほど、この事業を考え抜いた人はいないという自負があった」「可能性、ワクワクしかなかった」というコメントに勇気づけられた方も多いのではないでしょうか。

この講座の受講生から、世界を変えるようなイノベーターが出てくることを願っています。

注

1 ＳＴＡＲＴＵＰ ＤＢ：https://startup-db.com/magazine/category/research/marketcap-global

2 参考文献：『イノベーションを生むワークショップの教科書　i.school 流アイディア創出法』（堀井秀之著、日経ＢＰ、２０２１年）

3 “Three driven approaches to combinational creativity”, Dyson School of Design Engineering,Imperial College London,December 27, 2017

2 ブロックチェーン・イノベーション

(1) ブロックチェーンとは

ブロックチェーンは暗号資産ビットコイン（BTC）の基礎技術として誕生し、決済、保険、証券等の金融分野や、生産、物流等の非金融分野においても、実証実験やサービスの実用化が進んでいます。昨今は、「ウェブ3・0（Web3.0）」と言われるインターネット上の新しい世界観における要素技術として、日本を含む世界各国の国家戦略のひとつに明言されるなど、活用領域は今後も拡大することが見込まれます。

本節では、まずブロックチェーン誕生からの歴史に触れたのち、その強固かつ分散的な特徴について解説します。

ブロックチェーンの歴史

ブロックチェーンの始まりは、２００８年10月にSatoshi Nakamoto（サトシ・ナカモト）を名乗る人物がインターネット上で公開した、「Bitcoin: A Peer-to-Peer Electronic Cash System」という論文になります。論文においてビットコインは、金融機関を通さない甲乙間の直接的オンライン取引を可能とする、純粋なＰ２Ｐ（ピアツーピア）電子マネーとして論じられています。その取引を支える、暗号技術、タイムスタンプ、コンセンサスアルゴリズム（Proof of Work）といった基礎技術の組み合わせの総称として、ブロックチェーンが生まれました。

この論文をもとに、有志のエンジニアの手によって２００９年、ビットコインがこの世に誕生しました。さらに２０１４年には、イーサリアム（Ethereum）と呼ばれる、ブロックチェーン技術を利用した分散型アプリケーションを開発するためのプラットフォームが開発されました。ビットコインが中央の組織による仲介なしに価値の取引を実現するプラットフォームであったのに対し、イーサリアムはスマートコントラクトによる契約の自動執行や分散型アプリケーションを支援するプラットフォームとして設計されています。

一方、ブロックチェーンの歴史においては、良い面ばかりでなく、様々な事件が発生しています。2010年に設立されたビットコイン取引所であるマウントゴックス(Mt. Gox）は、2014年2月に当時のビットコイン市場価格で約114億円に相当する約75万BTCが盗まれたと発表し、破綻しました。その後、2016年には「The DAO」と呼ばれる分散型自律組織が攻撃され、約5000万ドル相当のイーサリアムが盗まれた事件がありました。

国内においても、たびたび暗号資産の盗難事件や詐欺事件等が発生しています。しかし、こうした事件を経ながらも、暗号資産やブロックチェーンが持つ革新的なポテンシャルは注目され続け、現在はウェブ3・0と呼ばれる、インターネット上の新しい自律分散型の世界観におけるコアテクノロジーとして注目されています。

ブロックチェーンの仕組みや機能が進化することで、様々な分野での活用が期待されています。例えば、後述するDeFi（分散型金融：Decentralized Finance）や、NFT（非代替性トークン：Non-Fungible Token）の発行・取引などが挙げられます。イーサリアムを筆頭に多く開発されているプログラマブルなプラットフォームにおいて、開発者が独自のアプリケーションを開発・発展させることで、新しいビジネスモデルの創造や社会の課題解決にも多く活用されています。

ブロックチェーンの特徴

ブロックチェーンとは、インターネット上に分散して置かれた「台帳」を意味し、主に次のような特徴を持っています。

●分散型：複数のノード（ネットワークの結節点）で構成された分散型システムであり、中央管理者を必要とせず、また、データの改ざんや盗難などを防ぐことができます。

●透明性：全てのトランザクション履歴が記録されており、誰でも閲覧できるため、トランザクションの透明性が高く、信頼性があるとされています。

●匿名性：ブロックチェーン上のアドレスは匿名性を持っているため、プライバシーが保たれます。

●セキュリティ：暗号化による強固なセキュリティが備わっており、ブロックチェーン上のデータは改ざんが非常に難しく、ネットワーク全体の信頼性を高めることができます。

ビットコインの仕組み

ブロックチェーンは、複数のノードによって管理されます。ブロックチェーンにはトランザクションの履歴が記録され、新しいトランザクションは新しいブロックとして追加されます。以下にブロックチェーンの仕組みの概要を説明します。

①トランザクションの生成：ブロックチェーン上でのトランザクションは、送金や情報のやりとりなど様々な形態があります。このトランザクションは、送信者の秘密鍵によって署名され、ネットワークに送信されます。

②トランザクションの検証・伝播：ブロックチェーン上の複数のノードは、新しいトランザクションを受信すると、そのトランザクションが正当であるかどうかを検証します。トランザクションが正当であれば、その他のノードにトランザクションを伝播します。

③ブロック化：複数のトランザクションをまとめたブロックが生成され、新しいブロックには、以前のブロックのハッシュ値などが含まれます。ブロックはノード間で共有され、ネットワーク全体にブロックが複製されます。

④ブロックの記録：新しいブロックがネットワークに追加されると、それ以前のブロックも含め、全てのブロックがチェーン状に連なります。これにより、過去のトランザクションも含めて、全体のデータが保管されます。

(2) どのように使われているか

暗号資産とは

「暗号資産」とは、ブロックチェーン技術にもとづくデジタル資産のことを指し、2019年の資金決済法の改正に伴い、ビットコインなどインターネット上で取引される「仮想通貨」の法令上の呼称として改められました。「資金決済法第2条第5項」においては、おおよそ次の性質を持つものとされています。

「不特定の者に対して、代金（代価）の支払い（弁済）等に使用でき、電子的に記録され、相互に交換や移転ができる財産的価値があるもの。ただし、法定通貨または法定通貨建ての資産ではない」

代表的な暗号資産には、ビットコインやイーサリアムなどが挙げられます。暗号資産は、銀行等の既存金融機関を介することなく財産的価値をやりとりすることが可能な仕組みとして、注目されています。

暗号資産は、一般的に交換所や取引所と呼ばれる事業者（暗号資産交換業者）から入手することができます。日本では、暗号資産交換業は金融庁・財務局の登録を受けた事業者のみが行うことができ、国内では現在、約30社が登録されています。

暗号資産は、国や政府によって発行された保証のある法定通貨ではありません。そのため、需要と供給のバランスが崩れると暗号資産の価格が大きく変動する傾向にあり、経済的取引で使用するにはまだまだ課題も多いと言えます。

ＳＴＯとＩＰＯ、ＩＣＯ（仮想通貨技術を使った資金調達）

ＩＰＯ（Initial Public Offering）は企業が初めて株式を公開し一般投資家に販売することを指します。そのデメリットのひとつに、審査や体制構築など多額のコストと、計画から実現までに最短でも3年ほどの時間がかかることが挙げられます。

一方、ＩＣＯは「Initial Coin Offering」の略で、特定のプロジェクトやプロダクト開発を実現するため暗号資産（トークン）を発行し、一般投資家に販売することで資

図表3-2-1　STO、IPO、ICOの違い

	STO（Security Token Offering）	IPO（Initial Public Offering）	ICO（Initial Coin Offering）
概念	インターネットを介し、デジタル化された証券（セキュリティトークン）を投資家に売り出すことで資金調達を行うこと	証券取引所にて、株式を投資家に売り出すことで資金調達を行うこと	インターネットを介し、トークンを投資家に売り出すことで資金調達を行うこと（日本においては規制により困難）
国内における規制	金融商品取引法 他	金融商品取引法 他	資金決済法 他
購入資格	一般投資家	一般投資家	制限なし
開示	開示規制あり	開示規制あり	開示規制なし
必要書類	目論見書 投資契約書 他	目論見書 投資契約書 他	ホワイトペーパー（プロジェクト・プロダクト概要資料）

金を調達する方法のひとつです。IPOと比較して低コストな資金調達が可能とされています。ICOは、実現したいプロジェクトやプロダクト開発、またトークンを保有した際の権利を記載したホワイトペーパーを作成・公開するだけで発行でき、誰でも簡単に購入できる一方で、法的な規制がなく、投資家保護に関する問題があることが指摘されています。なかには詐欺的なものも存在するため、現在多くの国や地域で規制が厳しくなってきており、ICOを行う場合には法的な規制や手続きを順守する必要があります。

これに対し、STOは「Security Token Offering」の略で、証券化された暗号資産を発行することで資金調達を行う新しい方法で、ICOと異なり、投資家に対して証券的な権利

を付与することができます。ＳＴＯによって発行されたトークンは証券として扱われるため、発行元が規制当局に登録する必要がありますが、株式、債券、不動産など、あらゆる種類の資産で活用することができます。証券と同じ規制に準拠しなければならないため透明性が高く、投資家保護が担保された安全な投資手段と言えます。また、証券市場に新しい流動性をもたらすことが期待されており、従来の証券発行方法と比較して低コストで、より広い投資家層にアクセスできる可能性があると考えられます。

注目を集めるＮＦＴ

ＮＦＴとは、ビットコインやイーサリアムなどの暗号資産に代表される1単位の価値が等価なトークンとは異なり、固有のＩＤを持たせることで、一意の識別可能性が付与されたトークンを指します。ＮＦＴを利用することで、従来は資産として扱うことが困難であったデジタルコンテンツや権利を、ブロックチェーンによって信頼性が担保されたエコシステム内で管理・流通させることが可能となりました。国内でもアートやゲーム、ファンビジネスのほか、地方創生などの領域で活用が進んでおり、

図表3-2-2　NFT(Non-Fungible Token)とは

ブロックチェーン上で発行するトークンに対して固有のIDを定義し、
「非代替性」を付与したもの
デジタルコンテンツ（画像、動画、音楽、テキストなど）と
ひも付けることで、コンテンツに資産性を与えることが可能となった

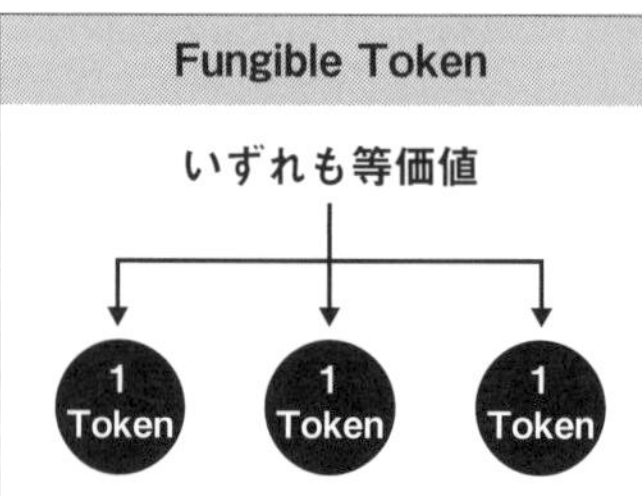

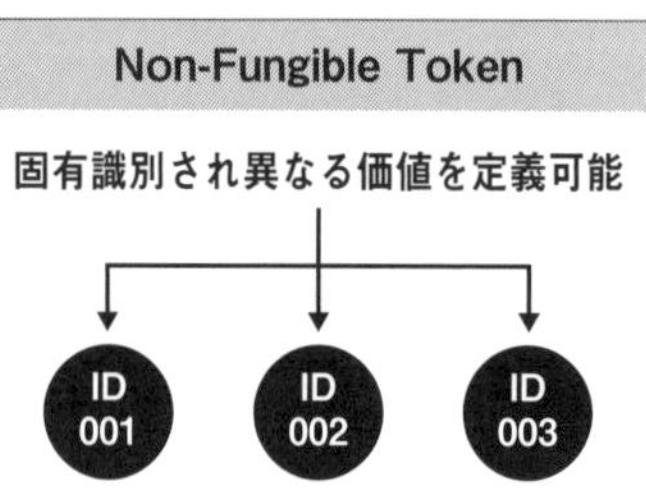

注目を集めています。

暗号資産やＮＦＴ等のトークン発行・流通の基盤技術であるブロックチェーンは、特定の権限者による中央集権的な管理を不要とする民主的なデータ管理の技術です。ブロックチェーンには、トランザクションデータの正当性を複数の参加者が相互に検証する仕組みや、暗号化技術の活用によってデータ自体の改ざんが非常に困難であるなどの特徴があり、透明性や信頼性の高いエコシステムを構築することが可能です。

様々な領域での活用が進むＮＦＴですが、取り扱いに関しては、例えば、ＮＦＴを利用することで、データのコ

ピー防止や、オリジナル作品であることを証明できるといった誤解があります。権利侵害対策は消費者保護の観点からも重要であり、違法なNFTを排除する仕組みづくりの必要性が高まっています。

NFTはこれまでアートやゲーム領域を中心に注目を集めてきましたが、NFTホルダー限定イベントへの参加証や特定の組織や個人に権力が集中しない非中央集権的な組織運営を行うDAO（分散型自律組織：Decentralized Autonomous Organization）コミュニティへの参加証として利用されるケースも出てきています。資産のデジタル化のみならず、コミュニティ形成の促進にも活用の幅を広げつつあるNFTは、これまでテクノロジーに縁遠かった人をも巻き込み、人々がウェブ3・0の世界観を体現するためのキーコンテンツであると言えるのではないでしょうか。

新たなコミュニティの在り方として注目されるDAO

DAOとは、組織運営の決議への参加権や投票権が付与されたガバナンストークンと呼ばれるトークンの保有者によって運営されるコミュニティです。ブロックチェーン上で発行・管理される電子的な証票であるトークンと、事前定義した条件をもとに自律的に実行されるプログラムであるスマートコントラクトを用いることで、特定の組織や個人に権力が集中しない非中央集権的な組織運営を実現できる可能性を持っています。また、既存組織の枠を超えた人材・資本の集約化や、参加者一人ひとりの主体性を尊重し、透明性の高い意思決定を行うことができるなど、ウェブ3・0時代における新たなコミュニティの在り方として注目を集めています。

DAOの特徴としてまず挙げられるのは、コミュニティの組成およびその運営に、ガバナンストークンと呼ばれる、ブロックチェーン上で発行されたトークンを利用する点です。一般的にガバナンストークンには、コミュニティへの参加権や組織運営の改善や具体的な活動内容に関する提案権・投票権が付与されます。このトークンを流通市場での購入やコミュニティからの配布を通じて獲得することで、コミュニティに参加することができます。コミュニティメンバーの一員になると、ディスカッションフォーラムや投票システムへのアクセスが可能となり、組織運営に直接関与することができるようになります。

DAOは組成目的に応じていくつかの種類に分類されます。そのひとつである「プロトコルDAO（Protocol DAO）」は、プロトコルそのものを維持・運用・改善してい

図表3-2-3　DAO（Decentralized Autonomous Organization）とは

DAOはウェブ3.0の世界観におけるコミュニティ組成の1形態であり、非中央集権的な組織構造や、自律的な意思決定を行う点に特徴がある

中央集権型組織	分散型自律組織（DAO）
	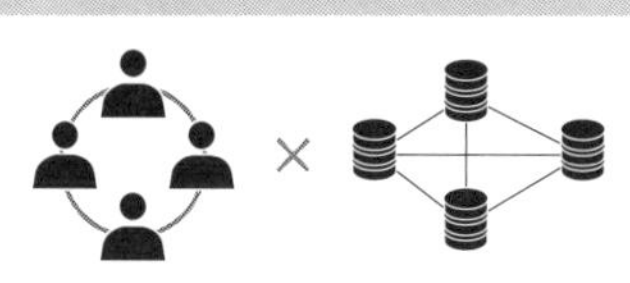
●意思決定： 組織体制は階層構造となっており、意思決定においては決議内容や外的要因に合わせて属人的な判断が介在する	●意思決定： 特定の組織や個人に依存しない体制であり、あらかじめ定められたルールのもと自律的に意思決定が行われる
●システム： 特定の企業や組織から提供され、運営形態が中央集権的。ソースコードや開発状況は公開されないケースが多い	●システム： 特定の企業や組織に依存することなく、非中央集権的。ソースコードや開発状況は公開されるケースが多い

くためのDAOです。DeFi（詳細は後述）と呼ばれる、パブリックブロックチェーン上に構築される金融サービスの運営・改善を目的として組成されることがあります。DeFiサービスが徴収する手数料等のパラメーター変更や、DAOメンバーへの収益配分等のガバナンス変更といった内容について議論を行い、スマートコントラクトをベースにした投票によって意思決定を行います。

コミュニティが集めた資金をNFT等の高価なデジタル資産に投資し、収益を得ることを目的とする「インベストメントDAO（Investment DAO）」では、投資対象に関する議論をメンバー間で行い、投票によって投資先を決定します。投資で得た

収益が貢献度に応じてメンバーに分配される仕組みや、コミュニティへの参加により豊富な知識を獲得できることが参加者のインセンティブとなります。

国内では地方創生を活動目的としたＤＡＯに対する注目が集まっており、コミュニティそのものを活性化させる手段としてＤＡＯが用いられるケースも増えています。

一例として、新潟県長岡市の山古志地域（旧山古志村）の活性化を目的とする山古志住民会議によるＤＡＯプロジェクトがあります。山古志住民会議では、自治体支援やブロックチェーン関連事業を提供する企業の協力のもと、錦鯉（にしきごい）をシンボルとするＮＦＴアートを発売し、ＮＦＴ保有者によって構成されるＤＡＯを組成しました。ＮＦＴ保有者は山古志の「デジタル村民」として、地域を存続させるためのアイデアを検討し、投票により実行可否の意思決定を行います。採用されたプロジェクトはコミュニティメンバーをはじめとした様々な支援者による協力のもとで実行されており、メタバースを活用した「仮想山古志村」の構築など、先端技術を使った取り組みも推進されています。

その他、スポーツやアイドル、アニメーションなど、既存ファンコミュニティの活性化を目的としたＤＡＯや、カーボンクレジットトークンの発行と流通を通じて地球環境問題の解決を目指すＤＡＯなど、様々な分野・業界でＤＡＯを取り入れる動きが進んでいます。組織の枠を超えて人材や資本が集約されたコミュニティの可能性や、多様なアイデアからＤＡＯの周辺で誕生する新たなサービスへの期待感が、ＤＡＯがウェブ３・０時代における新たなコミュニティの在り方として注目を集めている理由であると言えます。

金融サービスを革新するＤｅＦｉ

２０００年代前半、フィンテック（Fintech）という言葉が誕生し、より便利に、より多くの人に金融サービスを届けようとする動きが生まれました。２０１０年代には、スマートフォンの普及に伴い多くのサービスが生まれ、以降、時間や場所に縛られずに金融サービスを受けることができる環境が整備されてきました。

これまでの金融サービスは原則として、利用者が銀行等の金融機関の口座を持ち、一定の手数料を支払うことで利用できます。しかし、金融機関口座を持たない人はそうした金融サービスを受けることができません。金融包摂（Financial Inclusion）と呼ばれる、全ての人がそれぞれのニーズに合った有用かつ安価な金融商品・サービスを受けることができるという世界の実現は、いまだ途上にあると言えます。

そうしたなか、従来の金融とは異なるアプローチで金融包摂を目指す新しい金融、「DeFi」が誕生しました。DeFiとは、パブリックブロックチェーン上で稼働する、暗号資産やトークンを利用した金融取引を行うサービス群や、その仕組みの総称です。なお、DeFiと対比する形で、従来の中央集権型金融をCeFi（Centralized Finance）と呼びます。

DeFiには、主に①CeFiにおける銀行のような中央の権限主体が不在、②取引履歴はパブリックブロックチェーンに記録されるため取引の透明性が高い、③24時間365日、誰でも利用することが可能――という3つの特徴があります。

多くの革新的な技術により実現しているDeFiですが、一般に浸透するにはいまだ課題は多くあります。そのひとつが、ブロックチェーンのスケーラビリティです。

多くのDeFiサービスが稼働するイーサリアムブロックチェーンは、ウェブ2・0において一般的に利用されるシステムに比べると、決して処理性能が高いとは言えません。DeFiやブロックチェーンを基盤にしたゲーム等、利用者が頻繁にトランザクションを発するようなプロトコル、サービスが増えると、基盤となるブロックチェーンは混雑し、処理が滞ります。DEX（分散型取引所：Decentralized Exchanges）の代表的なサービスであるユニスワップ（Uniswap）の登場に端を発したとされ、非常

図表3-2-4　DeFiとは

DeFiは“Decentralized Finance”の略であり、スマートコントラクトによって構築され、自律分散的に稼働する金融システム、またはそこで行われる金融取引のことを指す

中央集権型金融（CeFi）	分散型金融（DeFi）
	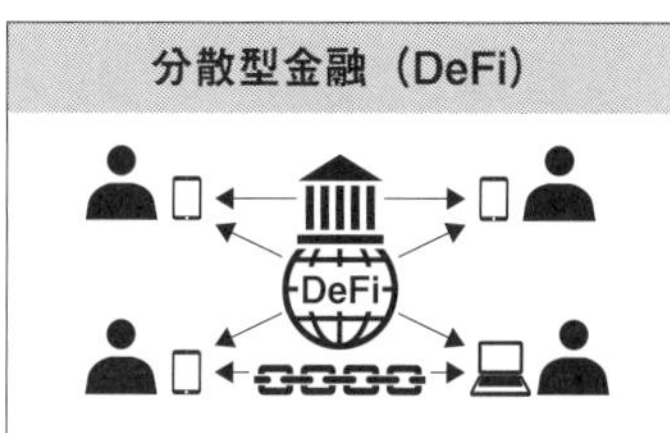
●信頼ある金融機関に対して、口座保有者が手数料を支払い、各種金融サービスを受ける ●何らかの理由で金融機関の口座を保有できない人はサービスを受けることができない	●DeFiプラットフォームを介して、仲介者なしに世界中の人同士が取引を行うイメージ ●インターネットにアクセスすることで、いつでも誰でも同様の金融サービスを享受することができる

に多くのユーザーがＤｅＦｉに触れ始めたブーム時は、数百円のトークンを動かすトランザクションを通すのに数千円というネットワーク手数料がかかるなど、イーサリアムネットワーク自体が使いものにならないという事態が起こったこともあります。ブームの落ち着きとともに事態は一定の状態に収束しましたが、様々なサービスが共通の基盤で稼働するパブリックブロックチェーンの、構造上の弱点と言うことができます。

　このような問題の解決策として、ブロックチェーンプロトコルの大型アップデートによるネットワーク手数料軽減やセカンドレイヤー活用、またはＤｅＦｉサービス展開チェーンの選択肢増加によるトランザク

ション分散等、世界中の技術者による改善が進められています。ひとつの組織や企業では成し得ないスピードでアップデートが進む状況は、まさにウェブ３・０の世界観を体現するものと言うことができます。

(3) 今後の展望

ウェブ３・０の時代

２０２２年６月に閣議決定された「経済財政運営と改革の基本方針２０２２（通称：骨太方針２０２２）」において「ウェブ３・０の推進に向けた環境整備」が明記されました。ウェブ３・０という、ブロックチェーンをベースとした新しい概念に注力していくことが、国の方針として定まったと言うことができます。

ビットコインの誕生とともに生まれ、インターネット以来の発明とまで言われるブロックチェーンですが、日本国内においてはいわゆる「怪しいもの」「投機にすぎない」という印象が少なからずあります。そのようななか、昨今ウェブ３・０という呼称とともに、その革新的なユースケースやポテンシャルに光が当たったことは、ブロックチェーンという技術や業界にとって非常に大きな一歩だと考えます。2022年10月のデジタル庁「Web3・0研究会」立ち上げや、同11月の日本経済団体連合会（経団連）による「Web3推進戦略～Society5・0 for SDGs実現に向けて」の発表など、周辺の活動が活発になっています。こうした動きもあり、ウェブ3・0関連事業に進出する企業や、関連事業を行う多くのスタートアップが誕生するなど、ビジネスにおいても大きなインパクトが起こり始めています。

今後の課題と展望

ウェブ3・0が広く普及するにはいまだ課題があります。そのひとつに、現行の法制度が対応していない点が挙げられます。

2017年の資金決済法の改正により日本は世界で初めて暗号資産に関する法整備を行った国となりましたが、その後のテクノロジーの進化のスピードには対応できておらず、ウェブ3・0関連事業を行う上で適切な法制度とはなっていないのが現状です。また税制についても同様に、既存の法制度に当てはめて税徴収がなされることから、ウェブ3・0の事業を行う場合の税負担が企業に重くのしかかります。こうした事情から、ウェブ３・０関連のスタートアップはこぞってシンガポールやドバイ等、税制上事業を行いやすい国・地域での立ち上げを好むようになっています。

この現状を変えるべく、２０２２年11月、自民党デジタル社会推進本部ｗｅｂ３プロジェクトチームが、「ｗｅｂ３関連税制に関する緊急提言」を提出しました。そこには、「新規発行トークンに投資した法人の期末時価評価課税」および「個人の暗号資産の取引に関わる課税」に関する事項が盛り込まれており、今後のビジネス環境を大きく変えることが期待されています。

いまだ課題はありますが、ウェブ３・０を国家戦略とするべく、政府、業界団体が大きく動き始めています。既存の企業や組織にとっても、自身の事業やビジネス環境の変化に対応する必要が出てくるものと考えられ、他人事とは言っていられない状況が迫っています。

3 「カーボンニュートラルとイノベーション」

カーボンニュートラルとは

「カーボンニュートラル」とは、温室効果ガス（GHG：Greenhouse Gas）排出量から吸収または除去した量を差し引いて、全体として実質的にゼロにすることです。人類が活動するにあたってGHG排出量を完全にゼロにすることは極めて難しいため、ニュートラル（中立）な状態にすることを目指しているのです。GHGを吸収または除去する技術は世界中で開発が進められているものの、まだまだ道半ばです。人類は開発中の技術を過度に期待してそれをあてにするのではなく、GHG排出量を限りなくゼロに近づくところまで削減する努力を最大限に続けていく必要があります。

また、カーボンニュートラルは、SDGsの達成に欠かすことのできないものです。ＳＤＧｓが掲げる17の開発目標には、地球温暖化に直接的に関係する目標も含まれ、温暖化によって引き起こされた自然災害が作物の収穫に影響して貧困や飢餓を引き起こすなど、間接的に影響する目標もあります。

このようななかで、企業は地球環境や社会システムの維持に目を向け、サステナビリティ・トランスフォーメーション（ＳＸ）に取り組む必要があります。自社の強みや競争優位性、ビジネスモデルなどの稼ぐ力の強化とＥＳＧ対策を両立し、持続可能性を重視した経営を目指すことが強く求められています。

地球温暖化を防止するための取り組みは効いているか

石油ショックやリーマンショックなどの経済危機によって一時的に落ち込むことはあっても、基本的に人類は右肩上がりにＧＨＧの排出を増やし続けてきました。

脱炭素化への取り組みを今すぐ本格的に開始しなければ、２０３０年にも地球の許容レベルを超えるとの危機感から、２０１５年にパリで開催された国連気候変動枠組条約締約国会議（ＣＯＰ21）で、気候変動問題に関する国際的な枠組みが採択されました。これが、「パリ協定」と呼ばれるものです。

パリ協定の概要は次のようなものです。

●世界共通の**長期目標として2℃の設定**。**1・5℃に抑える努力を追求すること**

●主要排出国を含む**全ての国が削減目標を5年ごとに提出・更新**すること

●**全ての国が**共通かつ柔軟な方法で実施状況を**報告し**、**レビュー**を受けること

●**適応の長期目標**の設定、各国の**適応計画プロセスや行動**の実施、適応報告書の提出と定期的更新

●効果的な気候変動対応と経済成長を両立するため、イノベーションを加速すること

●2023年以降、5年ごとに**世界全体としての実施状況を検討する仕組み**（グローバル・ストックテイク）

●**先進国による資金の提供**。これに加えて**途上国も自主的に資金を提供**すること

●二国間クレジット制度（JCM）も含めた**市場メカニズムの活用**

パリ協定から7年、地球のGHG排出はどうなっているのでしょうか。残念ながら、増加の一途を続けています。さらに衝撃的な事実として、新型コロナウイルス感染症のパンデミックにより、世界中の経済活動が停滞した2020年の世界のCO_2排出量の減少量は、その前年と比較してたったの約8％だったのです。

図表3-3-1　世界の二酸化炭素の排出量および年次推移（1900～2020年）

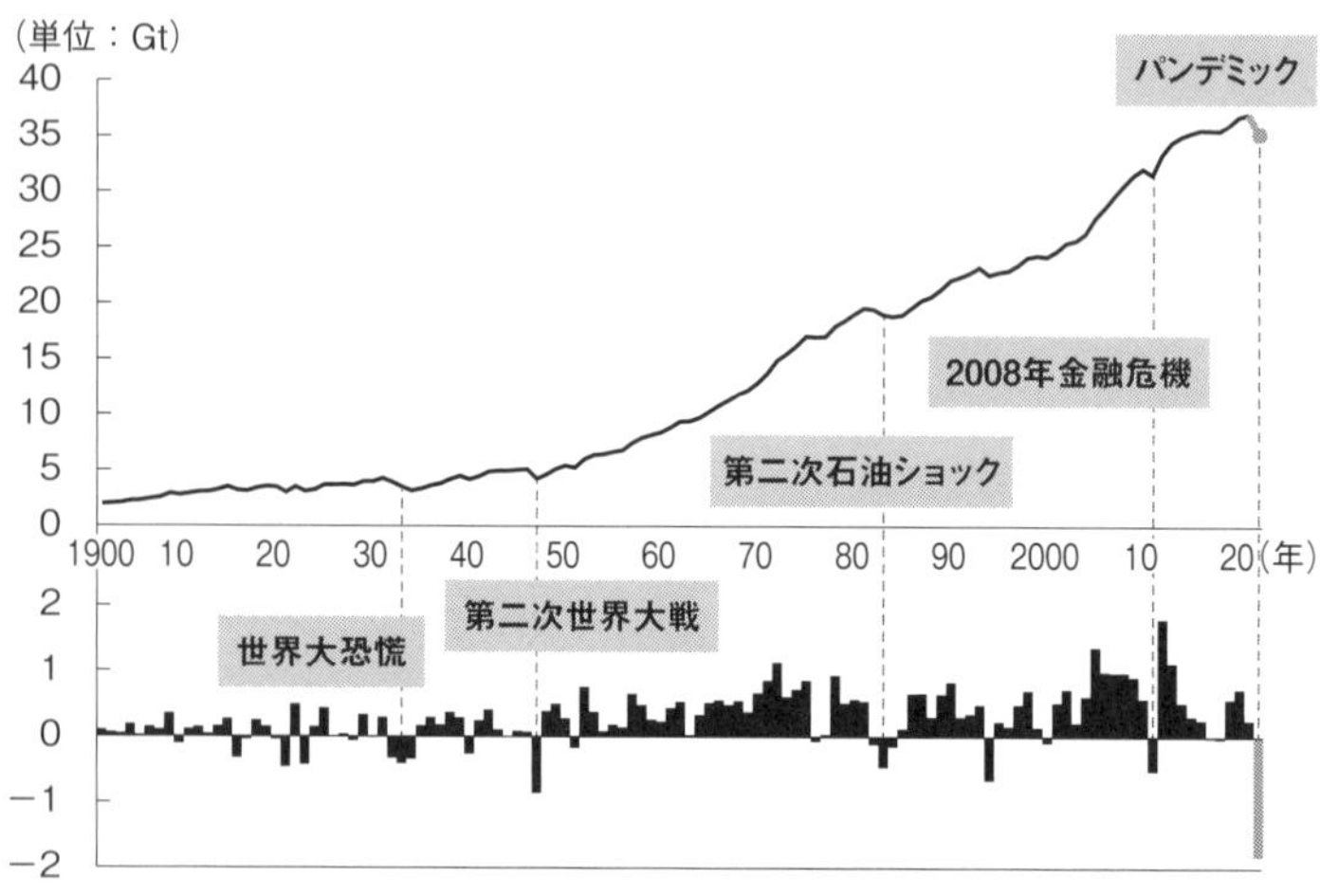

出典：Global Carbon Projectの公表データをもとにKPMG作成

パリ協定が掲げる1・5℃目標を達成するためには、2030年までに世界全体のCO_2を2010年比で45％削減して2050年までに実質ゼロにする必要があります。これはすなわち、2020年から2030年までの10年間、毎年7・6％の削減を続けるということですが、パンデミックにより世界中の経済活動がストップ状態にあったと言っても過言ではない状況下においても、毎年の削減目安をかろうじてクリアできたような状況であったことは、世界中に強い危機感をもたらしました。それと同時に、脱炭素化は想像以上に困難な取り組みであることを世界に知らしめる結果ともなりました。

そもそも、世界はパリ協定が掲げる1・

5℃目標の達成に向けて動いているのでしょうか。2021年に開催されたCOP26で採択された「グラスゴー気候合意」を機に、多くの国と地域がGHG削減目標を大幅に引き上げました。しかし、各国が出した目標を全て達成したとしても、1・5℃目標どころか、2℃目標の達成にも遠くおよばず、2・7℃上昇してしまうことが明らかになっています。

気温が2・7℃上昇すると、生物多様性が大幅に失われ、食料安全保障への懸念は高まり、大半の都市インフラでは対応できない異常気象が生じ、生活は不可能とされます。先進国は、世界の産業を牽引し、経済を発展させてきましたが、皮肉なことに、地球温暖化も加速させてしまう結果となりました。これから先進国が成すべきことは何か。開発途上国と一緒に取り組むための対策は何か。世界中の国や地域の覚悟が問われています。

地球温暖化とGHG排出量の関係

本来、GHGは地球に必要なものです。地表を温かく保ち、生き物が棲むために適した環境を整える役割を果たしています。GHGが全くない状態では、太陽の熱が全て宇宙に逃げてしまい、地球の気温は氷点下19℃にまで下がってしまうとも言われます。しかしGHGは、いったん大気中に放出されると、数百年から数千年にわたって残留する性質があり、現在、GHGは増えすぎてしまっているのです。18世紀半ばの産業革命以降、人類の活動によって、CO_2、メタンガス、一酸化二窒素などの温室効果ガスが排出され続け、もはやいったん排出をゼロにしないと地球の表面温度の上昇を止めることができないところにまできてしまっています。

一方で、気候変動は自然的要因による側面もあります。地球は、46億年の歴史の中で気候変動を繰り返してきており、

図表3-3-2　二酸化炭素濃度、200年間の変化

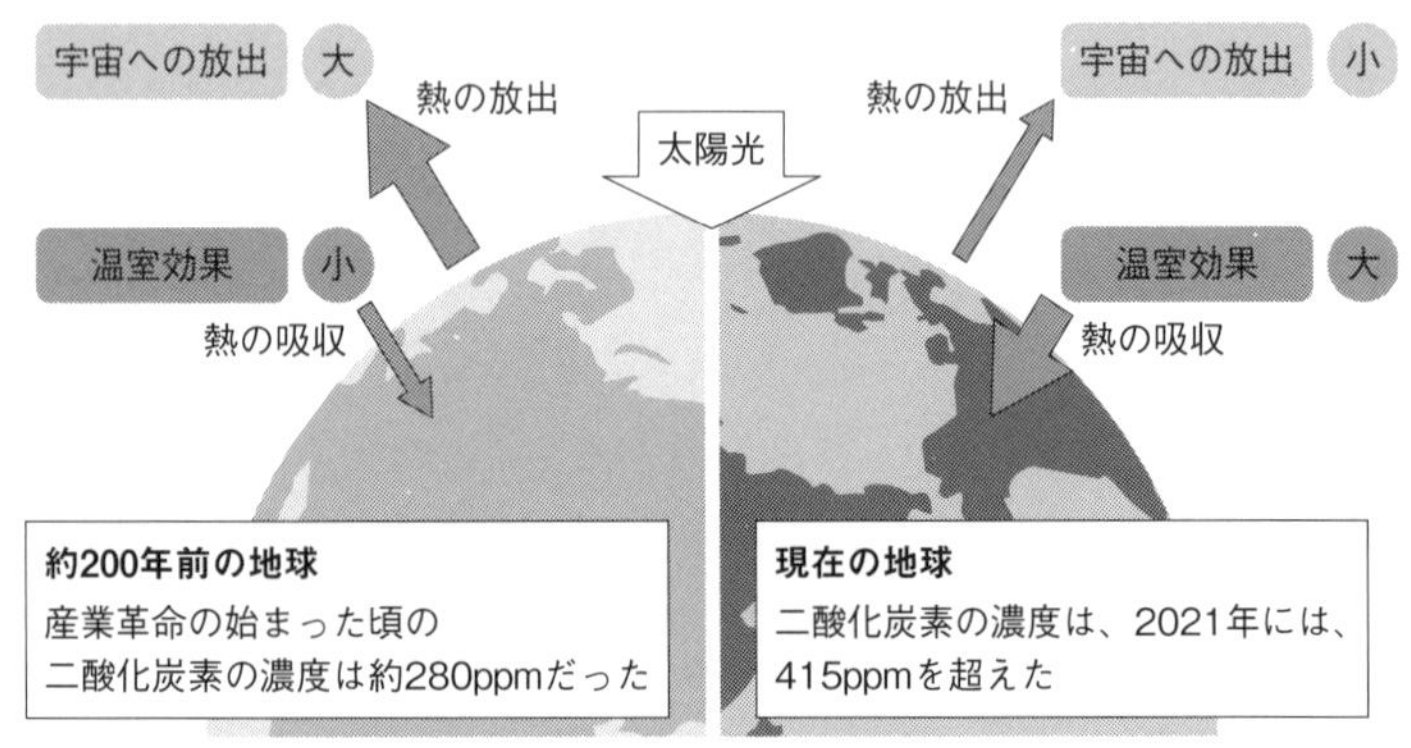

出典：気象庁「二酸化炭素濃度の経年変化」をもとにKPMG作成

地球温暖化の原因に関しては多くの議論があるのも事実です。しかし、これまでの自然発生的な気候変動は、何万年に1℃程度上下する緩やかなものでした。したがって、現代の200年程度の短い期間で1・1℃も上昇している事実からは、地球温暖化の原因は人類の活動による急激なGHG排出量の増加である可能性が極めて高いと考えられています。今はもう地球温暖化の原因は何かを議論している時ではありません。GHG排出量の削減に最善を尽くさなければいけないのです。

1・5℃目標を達成しても地球環境は悪化する

パリ協定が掲げる1・5℃目標とは、どのような地球環境を目指すことなのでしょうか。現在も夏の最高気温の上昇、豪雨による被害、台風の強力化など、地球温暖化によると考えられる環境悪化が年々問題になっています。

パリ協定が掲げる目標を達成すると、このような問題が改善され、より快適な環境に戻すことができると期待しがちですが、残念ながら地球環境の悪化を回避することはできません。たとえ30年後の2050年にカーボンニュートラルが達成されたとしても、それまでの30年間にGHG排出量は増え続け、また、これまでに大気中に放出されたＧＨＧがなくなるわけでもないことから、地球の表面温度は上昇を続け、環境の悪化はこれからも続くと考えられます。１・５℃という目標は、これからも気温の上昇を止めることはできないけれども、せめて文明として対応できる範囲の上昇に抑えよう、というものなのです。

２℃と１・５℃では大きな違い

繰り返しになりますが、パリ協定は世界の平均気温の上昇を産業革命以前と比べて２℃より十分に低く保ち、１・５℃以内に抑える努力をするという、世界共通の長期目標を掲げましたが、２０２１年に開催されたＣＯＰ26では、パリ協定で努力目標とされた１・５℃目標が事実上の目標として格上げされました。これは、科学的データの精度と信頼性が向上した結果、１・５℃を超えてしまうと、地球環境は生き物が棲む環境としては非常に過酷なものになることがわかってきたためです。

すでに世界の気温は、産業革命前の水準に比べ１・１℃上昇しています。国連の世界気象機関（ＷＭＯ）は、２０２２年5月に公表した報告書「*WMO Global Annual to Decadal Climate Update for 2022-2026*」の中で、２０２２年から２０２６年ま

図表3-3-3　気温上昇による生態系への影響

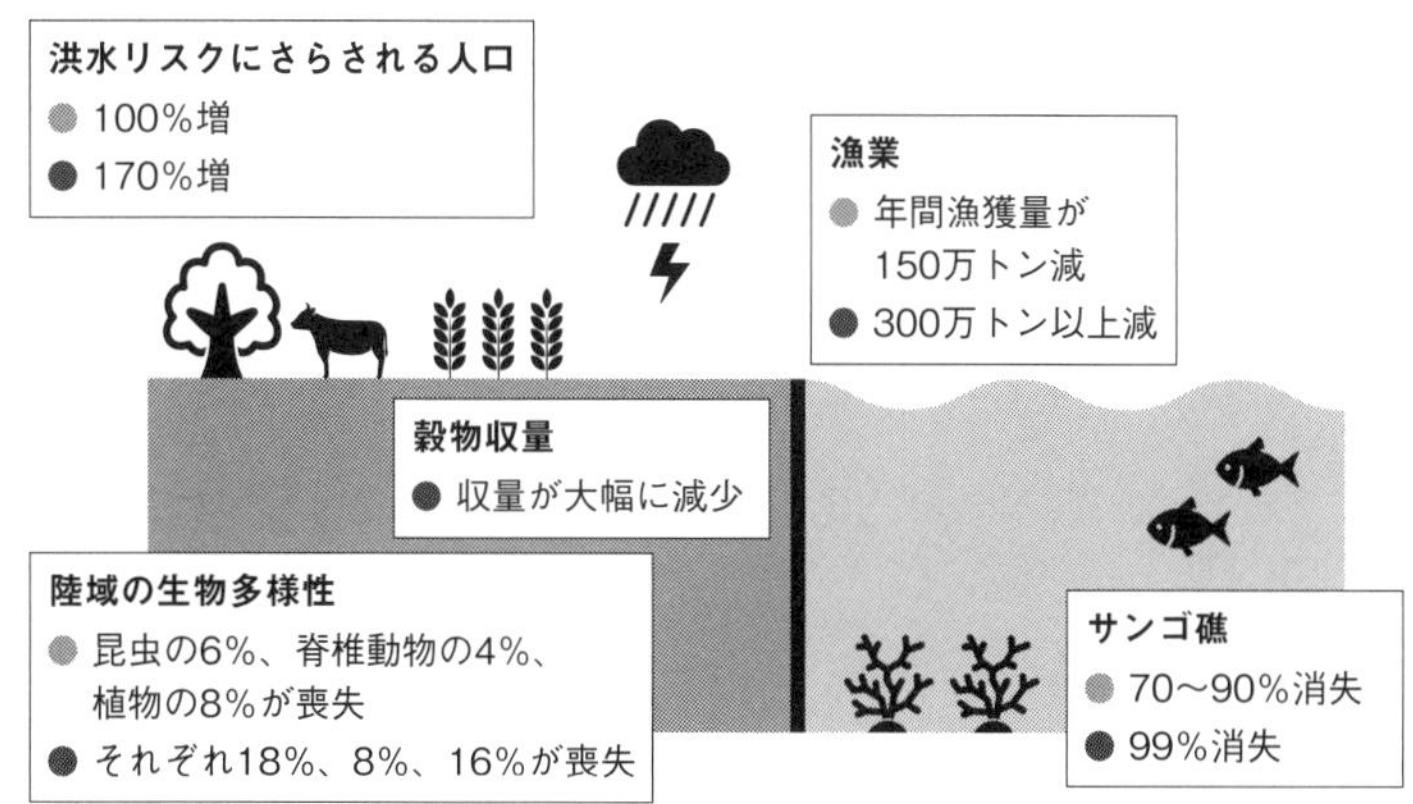

出所：IPCC「1.5℃の地球温暖化　特別報告書」（2018年10月）をもとにKPMG作成

での5年の間に気温上昇が1・5℃を超えてしまう可能性は50%近いと発表し、世界に衝撃を与えました。気温が0・5℃違えば、異常気象の頻度、激しさは増大します。地球システムの不可逆的で連鎖的な影響の引き金となる限界を超えてしまう臨界点は不透明ながら、文明として対応できる範囲に踏みとどまるには、気温上昇を1・5℃に抑える必要があると、各国・地域の指導者は強調しています。

革新的なイノベーションの必要性

現在の地球温暖化に対する世界の取り組みは十分とは言えません。予想以上に困難な道のりであることがわかっているカーボンニュートラルを実現するためには、これまでの価値観を一掃し、社会システム全体を抜本的に変革する必要があります。GHG排出量削減目標と現実の取り組みのギャップを埋めるための革新的なイノベーションが早急に生まれることが期待されます。

また、長期的なベクトルにもとづくサステナブルな企業経営においては、自社の活動の延長にある事業開発や技術開発では、社会に抜本的なイノベーションを起こすことは困難です。社会に本質的な影響を与える変革ドライバーを捉えた、新しい価値の創出が求められます。

行動変容を引き起こすイノベーションとは

カーボンニュートラルにつながる経済・社会システムの大幅な変革を引き起こす技

図表3-3-4　これからの社会の変革ドライバー

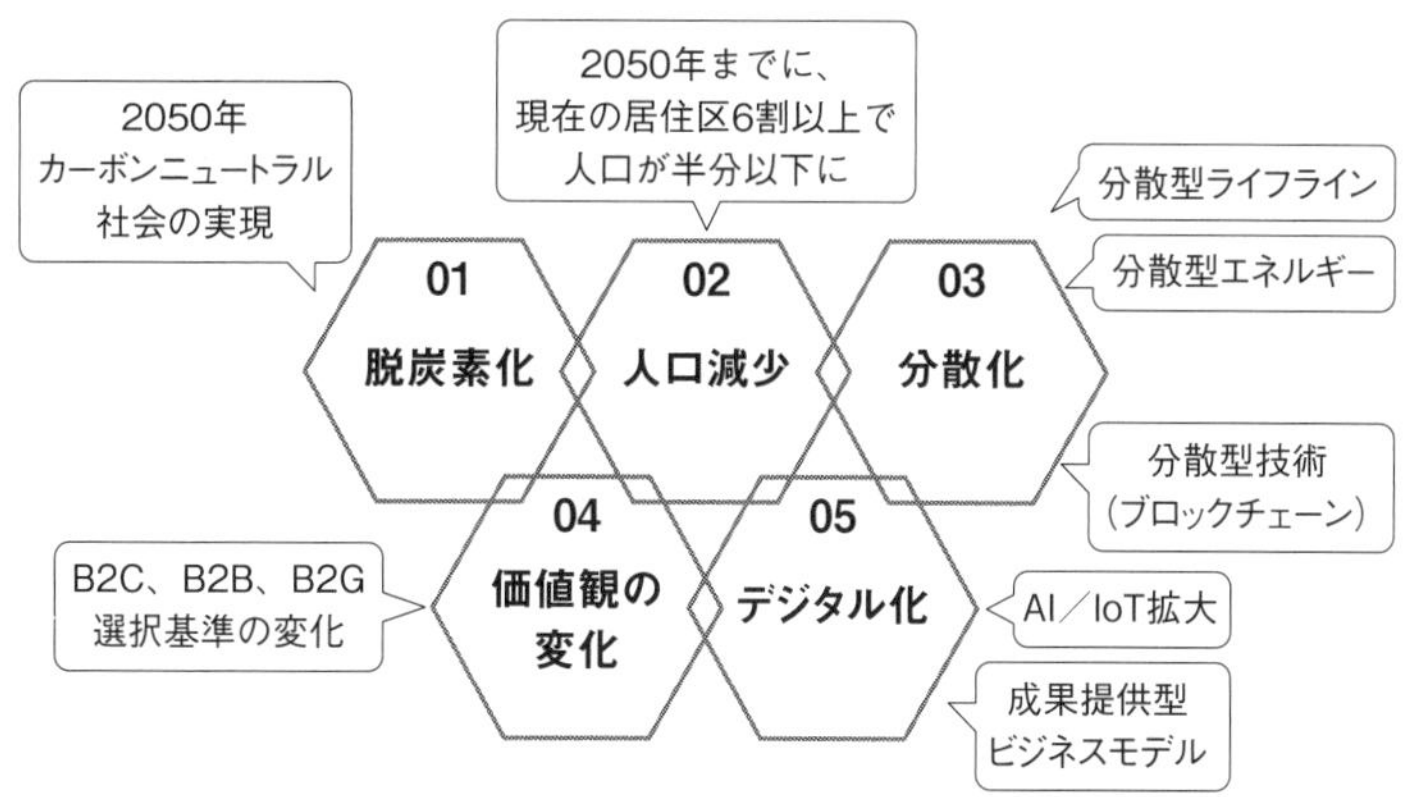

術の選択肢は多くはありません。有効なのは、資本市場の力をきっかけとして、サプライチェーンの革新を引き起こすことです。そのためには、企業や消費者の「行動変容」に焦点を合わせ、イノベーションの原動力を得る必要があります。規制の力が有効な場合もありますが、強制的な規制は反発も生み、持続性に欠けます。資本の投入も推進力になり得ますが、それによって実際にイノベーションが起きないと意味がありません。カーボンニュートラルに向けた行動変容につながる具体的な製品・サービスを流通させることで、企業活動や消費活動そのものを変容し、新たな顧客体験を創出することが、すなわち新たな経済活動を生み、新しい収益構造を創出することにつながります。

新型コロナウイルスによるパンデミックは、変化することを考えもしなかった慣習、仕事のやり方、ライフスタイル等の様々な価値観を一斉に変えるきっかけとなりました。これは従来の日本にある横並びの牽制文化では決して起き得なかった変化と言えます。新しい価値観が行動変容を促し、企業を変え、新しい付加価値を生み出すことで社会課題の解決につながったことを、世界中の人々や企業がともに体験をした今、カーボンニュートラルに向けた革新的なイノベーションも生み出すことができると期待します。

スタートアップへの期待

社会システムを抜本的に変革し、新しい価値観を創出する必要があるカーボンニュートラルの取り組みにおいては、スタートアップの役割は重要です。

図表3-3-5　スタートアップ目線への期待

スタートアップの目線では……		大企業の目線では……
“企業”軸ではなく、“産業・社会”を軸にイノベーションを起こせる		既存事業や保有技術を活かした“企業”軸でのイノベーションを目指す
誰もやったことがないホワイトスペース。既存プレイヤーがいないのでチャンス!	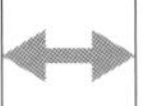	誰もやったことがない領域は先行きが不透明。経営判断上の懸念材料に
先端的な技術や知見をユニークな切り口でビジネスモデルに反映できる	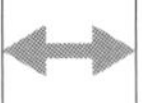	先端的な技術開発は時間がかかる
志による共感（投資）を集めることで早期収益化が難しくてもチャレンジできる		収益化までに時間を要するテーマは取り組みづらい

大企業の立場から考えると、カーボンニュートラルは自社ビジネスを守り、生き残りをかけて取り組む経営課題であるため、成功する道筋が見通せない不透明な状況では、その実行には非常に高度な経営判断が求められます。一方で、スタートアップの立場では、カーボンニュートラルは新規性が高くチャンスにあふれ、先進的な技術や斬新なアイデアで勝負できる魅力的なマーケットに映ります。また、地球規模の社会課題であるカーボンニュートラルに取り組むスタートアップは、意義に対する強いビジョンと高い熱意を持ち、エネルギーにあふれていることも特徴です。カーボンニュートラルは数十年をかける長い取り組みですが、社会システムが大きく変革する要所では、有力なスタートアップが重要な役割を果たすと考えられます。

環境系スタートアップが取り組むテーマ

カーボンニュートラルは極めて広い範囲にビジネス展開の機会があるため、スタートアップが取り組むテーマも多岐にわたります。国連の気候変動に関する政府間パネル（IPCC）は、全ての人が住みやすく持続可能な未来を確保するためには世界の全セクターとシステムを横断して迅速で広範囲な移行が必要であるとした上で、気候変動対応で特に重視すべきテーマとして、①エネルギーシステム、②産業と輸送、③都市、集落、およびインフラストラクチャー、④土地、海洋、食料、および水、⑤健康と栄養、⑥社会、生活、および経済——の6つを挙げています。

スタートアップは、調達した資金が尽きる前に結果を出さなければならないため、時間に対する感度が大企業とは異なります。特に、環境系スタートアップの斬新で画期的なアイデアは、短期間のうちに社会システムを変革できる可能性を秘めており、爆発的な成長を見せる場合もあります。

以下、気候変動対応で重視される各テーマで成長しているスタートアップの事例を見ていきましょう。

〈エネルギーシステム〉

電力やガスといったエネルギーシステムのカーボンニュートラル実現に向けた考え方は、化石燃料の使用自体をどう減らすか、その上でどうしても残る化石燃料使用に対して炭素回収・貯留ができないか——の大きく2つがメインになります。

化石燃料の使用自体を減らすための施策には、例えば太陽光や風力等に由来するグリーン電力の供給、広範囲な電化、省エネルギー化などが挙げられます。また、発電方法の多様化やエネルギー需要の管理も、気候変動に対する脆弱性を低減してエネルギーの信頼性を高めることができます。

本節の冒頭で述べたように、GHGを吸収または除去する炭素回収・貯留（CCS）の技術は、どうしても削減しきれなかった排出量を差し引きゼロにするために今後ますます必要となると想定されますが、今はまだまだ発展途上です。故にスタートアップの画期的なアイデアが特に求められている領域で、実際に新しい炭素回収ユニットの開発に挑むスタートアップも世界中で現れています。

〈産業と輸送〉

産業部門における企業活動由来のGHG排出量を削減するための施策としては、例えばエネルギー利用の効率化、物質フローの循環化（サーキュラーエコノミー）、生産プロセスの変革などが挙げられます。

サーキュラーエコノミーの事例として、アパレル業界では、新世代の環境型ウェアやシューズを開発するスタートアップが現れています。抽出後のコーヒー粉の有効活用やペットボトルからリサイクルされたポリエステル、オーガニックコットンなどの天然素材を利用する技術開発に成功した企業や、植物由来の安価な代替レザーを開発した企業が登場しています。このような技術活用は、開発途上国に新たな雇用機会を創出する等の社会的なインパクトも与えており、ポテンシャルを多く秘めています。素材が環境にやさしいというだけでなく、洋服や靴の製造工程の脱炭素化も積極的に取り組まれていて、一般的な手法で製造された製品よりもCO_2排出量が50％以上も削減されたというデータもあります。

また、産業部門のＧＨＧ削減の難しさは、ある企業の製品・サービスの生産活動が他社の製品・サービスを利用して行われるという数珠（じゅず）つなぎの関係性があることから、取引先企業との協調が必要となる点です。自社ビジネス由来のＧＨＧを全て削減するためには、自社が直接行う燃料消費や電力消費に由来するＧＨＧだけでなく、バリューチェーン全体に由来するＧＨＧを削減する必要があるということです。バリューチェーン全体でのＧＨＧ排出量の管理は、複雑かつ膨大なデータを扱わなければならないため、テクノロジーを活用して効率的に収集・分析できるシステムを開発するスタートアップが登場しています。

輸送部門においては、代替燃料の活用によるＧＨＧ排出削減が期待されています。現状の代替燃料は生産プロセス改善とコスト削減が課題となっていますが、原材料としてまだ誰も目を付けていない植物等を活用する技術開発を行っているスタートアップが登場しています。スタートアップのユニークな発想力が、新たな原材料を発見し、燃料を抽出する新技術の開発を可能としています。

グリーン電力を動力源とする電気自動車や水素自動車の活用は、ライフサイクルベースでGHG排出量を削減する大きな可能性があるとされています。ただし例えば輸送用トラックに関しては、電気トラックは充電設備の整備と長距離走行能力に課題があり、水素トラックは水素ステーションへのインフラ変更が必要になります。そこで、貨物業界向けに、従来のトラックに取り付けることで低排出車に変えることができるCO_2回収用のプラグインキットを開発するスタートアップが登場しています。

〈都市、集落、およびインフラストラクチャー〉

都市とそのインフラを脱炭素化することは、GHG排出量の削減に加えて、熱波・洪水・干ばつなどの極端な気象現象によるリスクを低減し、人々の健康や福祉面におけるメリットを生み出すことができるとされています。

都市における主なGHG削減施策には、低排出型の公共交通やアクティブ・モビリティ（徒歩や自転車など）、建設作業時のエネルギーおよび材料使用量の削減や低炭素型資材の活用、グリーン電力を用いた電化、省エネルギー化などが挙げられます。

スタートアップの事例では、プラスチック廃棄物を再生処理した住宅用タイルを開発した企業が登場しています。また、AI駆動型IoTを開発するスタートアップでは、既存のエアコンと接続するだけで部屋を適度に温度調節しながら電力消費量とコストを削減する技術を開発している事例があります。

〈土地、海洋、食料、および水〉

土地利用におけるGHG排出量削減のためには、森林の保全や回復が最も効果的とされています。一見するとシンプルな施策のようですが、農業などほかの土地利用とトレードオフになるケースもあることから、実際には食料安全保障を含む統合的なアプローチと地域社会との協力が求められます。

トレードオフを解決するアプローチとして、アグロフォレストリー（森林農法）や都市農業が挙げられます。スタートアップの事例では、ビルの屋上などこれまでは食物栽培には適さないとされてきた環境下においても、気温や風の影響をコントロールし、水資源の節約も行いながら食物栽培を可能とする技術開発に成功した事例があります。

食料分野においては、次世代の代替肉食品を開発するスタートアップも登場しています。代替肉食品は一般的には大豆由来がよく知られていますが、スタートアップの視点は、栄養だけでなく風味にもこだわり、嗜好性に富んだ食品開発を目指すことが特徴です。まだ誰も目を付けていなかった食物を発見し品種改良を重ね、より牛肉に近い食感をもたらすとともに、その生産工程におけるCO_2排出量は牛肉比で90%以上の削減を達成するケースも出てきました。動物細胞用の低コストな増殖培地を開発することにより、高品質で見た目もよい培養肉の生産を可能にする技術開発を行っている事例もあります。これらの技術は、森林再生と生態系回復のために土地を解放することができる可能性も秘めています。

〈健康と栄養〉

気候変動から人類の健康と福祉を守るための施策としては、気候に影響されやすい病気に関する公衆衛生プログラムの強化、監視・早期警報システムの向上、洪水等の災害による被害の低減対策、途上国における普遍的な医療アクセスの改善といった施策が挙げられます。スタートアップの事例では、企業や自治体向けに、衛星データを利用して今後の自然災害リスクを可視化するシステムを開発するテクノロジー企業などが登場しています。また、食品廃棄物を加工して鶏・豚・魚などの飼料を生産することで、養殖事業者が飼料に求める価格の安さと安定性、タンパク質含有量といった条件を満たす飼料を開発している事例があります。

〈社会、生活、および経済〉

産業部門を超えて社会、生活、経済の全体に幅広く適用できる可能性があるものとして、気候変動のリスク情報を拡散・共有するアプローチが挙げられます。気候変動情報サービスの普及によるリテラシー向上や、気候変動対応のためのキャパシティ・ビルディング（組織能力向上）など、気候変動に関する教育の充実は、人々のリスク認識を高めて行動変容を加速させることができるとされています。

スタートアップの事例では、日々の消費行動におけるＧＨＧ排出量を測定できるクレジットカードを開発し、すでに数億人単位のユーザーを獲得している事例がありま す。また、ブロックチェーンを用いてグリーンボンド（企業等が環境関連プロジェクトの資金を調達するために発行する債券）やカーボン・クレジット（企業等のＧＨＧ削減・吸収量のうち制度等の認証を受けて第三者と取引可能となったもの）の発行・管理・監視や取引を可能にするサービスなども登場しています。これらの事例では、カーボンニュートラル実現に向けて人々が行う活動のハードルを下げると同時に、活動の透明性とアカウンタビリティを向上させています。

以上のように、スタートアップは先端的な技術や斬新なアイデアで、大企業がまだ実現できていない付加価値のある製品やサービスを生み出しています。これを大企業が自社ビジネスに取り入れ、ビジネスモデルを大きく進化させることで、早期の社会システム変革が実現可能となります。大企業が他社と差異化された競争優位性を確保することで、消費者、従業員、取引先などのステークホルダーに新しい認知がもたらされ、資本市場がさらに発展するという好循環が創出されることが、カーボンニュートラル実現への近道です。

4 「スマートシティとイノベーション」

(1) スマートシティとは

第3次ブーム

スマートシティと聞いて、何をイメージするでしょうか。「未来都市」「データ活用」「自動運転」「監視社会」など、イメージは多岐にわたるでしょう。最近は、スマートシティというキーワードが新聞やウーブン・シティ（トヨタ自動車）のテレビCMなどでも取り上げられるようになったので、言葉は聞いたことがあるという人もいるでしょう。今回のスマートシティの盛り上がりは〝第3次ブーム〟と言われています。

第1次ブームは、2000年代に、再生可能エネルギーを重視した街づくりなど環境との共生を志向していたことに端を発します。スマートコミュニティというキーワードもいろいろな場所で聞かれました。第2次ブームは2010年代で、ビッグデータやIoTなどのキーワードとともにスマートシティがうたわれ、政府のインフラ輸出政策とセットで検討されるプロジェクトもありました。

2020年代に入り、AIやブロックチェーン、自動運転などの技術革新やGoogleやアリババのようなプラットフォーマーの都市開発への参画により、都市OSや個人参画、他分野横断サービスなど幅広い視点でスマートシティが語られるようになり、Alphabet傘下のサイドウォーク・ラボがトロントで計画していたスマートシティ・プロジェクトは大きな注目を集めました。

デベロッパーや建設会社、エネルギー会社が主なプレイヤーだった2000年代と比較すると、ITプラットフォーマーや自動車、保険会社など幅広い業種のプレイヤーが参画しており、市場が広がっています。また、国の実証事業や都市モデル事業も、これまで環境モデル都市など環境寄りだったものが、分野を広げながらスマートシティ、スーパーシティ、デジタル田園都市と、時代に応じて変化しています。

スーパーシティに関しては、規制緩和とスマートシティを掛け合わせるという、これまでにない斬新な政策であり、申請団体全てが再提案を内閣府に求められるなど紆余曲折ありましたが、イノベーションや事業創発の視点で既存の規制緩和、新しいルールメイキングは今後の進展が期待されます。

また、産業構造の変化も意識する必要があります。遡ると、ものづくり企業が街づくりに、情報プラットフォーマーも街づくりにと、自社領域の拡大に街づくりを含めています。

さらに、地域の核となる事業をつくりながらスマートシティを進める取り組みとして、メルカリがサッカーJリーグの鹿島アントラーズの株主になり、スタジアム中心のスマートシティに取り組んでいます。また、神戸では、システム開発会社のスマートバリューがバスケットボールチームを経営しつつ、新アリーナを建設して、そのアリーナを中心としたスマートシティに取り組んでいます。今後も地域の核となる事業を起こす企業がスマートシティに関与していくことが期待されます。

地域課題が山積し、都市が複雑化していく一方で、新しいプレイヤーが地域と連携してサービスを提供していく流れは、今後も増えると考えられます。

スマートシティの定義

スマートシティとは、「テクノロジーを活用し、都市や地域の抱える諸課題の解決とともに新たな価値創出が可能なソサエティ5・0（Society5.0）の先行的な実現の場」と定義されています。「先行的な実現の場」というところが非常に重要だと筆者は考えており、オールド・タイプで便利に構成されている日本のシステムにおいて、新しい仕組みが常に許容され、社会実装する場をどれだけつくれるかが、日本のスマートシティ成功のポイントだと思います。

これまでのスマートシティでは技術視点の実証が進められてきた経緯から、現在は、市民ＱＯＬ（生活の質）の最大化を狙いとして、地域のビジョンや課題に照らし合わせ、分野・都市間連携により幅広い課題へ対応することが重要視されています。

各地域において、企業からの提案による技術オリエンテッドな実証が多数行われてきました。結果、なかなか住民に使ってもらえるサービスとならず、多くは実証で終わってしまっていました。市民目線、市民ＱＯＬの最大化という視点は、その反省からも重要な点となっています。

図表3-4-1　「スマートシティ」の3つの基本理念

市民（利用者）中心主義	ビジョン・課題中心主義	分野間・都市間連携の重視
●“ウェルビーイングの向上”が最大の狙いであり、行政や民間事業者等のサプライサイドではなく、最大のサービス利用者である市民自らが主体的に取り組むデマンドサイド主導で進めることが重要。	●スマートシティが持続的な取り組みとして都市・地域に定着するためには、**各都市・地域が有するリアルなニーズに対応したサービスの提供**を目指すことが必要。	●様々な分野のデータを横断的に活用することにより、**都市の抱える複合的な課題に対応し、全体最適な都市・地域の実現を期待。** ●また、広域的な課題への対応、地域間格差の解消、導入コストの削減等の観点から、**複数の市町村による連携に取り組む**ことが重要。
Purpose	What	How

出所：内閣府・総務省・経済産業省・国土交通省スマートシティ連携プラットフォーム事務局「スマートシティガイドブック」をもとにKPMG作成

ビジョンや課題に対する各地域や事業者の意識は進んできましたが、一方で、明確かつ地域独自のビジョンを描けている都市は限定的です。課題に対応しマイナスをゼロにする取り組みよりさらに進んで、ビジョンや世界観を描き、ゼロからプラスを生み出す力は、今後のスマートシティを牽引するプレイヤーにとって重要なスキルセットになります。課題に対応するサービスはイメージしやすいですが、これまでにないビジョン、サービスを描き、実装させることは、住民の許容という視点からも難度が高くなります。住民の理解を深めるためにわかりやすいイメージや説明をしつつ、体験してもらうなど、住民側のアップデートもポイントになります。ユーザーエクスペリエンス（UX）を重視した使いやすいサービスをいかに設計できるかが成功のカギということです。

都市間連携に関しては、ごみ収集など特定分野における広域連携はありましたが、デジタルサービスは遠隔地でも同様のサービスを受けられることが大きな特徴です。例えば、アプリを活用した健康プログラムによる自治体の医療費削減や健康診断受診率向上といった取り組みは、同様のニーズがある飛び地自治体で連携し、推進している事例もあります。今後、健康や教育といった地理性を問わないサービス分野に加えて、モビリティや防災、観光など地理性が必要な分野においても、飛び地連携によって、一部効率化も図りつつ幅広い地域にサービスを実装していくことが重要です。

スマートシティ推進の背景と各省庁の取り組み

各省庁ではスマートシティ推進に向け資金面で自治体等を補助すると同時に、制度面では、複数分野の規制改革を同時かつ一体的に実現できるよう法整備をスーパーシティとして進めています。「スーパーシティ」構想とは、内閣府が新たに打ち出した、住民の生活全般に最先端技術を実装した未来都市を、障壁となり得る「規制」の改革を通して、世界に先駆けて実装しようという試みです。２０２２年3月に茨城県つくば市と大阪府大阪市が選定され、医療サービスやモビリティ分野などで規制緩和の検討を進めています。

社会制度・ルールについては内閣府地方創生担当、サービスやビジネス面は総務省・国土交通省・経済産業省、データ活用・都市インフラ整備は総務省・国土交通省、アーキテクチャーやデジタル基盤は内閣府科学技術・イノベーション担当が主な担当となっています。加えて、ＤＸを進めるデジタル庁や脱炭素を進める環境省も関連することから、政府でも多様なステークホルダーがスマートシティに関与しています。

少子高齢化・人口減少により財政規模が縮小していくとともに、都市での社会課題は深刻化しており、地域の維持が難しくなる「消滅可能性都市」は、２０４０年に5割近くにもなると推定されています。多発する大規模災害、社会保障費の増大、施設の老朽化、空き家増加など社会課題が山積するなかで、地方都市に加えて、都心でも地域経営が難しくなるところが出てきています。スマートシティが注目を浴びる背景としては、このような地域課題があります。

なお執筆現在、スマートシティ推進のため95のコンソーシアムが組成、２３１のプロジェクトが国の支援で実施されています。関連事業として、国家戦略特区の指定、デジタル田園都市国家構想推進交付金の対象事業も採択されています。

時代の変化とともに広がりを見せる関連市場

スマートシティのテクノロジー、製品、およびサービスの世界の市場規模は、２０２５年に２４１０億ドルに達するとの予測があります。また、

図表3-4-2　世界のスマートシティ市場規模：セグメント別

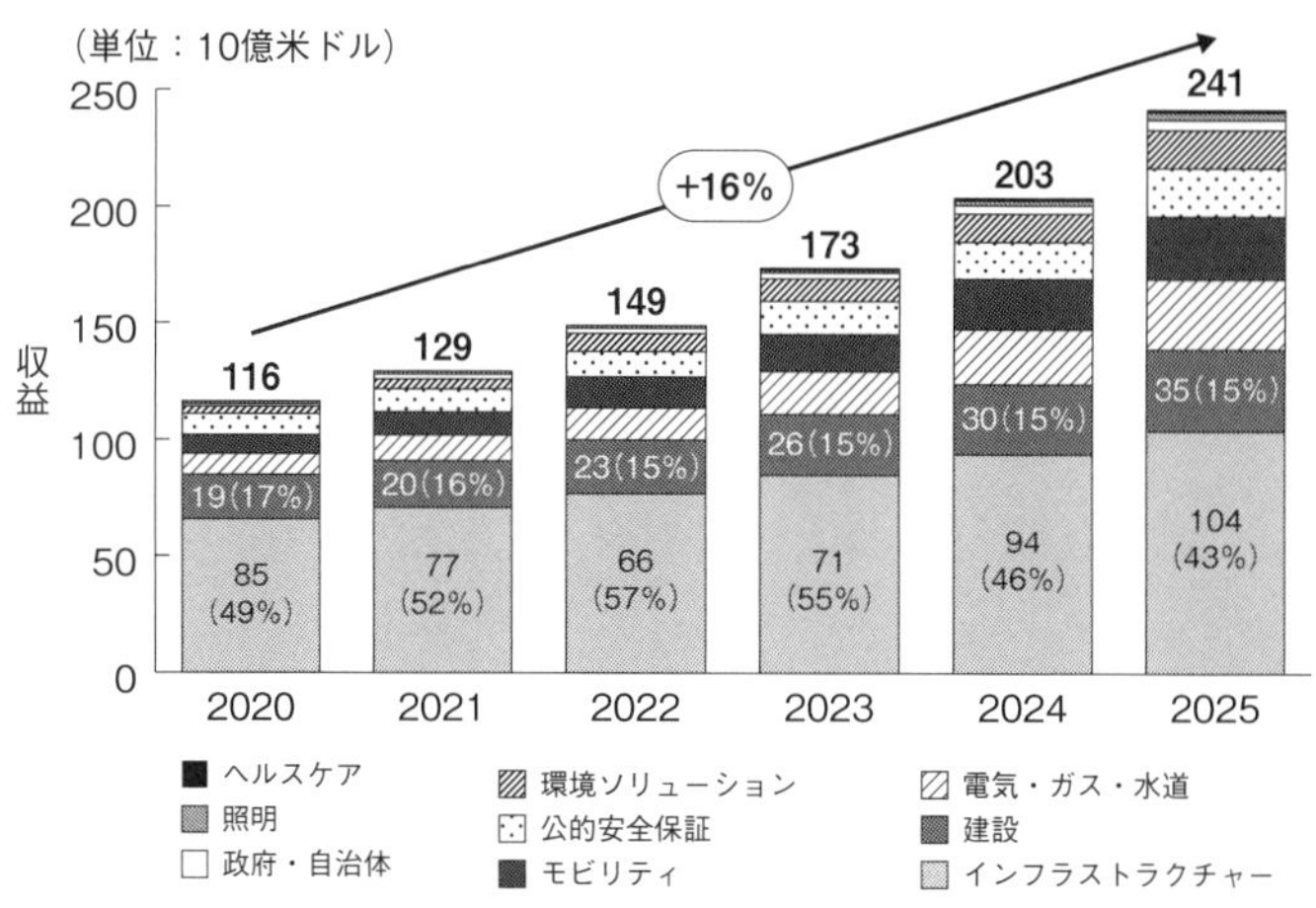

出所：HIP：Statista（ID:1111612）のデータをもとにKPMG作成

図表3-4-3　世界のスマートシティ市場規模:地域別

2020年から2025年までの世界のスマートシティ市場の企業による売上見込み：地域別

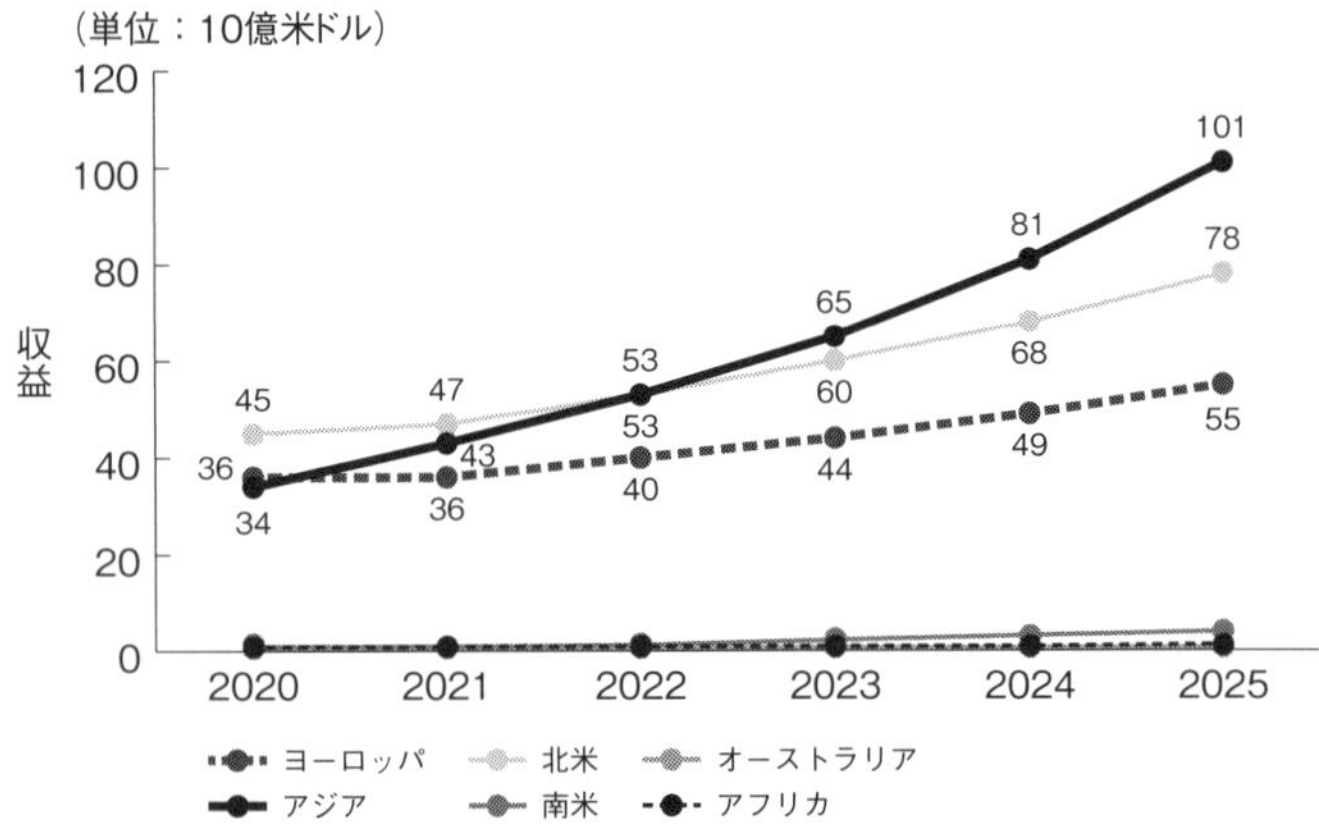

都市がスマートテクノロジーを使用できるようにするために必要なインフラストラクチャー（クラウドコンピューティングや接続テクノロジーなど）を提供する企業は含まれるが、スマートホーム製品は含まれていない

出所：Statista（ID:1231440）のデータをもとにKPMG作成

スマートインフラストラクチャーが２０２１年時点では市場全体の50％以上を占めていますが、今後、他分野のサービスの市場が発展していくことからその割合は減少していく見込みです。なおアジアに拠点を置く企業が生み出すスマートシティの予測収益は、２０２１年の４２９億ドルから２０２５年には１０１０億ドルに達すると予測されています。

ちなみに一口に「スマートシティ」と言っても、これまで時代の変化とともに言葉の定義も変化しています。また、開発タイプ、エリアの広さ、主導者、各エリアの課題にひも付いた取り組み分野など、多岐にわたります。

(2) スタートアップにとってのスマートシティ

スタートアップ・エコシステム

スタートアップ・エコシステムとスマートシティは密接な関係があります。既述の通り、スマートシティは、情報通信技術（ICT）を活用して都市の持続可能性や効率性、市民の生活の質を向上させることを目的としています。一方、スタートアップ・エコシステムは、イノベーションや起業家精神を育むことで、経済成長や雇用創出を促進することを目的としています。

スタートアップ・エコシステムがスマートシティに貢献する方法のひとつは新しい技術やビジネスモデルを生み出すことです。スタートアップは独自のアイデアや革新的な技術を持っていることが多く、スマートシティの課題解決に役立つソリューションを提供することが期待されます。また、スタートアップ・エコシステムは、スマートシティのデジタル化やイノベーションの促進に必要な人材育成やファイナンス、ネットワーキングのサポートを提供することも可能です。スタートアップ企業や起業家による投資・協働は、スマートシティの持続可能な発展に必要不可欠になるでしょう。

浜松市の取り組み

実際にスタートアップ・エコシステムとスマートシティの両方に取り組む地域は、東京、仙台、つくば、浜松、京都、大阪、福岡、名護など多数あります。

静岡県浜松市では、地域の共助や共創を支え、継続的に創発されるデータ連携

図表3−4−4　スタートアップ・エコシステムの構築

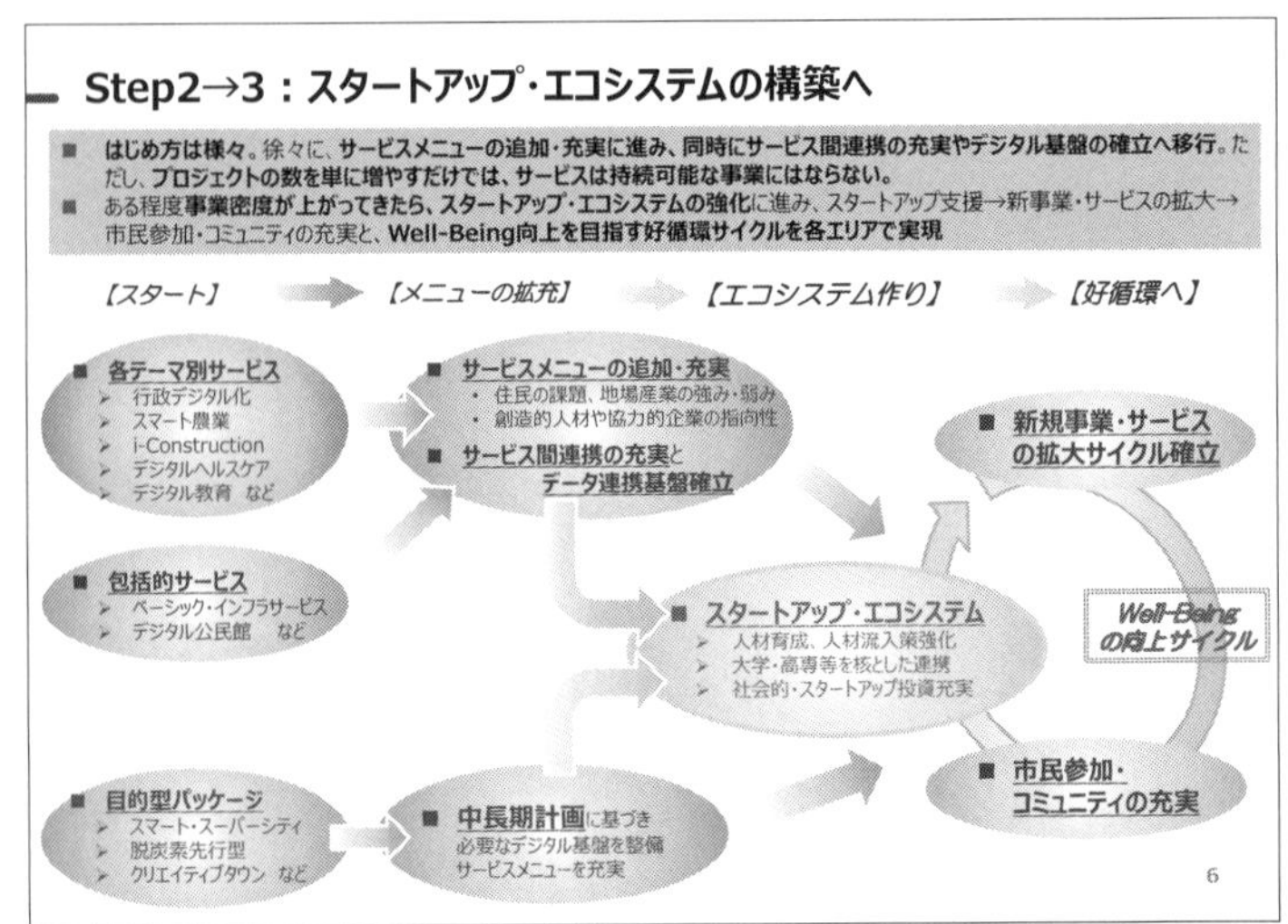

出所：デジタル庁ホームページ
https://www.cas.go.jp/jp/seisaku/digital_denen/dai6/siryou10.pdf

基盤を活用したサービスの環境整備を進めています。皆が無理なくそれぞれの方法で街づくりに関わる（デジタルはそれを補完）として、市民は街への愛着、ウェルビーイング向上につなげる取り組みを、事業者は新たなビジネスにつなげる取り組みを、それぞれ進めています。

また、サービスを創出するサービスレイヤーのコミュニティの活性化が重要として、シビックテック（市民による問題解決）の活用やスタートアップの巻き込みに注力しています。都市ＯＳを活用したスタートアップ支援を進めており、例えば、２０２２年度は、「道路パトロール業務の効率化」や「地域防災力向上に向けたリスク関連情報収集サービス」などを実証支援しています。併せて、データ連携基盤を活用したサービスの実装に向けて補助金を準備しており、２０２２年度は「冠水エリア予測システム」「斜面表面崩壊モニタリングサービス」「河川を流下する人工系ごみ輸送量データに基づくごみ削減対策」など4件を採択しました。

浜松市ではデータ連携基盤を活用したサービスの創出に向けてアイデア創出、検証、サービス実証、実装、トライアル発注認定事業と、一気通貫で支援を行っています。

(3) 先人たちの話を聞いてみよう

筆者が所属するKPMGコンサルティングがスマートシティに関する包括連携協定を締結している沖縄県名護市では「TSUNAGU CITY 2023 in NAGO」というイベントのなかで、地域課題を解決するスタートアップコンテストを実施し、46社から提案がありました。そのなかで最優秀に輝いた株式会社シルバコンパスの安田晴彦社長と、Ol:ive株式会社の竹内精治社長に話を聞きました。シルバコンパスは、「まるでそこにいる人と話をしているような自然な対話体験サービス」であるAI映像対話システム「Talk With」を展開するスタートアップです。Ol:iveは、「ヒトの感情の見える化」で新たな付加価値の創出と価値体験の提供を実現するスタートアップです。

対談1：シルバコンパス・安田社長

筆者（以下K） まず事業を立ち上げた経緯を教えてください。

安田社長（以下Y）　２００５年より別の事業会社に関与しており、シルバコンパスは２０１９年にその企業の第2創業として立ち上げました。大手メーカーのＳＩを下請けとしてアプリ開発やシステム販売（映画館・商業施設、広告業など）を行っていましたが、映像を使って人を感動させたいと考え始め、新規事業として世の中に映像を使ったＤＸを自社サービスとして提供できるようなものを展開しています。

私自身は、映像の演出家、映画助監督やディレクター、シナリオ執筆などの経験を経て、現在はエンタメとアプリケーション制作を主として、ビジネスイノベーターとして活動しています。

観光分野では、２０２２年8～10月より東京都内の観光バスにＴａｌｋ Ｗｉｔｈを載せて運行しています。導入を検討しているエリアごとに協業パートナーを探しています。高齢者向けの医療サービスについては、健康都市を目指し、どこで展開していくか協議中です。医療・介護分野では、自社サービスを提供しています。介護施設などでは入居者・家族のサポートなどを想定し、教育では企業や大学のバックヤードのロールプレイングなどでの活用を想定しています。対人業務の支援・受付も行っています。事業の割合としては、エンタメが一番大きな割合を占めています。

K　起業してよかった点、苦労した点はありますか。

Y　よかったことは、ユーザーが喜んでくれるのを実感できる点です。わかりやすい形でアウトプットできるのは非常にやりがいがあります。ゼロからイチをつくりあげるワクワク感や瞬間が味わえて面白いです。プロダクトができ上がるという確信がチームで感じられるのも貴重な体験です。

逆に苦労した点は、ＡＩやＤＸについて世の中への伝え方について苦労していることです。役に立つものをつくりたいのですが、ＤＸが仕事を奪うのではないか、あるいはＡＩは怖いと感じる人も多々います。その説明が難しく、今後の課題です。

例えば、２０２０年9月から始めた薬剤師の棚からの薬ピッキング支援事業は、薬剤師不足という社会課題解決に資するサービスです。しかし現在は、新型コロナの影響で通院客が減少し、機材搬入の停止や営業人材が店舗の中に入れないなどの環境変化とオンライン服薬指導・宅配サービスの解禁などの社会変化により、事業を停止しています。このサービスは薬剤師のニーズから始めましたが、実際に導入が進んでいくとほかの薬剤師から「自分の手で取ったほうが早い」「ＡＩに自分の仕事を取られる」といったネガティブな反応が出てきました。

K　社内体制、組織について教えてください。

Y　現在、組織を立ち上げている最中で、まさに体制を整えています。開発メンバーはプログラマー6名が中心、営業は4～5名追加予定で、韓国との事業提携や中国のWeChat関連で台湾人を採用し、グローバル展開を目指しています。

K　各地域にサービスを導入していく際のアクションについて教えてください。

Y　地元のバス会社のバスを使用するので観光補助金を活用できます。全体的に観光業界の資金力が落ちてきているので、インバウンド向けのコンテンツは各予算に合わせて内容を決め、事業者と三位一体で実装するイメージです。Talk Withだけ導入する場合はシンプルな構成なので、補助金数百万円程度で導入可能です。

K　起業にあたり、「人を見分ける力」など、身に付けておくべきこととして、若者へアドバイスをお願いします。

Y　直感を磨くことが大事だと思っています。若いうちにたくさんの人と接して、イヤな経験も積んでおくことが大切です。この人とは相性が合わないなというようなことを感じられる直感を身に付けておくと、社会人になってトラブルを防ぐことができます。また、時々イヤなことを言ってくる人がいますが、実は自分の事業のことを理解してくれると親身になって考えてくれたりします。我慢してやりとりしていると少しずつ距離が縮まり、最終的には味方についてくれるようなこともあります。

K　起業前に必要な準備、学んでおいたほうがいいことはありますか。

Y　マインドの見つめ直しをすることをおすすめしています。途中からのマインドチェンジは難しいです。自分が起業するまでに積み上げてきた知識や実績が、実際には役に立たないことも多々あります。そんな時、マインドを理解していると、それを軸に立て直しがききますので重要になります。

また、子供の頃に興味があった事柄や、自分は何に対して夢中になれるのかを探しておくこともおすすめです。いかに自分のストーリーを語れるか、そこに事業への想いをのせられるか、共感してくれる人を見つけることができるかがポイントです。

K　ありがとうございました。

対談2：Olive・竹内社長

筆者（以下K）　事業を立ち上げた経緯を教えてください。

竹内社長（以下T）　もともと、三井物産で新規事業の立ち上げに多く関わり、その後シリコンバレーのスタートアップを経て独立し、新規事業やベンチャー関連に長く従事してきました。

起業のきっかけは、同じ会社で感情や人の生体に詳しい人との出会いにビビッとくるものがあり、タイミング的に事業を立ち上げたい想いと重なったことに起因します。1年目はまず走ってみよう。2年目は技術的にもっと極めよう。3年目はプラットフォームをつくり始めよう。4年目はそれまで市場を絞って活動していたので、もっと他分野へ広げてみよう、と。そして現在（6年目）に至ります。

K 起業してよかった点、苦労した点を教えてください。

T メリットは、いろいろな面で自分の性格やスタイルとマッチしている点です。トップとしての経験は初めてですが、自分の責任として全て背負える点によさを感じます。デメリットは特に感じていません。大変なこともありますが、トータルで考えるとメリット部分のほうが大きいと感じます。

K 今後は事業をどのように展開していく予定でしょうか。

T 日本人の感情を全て把握していきたいと考えています。感情をデータ、プラットフォーム化し、日本初の感情推定サービスの海外展開を考えています。「空気を読む」「わびさび」といった観点を踏まえ、日本人の特異性を全面的にアピールしていきます。多様性やパーソナライズを明確に定義し、感情のデータ化を目指しています。

K サービスや技術、今後の他分野への展開について教えてください。

T 教育分野はOliveの直接でなく、パートナー企業を通じて実施予定ですが、現状はまだパートナーはおらず、個別プログラムとして実施しています。

いろいろなことをやっていますが、ひとつは子供の興味・関心分析、いじめ問題に関わる感情を分析しています。ウェアラブルデバイス方式とは異なり、カメラ映像のみの非接触で行う想定です。カメラで皮膚部分や体動といった、いわゆる生体データを撮影し、脈や頭・体の動きから覚醒度や集中、ストレス等を推定します。

見守り分野に関しては、今はカメラですが、いずれ生体データ計測用電波センサーが家の至るところに配備されると思われるので、それを使用します。

観光分野は、大分県別府市で観光協会、現地タクシー会社、旅行会社と連携しています。店や観光地にタブレット搭載カメラを設置することで、単なる生体データ計測からの感情推定だけではなく、計測された感情をその場でお客さんにもシェアしてもらう体験から楽しみに換えていくイメージです。お客さんの感情にもとづくリコメンド機能なども含め、お客さん自身にも撮影されるメリットを感じられるよう設計していきます。

ウェアラブル分野は、生体データ情報を把握できる強みがあるので、ゆくゆくはセンサーメーカーと一緒にビジネスをやりたいと考えています。

MaaSサービスでは、車関連サービス企業やメーカーと連携することで可能性を広げられると考えていますが、タイミング的にはもう少し先になりそうです。

また最近はウェルビーイング指標が注目されていますが、アンケートによる集計は難しいのが現状です。市民の感情やその変化に対応し定期的に客観的なデータを取る必要がありますし、最終的には住民の感情をベースに政策を考える必要があります。ただ、感情の見える化にはついて行けない人が出てくることも想定されます。また、自由に動き回っている状態では生体データは計測できないので、どのように実施していくかを考える必要があります。

その他、イベント・興行関連で、お笑い事業・スポーツ観戦などを検討しています。

K 社内メンバーや組織体制について教えてください。

T 現在15名で、開発・データ分析・資金調達グループなどに分かれており、半分以上は外国籍です。タンザニア、コロンビア、ベトナム、イギリス、中国、アメリカなどの出身で博士号取得者が多く、固定オフィスはないので不定期に集まっています。

K 起業にあたり、「人を見分ける力」など、身に付けておくべきこととして、若者へアドバイスをお願いします。

T 直感を信じろ！　エゴや余計な感情をとっぱらって、その相手がよいと感じたら進め！　と言いたいです。また、やりきる覚悟も大事です。余計なことは考えず、行動に制限をかけないということです。

K　本日はありがとうございました。

(4) スタートアップ×スマートシティによる地域活性化に向けて

安田社長、竹内社長の先進的な取り組みや、KPMGコンサルティングが仙台市、さいたま市、京都市、名護市などのプロジェクトに関与してきた経験を通じて、「スタートアップ×スマートシティ」の取り組みの成功要因を考えると、以下の5点が挙げられます。

1点目は、あらゆるフェーズにおいて、関係者が賛同するビジョンやストーリーが重要になるということです。まずは自治体や地域でスマートシティを推進していくための計画・戦略策定時に、地元団体・企業、大企業などが同意するビジョンやストーリーが必要になります。実際にスマートシティを推進していくフェーズでは、スタートアップを含めた企業の活動が重要になり、その事業化に向けては投資家などのステークホルダーも賛同するビジョンやストーリーが必要になります。つまり、利用者、出資者、パートナーが同じ方向に向かうための道筋で、この視点が肝になります。

2点目は、地域におけるアジャイル的なサービスの導入です。地域のサービス実装に向けては、いかにより安価で手軽にサービスを体験でき、それを社会実装までもっていくようにするかが課題です。そのためには、予算が厳しい自治体でも気軽にアクセスでき、地域にフィットしなかったらやめられるアジャイル的な仕組みが必要です。試しに使ってみて、うまくいかなかったら1年でやめる、スタートアップから新しいサービスが出たらそちらに切り替えるようなイメージです。

3点目は、多様な視点からの事業評価です。スマートシティのような課題に向き合うためには、経済合理性だけではなく、社会的側面や環境的側面など多様な視点で事業を評価する必要があります。また、最近はこれまで取得（活用）できなかった多様なデータが入手可能になり、それらを使ったマーケティングや健康増進、投資など金融面での活用、効率的な都市・施設運営などの取り組みが進んでいます。今後、このようなデータを活用した取り組み事例が増えることで、エビデンスが多く集まり、効果の可視化が進むでしょう。

4点目は、多様なファイナンスです。多様なステークホルダーが存在する経済合理性だけでは説明のつかない事業の場合、ファイナンスについても通常の融資・出資だ

図表3-4-5　参考資料：共同調達の類似サービス

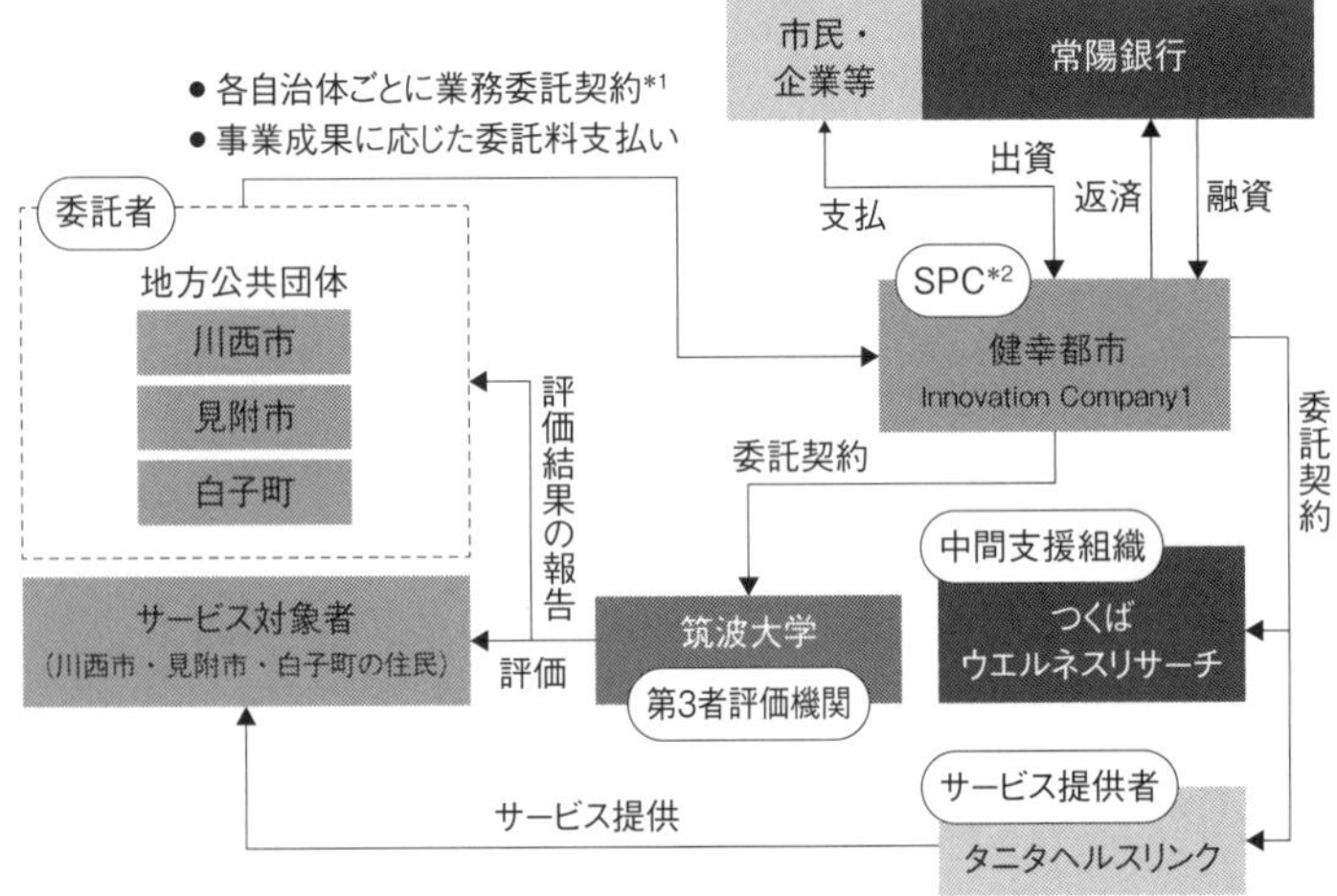

出所：つくばウエルネスリサーチ資料をもとにKPMG作成

けでは収まりません。PPP（官民連携）や成果連動型契約、インパクト投資ファンド、ふるさと納税、クラウドファンディング、NFTなど多様なファイナンスを視野に入れる必要があります。現状は、まだPPPや成果連動型契約、インパクト投資ファンドなどの手法とは距離がありま す。参考までに成果連動型の事例を挙げると（図表3－4－5）、飛び地の3自治体共同でタニタへ

図表3-4-6　イノベーションが生まれるような組織文化

トップダウン型

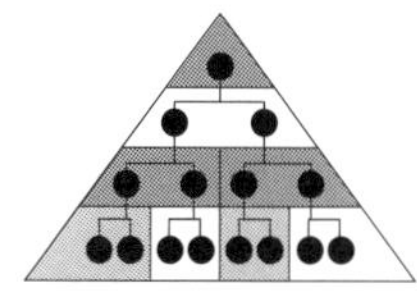

- 細分化された縦の構造
- サイロ化（分断）に陥りやすい
- 強力なトップダウン

ネットワーク型

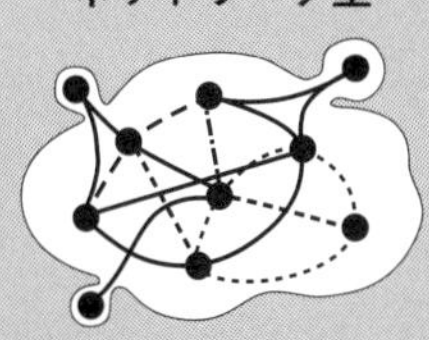

- 縦横自在なネットワーク
- 多様な発想のつながり・連鎖
- 新しい価値の創出

ルスリンクが提供する健康プログラムサービスを、ＳＩＢ（ソーシャル・インパクト・ボンド）のスキームを活用して発注しています。このような官民連携に加え、官官連携による新しいスキーム事例などが出てきており、スマートシティとの親和性も高いと考えています。ただし、新しいスキーム事例でも、その取り組みとスマートシティの取り組みが連携しているケースはあまり見られません。今後、スマートシティに関連する機能を実装する際には、様々なスキームによって社会実装が進むと考えます。

５点目は、スマートシティを推進していく組織・人材に加えて、地域のＤＸ人材の育成です。各種サービスを実装していくには、大企業だけでは地域への適合などがハードルになります。地元企業との連携に加え、地元での創業を促進しながら、組織・人材をつくっていくことが重要です。産官学連携を通じた人材育成として、これまでの人事交流を超えた、プロジェクトオリエンテッドな手法での連携が必要となるでしょう。具体的には、民間主導で地域での新組織・団体を組成し、産官学それぞれの組織から数名を派遣し、真剣に地域課題に向き合い、サービスを実装させるイメージです。

　これまで述べてきた通り、スタートアップとスマートシティは親和性が高いため、今後多くのスタートアップがスマートシティに関連したサービスを創出するでしょう。地域で次々と事業を立ち上げ、地域文化に根差したサービスを実装し、新しいランドスケープを描けるかどうかがカギになると考えています。大きな画姿としてのランドスケープを共有し、スタートアップ、大企業、自治体、大学、金融機関、地元団体などがフラットなネットワーク型のつながりを持ち、プロジェクトをリードするランドスケープアーキテクトとステークホルダーが連携し、直感を信じ、新しい価値を創出し続けるアトリエを組成していくことが、スマートシティの実現には欠かせません。

5 モビリティ・イノベーション

100年に一度のイノベーション

今、モビリティ業界には〝100年に一度の大変革〟が訪れていると言われています。特に、日本の基幹産業とも言える自動車産業は、上流である完成車メーカーから下流の部品メーカーまで含めると550万人以上の雇用を抱え、大きな転換点を迎えています。ここでは、まず今起こっている変革の前に、100年前のモビリティの変革について見てみます。

写真（図表3－5－1）をご覧ください。左が1900年、右が1913年のニューヨーク5番街です。左の写真を見ると馬車が列をなしていますが、右の写真では見事に車に置き換わっています。このわずか10年余りの間に何があったのでしょうか？

図表3-5-1　1900年と1913年：モビリティ・イノベーション

出所："Fifth Avenue in New York City on Easter Sunday in 1900",National Archives and Records Administration, Records of the Bureau of Public Roads（30-N-18827）［VENDOR #11］, https://www.archives.gov/exhibits/picturing_the_century/newcent/newcent_img1.html

出所：File:Ave 5 NY 2 fl.bus.jpg From Wikimedia Commons, the free media repository https://commons.wikimedia.org/wiki/File:Ave_5_NY_2_fl.bus.jpg

きっかけになったのが、1908年のT型フォード車の発売です。当時の乗用車は非常に高額で、庶民にはなかなか手の出ないぜいたく品でしたが、フォード社が革新的な生産方法により販売価格を圧倒的に下げることに成功し、一気に大衆に普及していったのです。従来の自動車の生産方法は、基本的には1カ所に据えられた自動車シャシーに作業員が工程ごとに入れ替わりで順番に作業するスタイルでしたが、ベルトコンベヤーによる流れ作業方式を導入し、作業効率を圧倒的に上げたのです。一説によると食肉加工工場の流れ作業からヒントを得たとも言われており、まさに生産工程の破壊的イノベーションが、今日まで続くモビリティ革命＝モータリゼーションの始まりだったとも言えます。

モビリティ革命を象徴するキーワード①――CASE

今日のモビリティ革命を象徴するキーワードとして「CASE」があります。CASEとはもともと2016年にメルセデス・ベンツが発表した言葉で、「Connected（コネクテッド）」「Autonomous（自動運転）」「Shared & Services（シェアリングとサービス）」「Electric（電動化）」の頭文字をつなげたものです。

携帯電話がスマートフォンに移行したように、車が電動化とともにインターネットにつながり、自動運転がドライバーを不要にすることで所有から解放され、これまでガソリンなどの化石燃料を燃やして走る車を販売することによって成り立ってきた自動車業界のビジネスモデルや人々の生活が、大きく変わろうとしているのです。

モビリティ革命を象徴するキーワード②――MaaS

今日のモビリティ革命を象徴するキーワードの2つ目は「MaaS」です。MaaSとは「Mobility as a Service」の略で、国土交通省の定義によると、「地域住民や旅

図表3-5-2　Maas(Mobility as a Service)とは

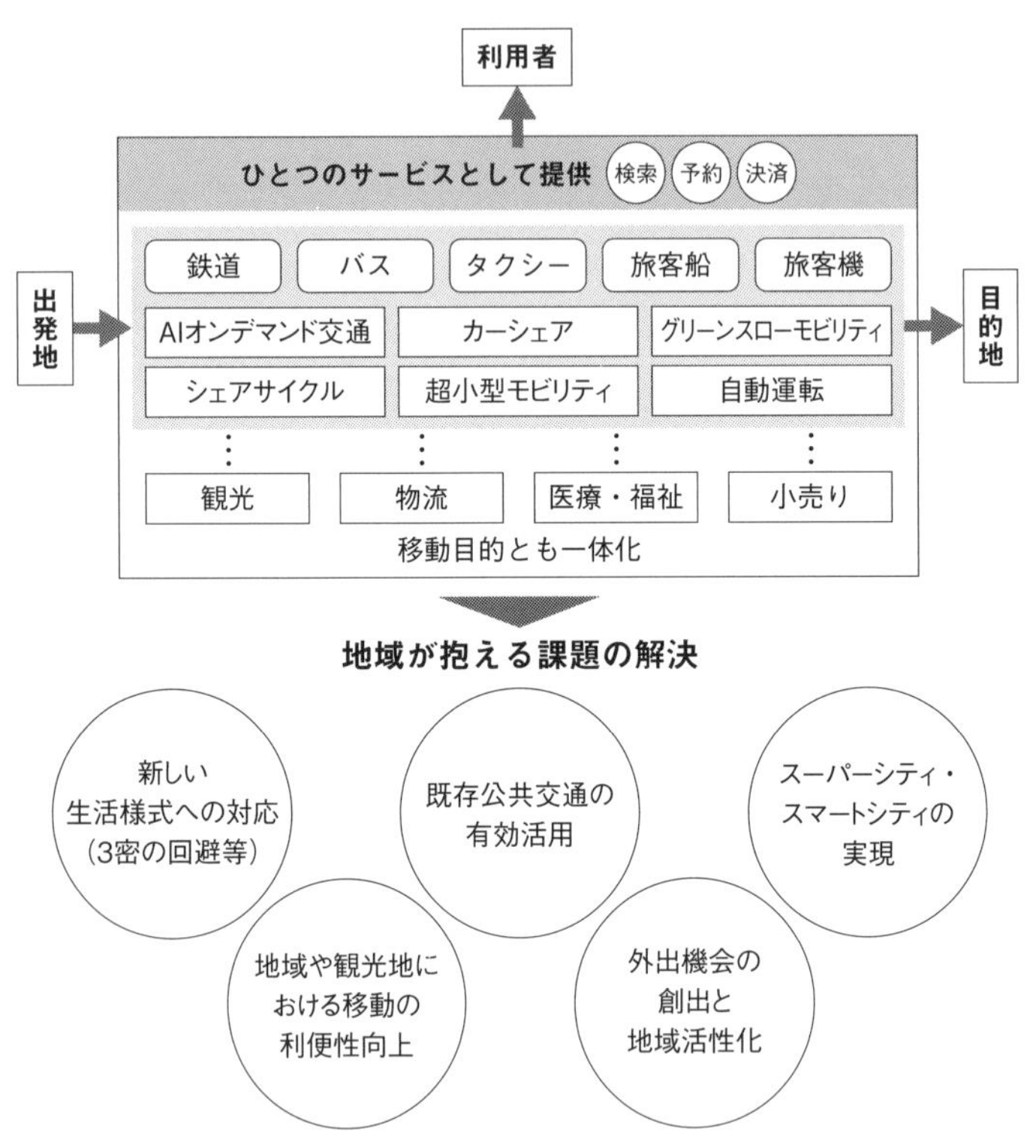

行者一人ひとりのトリップ単位での移動ニーズに対応して、複数の公共交通やそれ以外の移動サービスを最適に組み合わせて検索・予約・決済等を一括で行うサービスであり、観光や医療等の目的地における交通以外のサービス等との連携により、移動の利便性向上や地域の課題解決にも資する重要な手段となるもの」のことを言います。[1]

　CASEは自動車業界から生まれた言葉です

が、MaaSは「Mobility」が表すように、電車やバス等の公共交通、シェアサイクルや電動キックボード等のパーソナルモビリティなども含めたヒトやモノ、サービスなどの広い意味での移動を対象とした考え方です。

MaaSという言葉を世界で初めて使ったのは、〝MaaSの祖〟とも言われるMaaS GlobalというフィンランドのスタートアップのCEO、サンポ・ヒエタネン氏です。同社の提供する「Whim」というMaaSアプリは、ひとつのアプリでバス、タクシー、自転車シェア、カーシェアなど様々な移動手段を一括で予約・決済できる、世界初の交通サブスクリプション（定額制）モデルが特徴です。現在世界の多くの都市でも利用されており、2022年には日本にも上陸しています。

スタートアップを生み出す土壌

なぜ、フィンランドのような小さな国で、全世界に影響を与えるような新しいサービスが生まれたのでしょうか。その背景には、かつて携帯電話の世界シェアの上位を占めていたノキアの存在がありました。1990～2000年代にかけて優れた技術とスタイリッシュなデザインで数々のヒット作を世に送り出しましたが、2007年にｉＰｈｏｎｅが登場、その後スマートフォンが急激に普及するとともに大きくシェアを落とします。携帯電話市場で競争力を失ったノキアは、２０１４年にマイクロソフトに買収されました。行き先を失った優秀なＩＴ人材を活かし、世界に発信できる新たな産業として白羽の矢が立った産業のひとつが、ＭａａＳです。

ノキア以外に目立った大企業がなかったフィンランドでは、産官学が一体となって新しい産業を生み出そうとする土壌があったとも言えます。フィンランド発で世界最大級のスタートアップイベント「Ｓｌｕｓｈ」は、２００８年にスタートした時は数百人規模のイベントでしたが、コロナ禍の前は数万人を集める大イベントになり、上海、シンガポール、東京などにも展開するようになりました。[2]

モビリティ革命の衝撃

車がインターネットにつながり、〝動くスマホ〟のようになるということは何を意味しているのでしょうか。

本書執筆現在、日本国内には約1億7０００万台の携帯電話があり、そのデータは様々な用途に活用されていますが、ここに約８２００万台と言われる自動車が加わることをイメージしてください。車が〝ヒトやモノを運ぶ〟スマホとなることによって、8200万台の動く基地局、センサー、電源が加わるのです。これにより、私たちの生活は大きく変わり、産業の在り方も大きく変わることが予想されています。

移動が変わるということは、道路や橋、駅などの役割、街の在り方も大きく変わるでしょう。トヨタ自動車が、2020年1月のCES（ラスベガスで毎年1月に開催される電子機器の業界向け見本市）において静岡県裾野市の工場跡地に「ウーブン・シティ（Woven City）」と呼ぶ未来都市をつくると発表し、大きな注目を集めました。

モビリティの変革とスマートシティへの取り組み

このように、ヒトやモノの移動が変わると、街の在り方も変わります。現在、日本中の多くの都市でスマートシティの取り組みが行われていますが、その半分以上が「交通・モビリティ」「観光・地域活性化」分野という、ヒトやモノの移動を対象としていることからもわかるでしょう。様々な移動データが利用可能になると、それを新たなビジネスや政策立案にも使えるようになり、私たちの生活もより便利に、豊かになることが期待されています。

一方、街づくりにはインフラ投資が必要です。一般社団法人スマートシティ・インスティテュートの調査によると、スマートシティにおける大きな課題は資金調達やマネタイズであり、少子高齢化が進む日本にとって、今後の大きな課題と言えるでしょう。

持続可能なファイナンスモデル

こうした課題意識から、KPMGでは2021年に「スマートシティファイナンス〜住みやすい街づくりのた

図表3-5-3　国内のスマートシティの取り組み領域

都道府県および都市単位で進められている取り組みのうち、交通・モビリティ分野の課題解決のための取り組みが29%と最も多く、観光・地域活性化のための取り組みが26%と次いで多い結果となっている

■各省庁の実証事業別　取組件数

担当省庁	実証事業	取組件数
内閣府	「未来技術等社会実装事業」	34
総務省	「データ利活用型スマートシティ推進事業」	19
経産省	「地域新MaaS創出推進事業」	29
国交省	「スマートシティモデル事業」	45
国交省	「新モビリティサービス推進事業」	57

■取組の対象となる課題分野の割合
※重複カウントあり

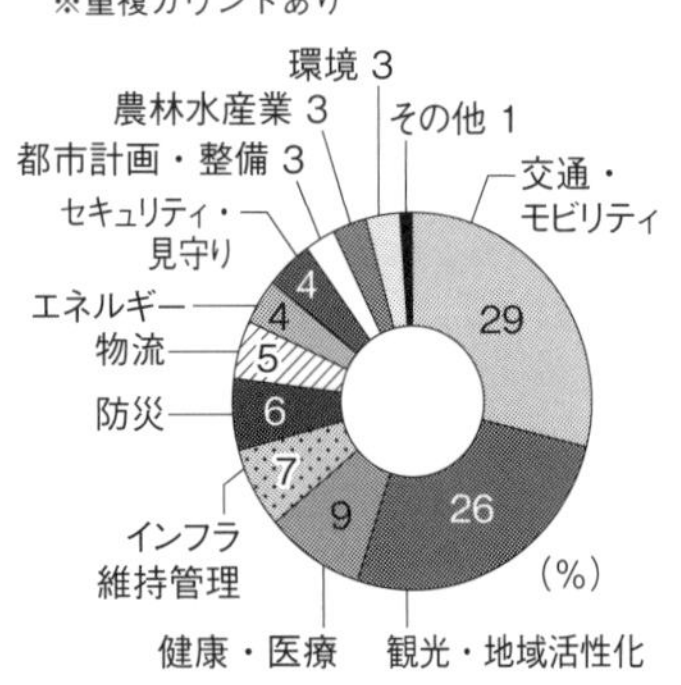

出所：「スマートシティ官民連携プラットフォーム プロジェクト一覧（2020年11月時点）」記載内容をもとにKPMG作成

めのお金の話」を公表しました。[3] このレポートでは、スマートシティプロジェクトを実装し、維持・継続するための基本的な考え方、取るべき施策と、ファイナンスの手法について解説していますが、そのなかでの事例をひとつ紹介します。

2018年にアイシン精機（現・アイシン）が事業主体となって愛知県豊明市で始まった「チョイソコ」と呼ば

図表3-5-4　自治体の回答によるスマートシティプロジェクトの課題

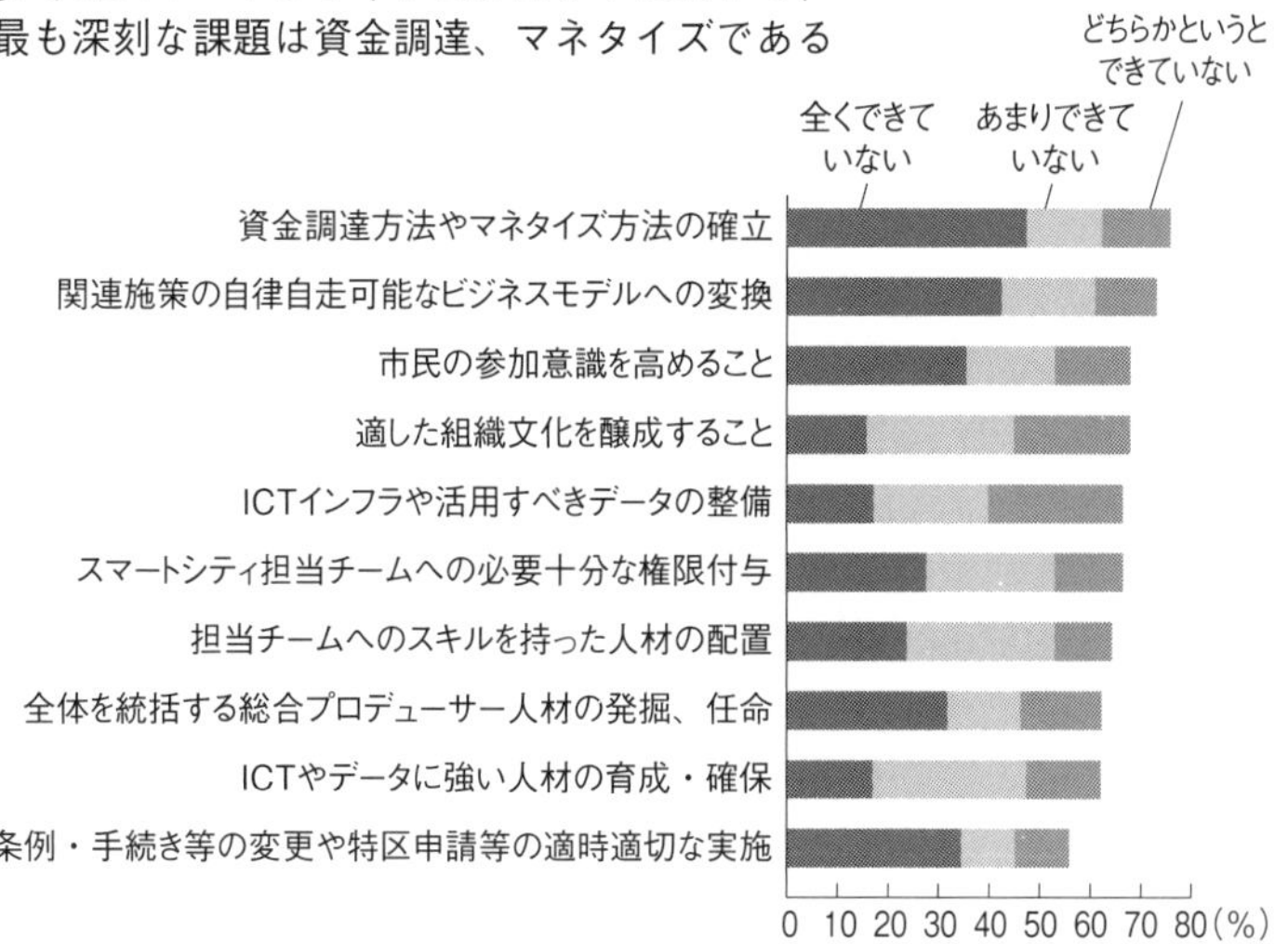

出所：KPMGモビリティ研究所「スマートシティファイナンス－住みやすい街づくりのためのお金の話」 2021年　P.3 「都市インフラ更新の必要性」より抜粋
https://assets.kpmg.com/content/dam/kpmg/jp/pdf/2021/jp-smartcity-finance.pdf

図表3-5-5　チョイソコのケース

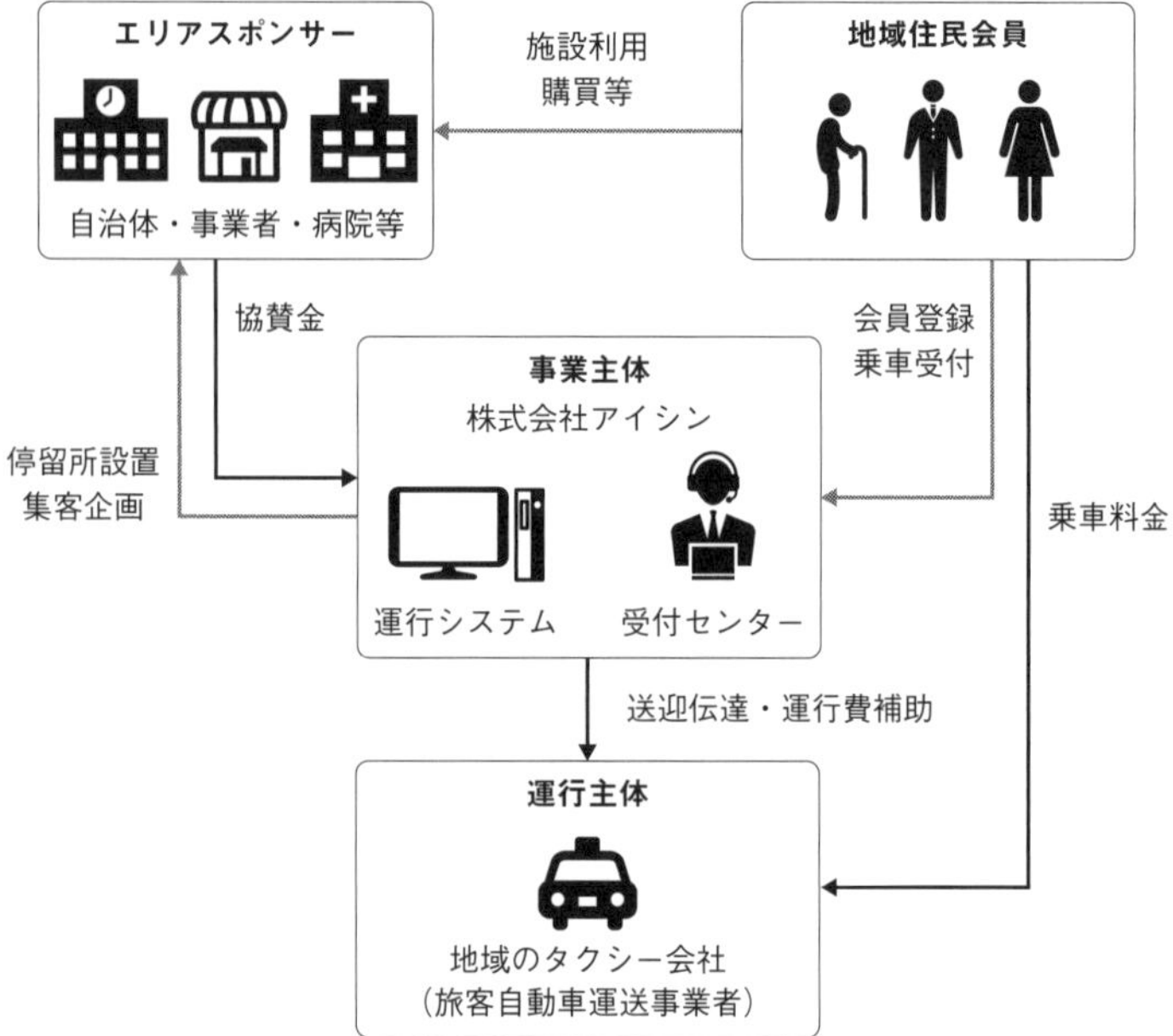

出所：株式会社アイシン提供資料「チョイソコの事業構造例」

れるオンデマンドバスサービスは2023年2月時点で全国50以上の自治体に広がっていますが、通常の利用料金のほかに〝エリアスポンサー〟と呼ばれる地元の協賛企業からの協賛金（最大で経費の4割程度をカバーする例あり）を活用することにより、自治体による補助率を減らすことに成功しています。

日本の鉄道とイノベーション

現在、環境負荷の低い移動手段として鉄道が世界的に注目されていますが、日本の鉄道は全国に張り巡らされたネットワークを民間の事業者が支えているところに特徴があります。鉄道の発展した国々では、国や自治体によって運営されているケースが多く見られますが、日本では公共交通と言いながら、多くは民間が支えているのです。

日本の都市部では公共交通が発達しており、自家用車を持たなくても生活できるくらいに便利な移動が可能です。しかし鉄道は大きな投資を必要とし、大量輸送に適した移動手段である一方、利用者が減れば経営は成り立たなくなります。人口減少が進む地方部においては赤字路線の廃止に加え、高齢化による運転免許証の自主返納が増えることから、多くの移動困難者が生まれることが懸念されています。

そこでポイントとなるのは、第3講1で紹介したように、イノベーションとは異なる経営資源の組み合わせによる新たな価値の創造です。その意味において、日本の鉄道業界は創成期から多くのイノベーターによって支えられてきました。

「日本の資本主義の父」とも称される渋沢栄一は、45の鉄道事業の設立・経営に関わったと言われています。渋沢の考えに大きく影響を受けたのが、小林一三、五島慶太、早川徳次、根津嘉一郎といった鉄道事業の経営者達です。公共交通である鉄道を民間が支えるモデルをつくりあげたのが、現在の阪急電鉄の創始者・小林一三と言われています。小林は鉄道を中心に都市開発を行い、宝塚歌劇団や阪急百貨店をつくり、観光事業と組み合わせて一体的に開発する私鉄経営モデルの原型をつくりあげて、阪急東宝グループを大きく成長させました。これは、鉄道と他事業の組み合わせ、すなわちイノベーションによる事業創造と言えるでしょう。

この小林モデルを関東で広めたのが、東急グループの創業者・五島慶太です。五島は小林と並び、「西の小林、東の五島」と呼ばれました。また、日本初の地下鉄をつくったのが「日本の地下鉄の父」と呼ばれる、東京地下鉄道（現・東京地下鉄）創立者の早川徳次です。当初、そもそも論としての地下鉄の必要性や、地盤の悪い東京の地下にトンネルを掘って鉄道を通すという発想がなかなか理解されなかったことから、早川は渋沢に相談、資金を調達し、地下鉄を開通させました。駅に併設した商業施設などは小林の手法にならったものと言えるでしょう。早川の同郷で「鉄道王」とも呼ばれた根津嘉一郎は「社会から得た利益は社会に還元する義務がある」という信念のもと、文化活動や教育事業も手掛けています。これはまさに、渋沢栄一の言う「論語と算盤」の体現と言えるかもしれません。

広く多くの人に移動手段を提供する、社会インフラを支える交通事業の経営者達は社会還元に対する意識が強く、現在のサステナビリティ経営の考え方と非常に親和性が高いと言えます。実際、今日でも多くの鉄道事業者が街づくりに携わっています。

私たちにとっての「移動」の意味

ヒト、モノ、サービスの移動は経済活動そのものであり、モビリティは経済における血液循環のようなものです。また、「老化は脚から」と言われるように、出歩く機会が減り、人と会う機会が減ると、高齢者の身体機能や認知機能が低下し、死亡率が上がること、要介護状態への移行リスクが上昇することが、各種の研究で明らかになっています。コロナ禍で移動が制限されたことにより、若者の間でも心身の健康を害

図表3-5-6　移動の多様性と幸福度の相関関係

多様な移動の機会を増やすことは、身体的な健康増進のみならず、幸福度の向上においてもプラスの効果があるという多くの研究成果が公表されている

幸福度が「低い」人間の移動

職場と家だけのような単調な移動

幸福度が「高い」人間の移動

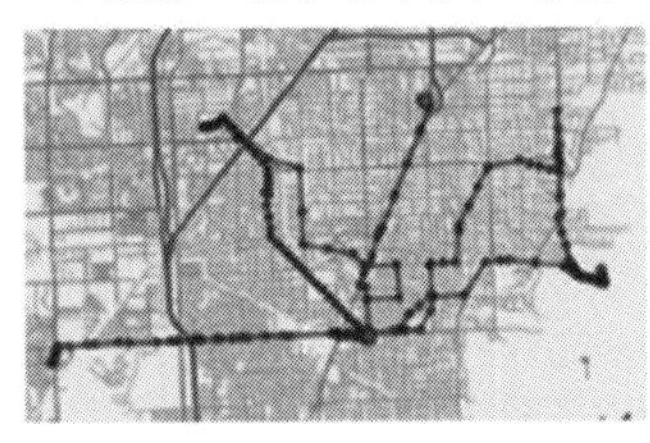

多様で新規性のある移動

出所：ナゾロジー「幸せの鍵は新しい場所!人の脳は『移動』を快楽と捉えていた」
https://nazology.net/archives/60575

し、自殺者も増えたと言われています。

移動の多様性と幸福度の相関関係についての研究も多くなされているように、多様な移動機会が保証されることは、私達の人生にとって大きな意味を持っています。

全ての人が自由に移動し、健康で幸せな生活が送れるような社会を、皆でつくっていく必要があるでしょう。

注

1　国土交通省 https://www.mlit.go.jp/sogoseisaku/japanmaas/promotion/

2　参考：https://www.businessfinland.fi/en/for-finnish-customers/home

3　https://kpmg.com/jp/ja/home/insights/2021/06/smartcity-finance.html

6 eスポーツとイノベーション

(1) eスポーツの概要

eスポーツとは

今や「eスポーツ」という言葉を知らない人は少ないと思いますが、eスポーツとは「エレクトロニック・スポーツ」の略称で、その定義については様々な解釈があります。ここでは「PC（パソコン）や家庭用ゲーム機、スマートフォン等の電子機器を用いてオンラインゲームを通じて順位を競い合う競技」と定義したいと思います。

eスポーツという言葉は2000年頃から登場し始めたと言われています。日本では2007年に日本eスポーツ協会設立準備委員会が発足、その発足を記念してeスポーツ日韓戦も開催されました。その後、2011年11月に対戦型ゲームの競技大会である「eスポーツJAPAN CUP」が初めて開催されました。2015年以降、日本eスポーツ協会（JeSPA）等の様々な団体が立ち上がるなかで、2018年に主要な団体が合併する形で日本eスポーツ連合（JeSU）が設立されました。この2018年は「eスポーツ元年」と言われています。

eスポーツの主な種目

eスポーツの種目としては、主に次のものが挙げられます。

●FPS（ファーストパーソン・シューティング）：一人称視点のシューティングゲームで、多数の対戦者が生き残りをかけて同時に戦うバトルロイヤル形式や、陣取り形式のものが多い

●TPS（サードパーソン・シューティング）：三人称視点のシューティングゲームで、形式はFPSと同じくバトルロイヤル形式や陣取り形式のものが多い

●RTS（リアル・タイム・ストラテジー）：プレイヤーごとに操作を行うターン制操作ではなく、双方がリアルタイムに進行する時間に対応しつつ、複数のキャラク

ターを操作しながら戦い、敵の本拠地の破壊・制圧を目指す戦略型ゲーム

●MOBA（マルチプレイヤー・オンライン・バトル・アリーナ）：RTSから派生したジャンルで、個人ではなく5対5、3対3などのチームに分かれ、プランを立てながらリアルタイムに進行する時間の中で互いの拠点を取り合う戦略型ゲーム

●格闘：キャラクターを操作しプレイヤーと1対1の格闘技形式で対戦するゲーム（多くの場合、決められた体力バーを0まで減らすとKO〈ノックアウト〉となり、1ラウンドもしくはそのゲームの勝者となる）

●レーシング：乗り物を操縦し、目的地までのタイムや順位などを競うゲーム

●スポーツ：サッカー、野球、バスケットボールなどのリアルスポーツを題材としたゲームで、勝敗は各スポーツのルールに則って競われる

●パズルゲーム：パズル要素を主体としたゲームで、対戦者同士でスコアを競ったり、妨害し合ったりして勝敗を競う

●デジタルカードゲーム：電子機器を用いたオンライン対戦型カードゲームで、複数枚のカードで「デッキ」を構成して、カードの取り揃えやカードの切り方などを通じて対戦相手との駆け引きを楽しみつつ勝敗を競う

世界ではFPS／TPS、RTS／MOBAなどの人気ゲームタイトルが存在して

おり、なかには月間アクティブユーザーが1億8000万人を超える大人気タイトルも存在します。また、興味深い取り組みとしては、マイクロソフトオフィスのソフトであるエクセルを使ったeスポーツ大会なども存在しています。世界各国からエクセルのプロが集い財務モデリングの構築スキルを競い合うもので、関連イベントがYouTubeに加えてアメリカのスポーツ専門チャンネルのESPNでも放映され話題となりました。「電子機器を用いてオンラインで順位を競い合う」という定義に沿って、今後も面白いeスポーツ種目が登場することに期待したいところです。

〝プレイする側〟のゲーム市場から〝プレイを見る側〟のeスポーツ市場へのパラダイムシフト

eスポーツ市場は、一見、従来のゲーム関連市場の延長線上にあるように考えられますが、実は異なるものであり、従来のゲーム関連市場と野球やサッカー等のリアルスポーツ市場が組み合わさった、新たな市場だと言えます。

従来のゲーム関連市場は、ゲームの開発・製造・販売等を担う「ゲーム開発・販売者」と、販売されたゲームを1人または複数名で遊ぶ「プレイヤー」、そしてゲームタイトルによっては関連グッズやアニメ等を提供する「ゲーム関連製品・サービス提供

図表3-6-1　従来のゲーム関連市場と現在のeスポーツ関連市場

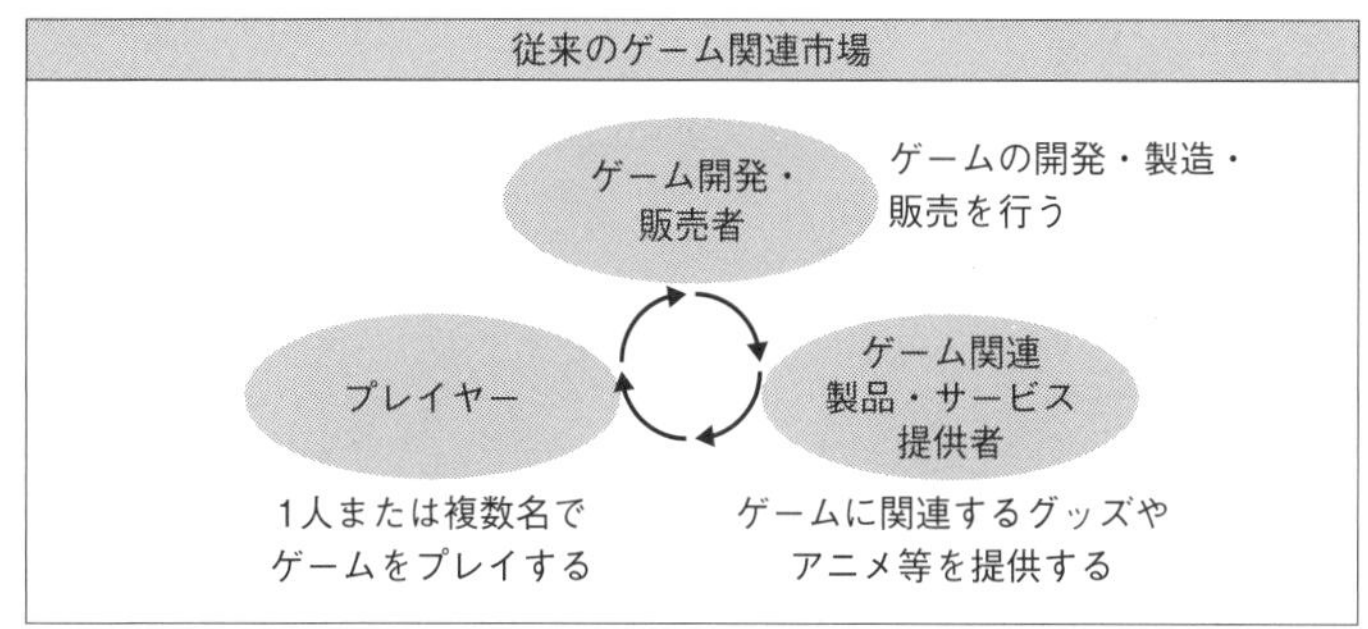

- **ゲーム開発者中心**にゲーム関連エコシステムが発展していた
- 対戦ゲームをプレイするためには参加者がひとつの場所に集まる必要があったため、**個人でゲームを楽しむことが多かった**

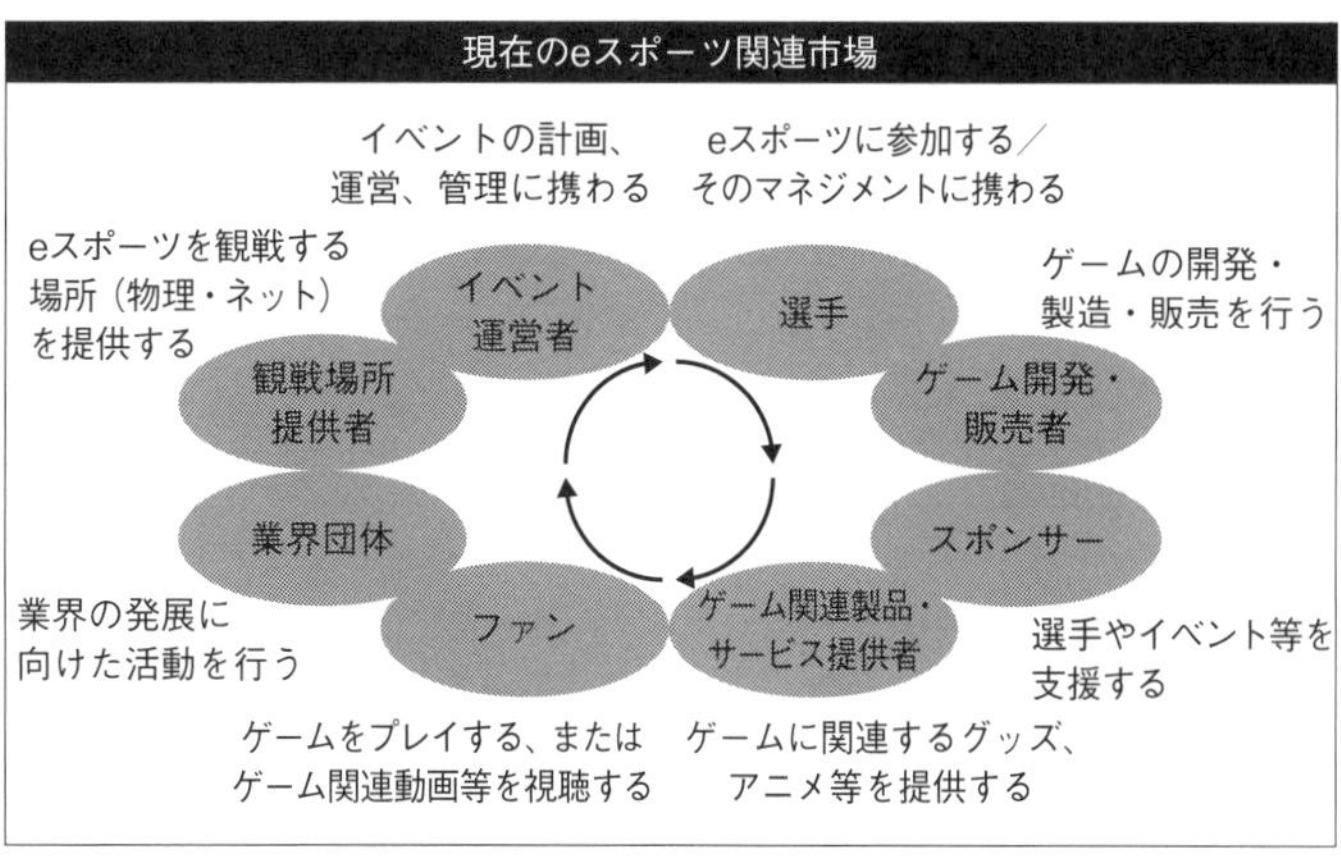

- インターネットの普及等により、物理的に離れていても対戦ゲームをプレイすることが可能になり、**ゲームは、娯楽のみならず競技（eスポーツ）としての進化を遂げた**
- これにより、従来のゲーム開発者・プレイヤーに加え、選手、業界団体、観戦場所の提供者、ゲーム競技の観客およびスポンサー等の製品・サービス事業者など**新たなステークホルダーが出現し、新しいビジネスモデルが構築されつつある**

者」で成り立っており、「ゲーム開発・販売者」を中心にゲーム関連のエコシステムが発達していました。また、インターネットが広く普及する前までは、対戦ゲームで遊ぶためには参加者がひとつの場所に集まる必要があったため、個人でゲームを楽しむプレイヤーが多かったと考えられます。

一方、現在のeスポーツ関連市場では、eスポーツの大会やイベントに参加する「選手」、選手やイベント等を支援する「スポンサー」、そして選手が活躍する大会等を観戦する「ファン」等、これまで存在しなかったステークホルダーが関わっており、また、これらの選手、スポンサー、ファンは、リアルスポーツ市場で登場するステークホルダーと全く同じ役割を担っています。

インターネットの普及等により、物理的に離れていても対戦ゲームで遊ぶことが可能となった現在、ゲームは従来の娯楽要素のみならず競技としての進化も遂げ、〝プレイする側〟からシフトして〝プレイを見る側〟を中心とした市場がeスポーツでは成り立っています。

eスポーツ先進国の発展経緯

世界のeスポーツ先進国は、韓国、中国、アメリカです。それぞれの発展経緯を調べてみると、eスポーツ市場の形成に至るまでの流れの中で共通するKSF（重要成功要因）として、①大人気タイトルの登場、②ローカルコミュニティの形成、③大口スポンサーの参入、④メディア露出、の4つが挙げられます。

まず①大人気タイトルについて見ると、韓国では「Starcraft」や「League of Legends」、中国では「World of War」や「League of Legends」「Dota2」等、eスポーツ市場形成の礎となる大人気タイトルが、アメリカでも2009年以降に「League of Legends」や「Starcraft」「Counter-Strike: Global Offensive」等、国産の人気eスポーツタイトルが続々とリリースされました。

②ローカルコミュニティとは、友達同士で集まってプレイするものや、アマチュアによる草の根大会等、身の周りで発生するゲームをプレイする人・見る人のコミュニティを意味します。韓国、中国では、ゲーミングPCが数十台置かれているゲーム施設の「PCバン」（日本ではeスポーツカフェとも言われている）が各地に展開されたこと

が、コミュニティ形成に大きく寄与しました。特にPCバン発祥の地と言われる韓国は、1990年代後半からeスポーツ市場が盛り上がり、PCバンで友人や恋人と過ごすことや、パブリックビューイングによる観戦が、若い世代における代表的な文化となり、最盛期の2000年代にはPCバンは2万店舗以上展開されました。

一方、アメリカでは、LANパーティという欧米特有のゲーム文化でコミュニティが発展したと言われています。LANパーティとは、会場を貸切にし、自分達自身のゲーム機やPCを持ち込んでプレイするゲームパーティを示します。ハイスペックPCや家庭用ゲーム機の普及に加えて、高速回線が自宅に備わっていることや、人口密度が低く車社会が形成されていることが、アメリカにおけるローカルコミュニティの基盤となりました。数十～数千人と規模はまちまちですが、LANパーティの組織化によって大規模なコミュニティが開催する大会やイベントが増えていったことが、ローカルコミュニティの形成に大きく寄与しています。

各国の事例から考えられることは、ゲームをプレイする人・見る人のコミュニティが各地で形成されたこと、コミュニティ一つひとつの規模が拡大していったことが、eスポーツ人口の裾野拡大につながり、市場の発展を支えたと考えられます。

③大口スポンサーの参入に関しては、現在eスポーツ市場の収入源の約6割はスポ

ンサーとなっています。つまり、市場の発展には大口スポンサーの参入が欠かせないと言えます。

韓国では、サムスン電子、ＳＫテレコム、ＫＴ、ＣＪグループといった大企業による大会への出資やプロチーム発足による大規模投資が市場成長の一助となっています。特にＣＪグループは配信プラットフォームからeスポーツ市場に参入後、チーム運営やイベント主催を行う等長期にわたって韓国のeスポーツ市場を牽引してきました。

中国では、テンセントやアリババ等の国内超大手企業による莫大な投資に続く形で様々な業種の企業が参入し、エコシステムの規模が拡大していきました。中国では輸入ゲームの製造や販売が禁止されていましたが、テンセントは「League of Legends」や「Clash of Clans」等を買収して国内に展開しています。また自社開発したモバイル専用ゲーム等も、中国で人気を獲得しました。

アメリカではBlizzard EntertainmentやRiot Games、Valve Corporation等の大手ゲーム会社主導の公式大会の多数開催や、ＩＰの無償使用許諾によるコミュニティ支援が市場形成を牽引したと考えられます。

最後の④メディア露出に関しては、テレビや配信経由の大会放送等が挙げられます

図表3-6-2　先進国から見るeスポーツ市場形成の重要成功要因

eスポーツ先進国

韓国　中国　アメリカ

	重要成功要因（KSF）	先進国事例（韓国・中国・アメリカ）
①	大人気タイトルの登場	• 韓国ではStarcraft、中国ではWoWやLoL、Dota2等、ブームの火付け役となる大人気タイトルが登場し、eスポーツ市場形成の礎となった • アメリカでも2009年以降、現在の人気タイトルが続々とリリースされた
②	ローカルコミュニティの形成（草の根大会増加）	• 韓国、中国ではPCバン、アメリカではLANパーティが各地に多数存在したことでローカルコミュニティが形成された • ローカルコミュニティ発信による草の根大会が観戦文化を生み出し、大規模大会の開催につながった
③	大口スポンサーの参入（パブリッシャー含む）	• 韓国では4大スポンサーがチームや大会に資金を投じた • 中国・アメリカでは大手パブリッシャー主導での多数の公式大会の開催やコミュニティ支援が行われたことで市場が形成されていった
④	メディア露出（TV・配信経由の大会放送）	• 韓国では2大ケーブルTV、中国では国内動画配信プラットフォーム、米国ではケーブルTVやTwitch等、各種メディアがコンテンツ配信を行い、一般層の認知向上、ファン獲得に貢献している

市場形成に至るまでの主な流れ

が、韓国では2大ケーブルテレビ、中国では国内動画配信プラットフォーム、アメリカではケーブルテレビやゲーム実況配信サービスのTwitch等、各種メディアがコンテンツ配信を行い、一般層の認知向上による観戦文化の普及やファン獲得によってeスポーツ人口の裾野拡大に貢献してきました。

以上をまとめると、先進国のeスポーツ市場の発展は、まず多くのeスポーツゲームプレイヤーを魅了する大人気タイトルが登場するなかで、それらのゲームタイトルを一緒にプレイするコミュニティや大会・イベントが誕生して市場の基盤が形成された後に、さらなる市場拡大に向けて大口スポンサーの参入や、eスポーツの普及を広く拡散するためのメディア露出を通じて成長を遂げていることが考えられます。

日本固有の4つの課題

日本はどうでしょうか。自他ともに認めるゲーム大国であるにもかかわらず、eスポーツ市場ではヨーロッパ、北米、中国等の先進国・地域に後れをとっています。

eスポーツ元年と言われた2018年頃、ほかの国・地域が発展を遂げるなか、日本では固有の課題を抱えていました。ここでは日本固有の4つの課題を紹介します。

1つ目は、ゲームに対する「罪悪感」や「うしろめたい喜び」です。この背景として、日本ではeスポーツプレイヤーと言うと厳格な労働倫理に反するイメージがあることや、フルタイムの仕事と同様の存在として認められることが難しかったことが挙げられます。

2つ目は、ゲーム大国であるが故の独特の文化が存在していることです。世界で売れているゲームがRTSやFPS等であるのに対して、日本で人気なのはRPG(ロールプレーイングゲーム)やパズルゲーム等であり、売れているゲームジャンルに非常に大きなギャップがあります。また一般に、ゲーム産業は全世界的な販売に注力しているのに対し、日本のゲーム産業は国内市場を重視している傾向があり、PCゲームよりも家庭用ゲーム機に注力していたことが言えます。

3つ目は、法規制による障壁です。これは当時、大会賞金が1000ドル以下に制限されており(無制限の賞金はスポンサーシップを通じてのみ認められています)、プロチームにとっては大会出場にあまり魅力がなく、そのため目覚ましい発展にはつながらなかったと考えられます。

4つ目に、大口スポンサーの不足です。大口スポンサーによる出資が市場形成にとっても重要な要素となるなかで、日本でもいくつかの企業が先駆けとして出資してはいましたが、各社、試行錯誤している状況にありました。企業の側からすれば、eスポーツ市場は歴史が浅く、ユーザーの大半も若年層で構成されており、出資にあたって信用度の低い市場であったことが、足踏みをしていた理由と考えられます。

課題を解消しつつある日本

このように、日本でも政府や産業界の後押しも得ながら、徐々にではありますが課題を解消しながら前に進んでいます。例えば、「ゲームに対する罪悪感やうしろめたい喜び」に対しては、最近はプロゲーマーやゲーム実況者として生計を立てる人もいるなかで人気配信者は年間数億円ほど稼ぐようになるなど、好きなことをして収入を得られることで小・中学生にとっての憧れの職業にもなってきています。このような傾向から、確実に世の中の考え方も変わってきていると言えるでしょう。

「ゲーム大国であるが故の独特の文化の存在」に対しては、近年、若者を中心に家庭用ゲーム機からゲーミングPCへシフトしている傾向にあります。特に操作性や敏しょう性を重視する本格派は、PCゲームのプレイヤーが多くなっています。また近年、PCや家庭用ゲーム機、スマートフォン等複数のプラットフォームで同じゲームタイトルが遊べるマルチプラットフォーム対応が当たり前となりつつあります。これまでは、それぞれの家庭用ゲーム機のプラットフォーマーが筐体（きょうたい）依存のゲームタイトルを販売してユーザーの囲い込み競争を行っていましたが、最近は技術の進歩に合わせて、ユーザー同士のゲーム内での交流の活性化や新しいＵＸを提供すべく、マルチプラットフォーム化が進んでいます。このような動きを受け、日本でも家庭用ゲーム機主軸の独自文化が良い方向で解消されていくのではないでしょうか。

「法規制による障壁」に対しては、ＪｅＳＵ等によって著作権法、景品表示法、刑法（賭博罪）、風営適正化法の解釈が整理され、健全な形でのｅスポーツ大会の実施が可能となってきています。

最後に「大口スポンサーの不足」に対しては、市場の黎明期にあった課題が徐々に解消されつつあることを受けて、大会・リーグ運営やチーム運営にスポンサーとして国内大手企業が続々と参入し始めています。

（2）eスポーツにおけるイノベーション創造

以降では、ｅスポーツを掛け合わせた事業創発やイノベーション創発の取り組みについて述べていきます。

eスポーツは、まだまだ世の中に大きな変革をもたらす無限の可能性を秘めています。比較的新しい市場で多様なテーマでの事業機会が眠っているからこそ、あらゆる業界のプレイヤーがeスポーツ市場に参入するチャンスがあると考えられます。ここでは注目テーマとして、①社会課題をテーマとした事業機会と、②異業種参入によるビジネス改革の機会について紹介していきます。

「eスポーツ×社会課題解決」によるイノベーション創造に向けた取り組み

eスポーツはダイバーシティや地域活性化等を含めた様々な社会課題に対する活用効果が期待されています。事実、国内外にはすで

図表3-6-3　eスポーツ発のイノベーションの可能性

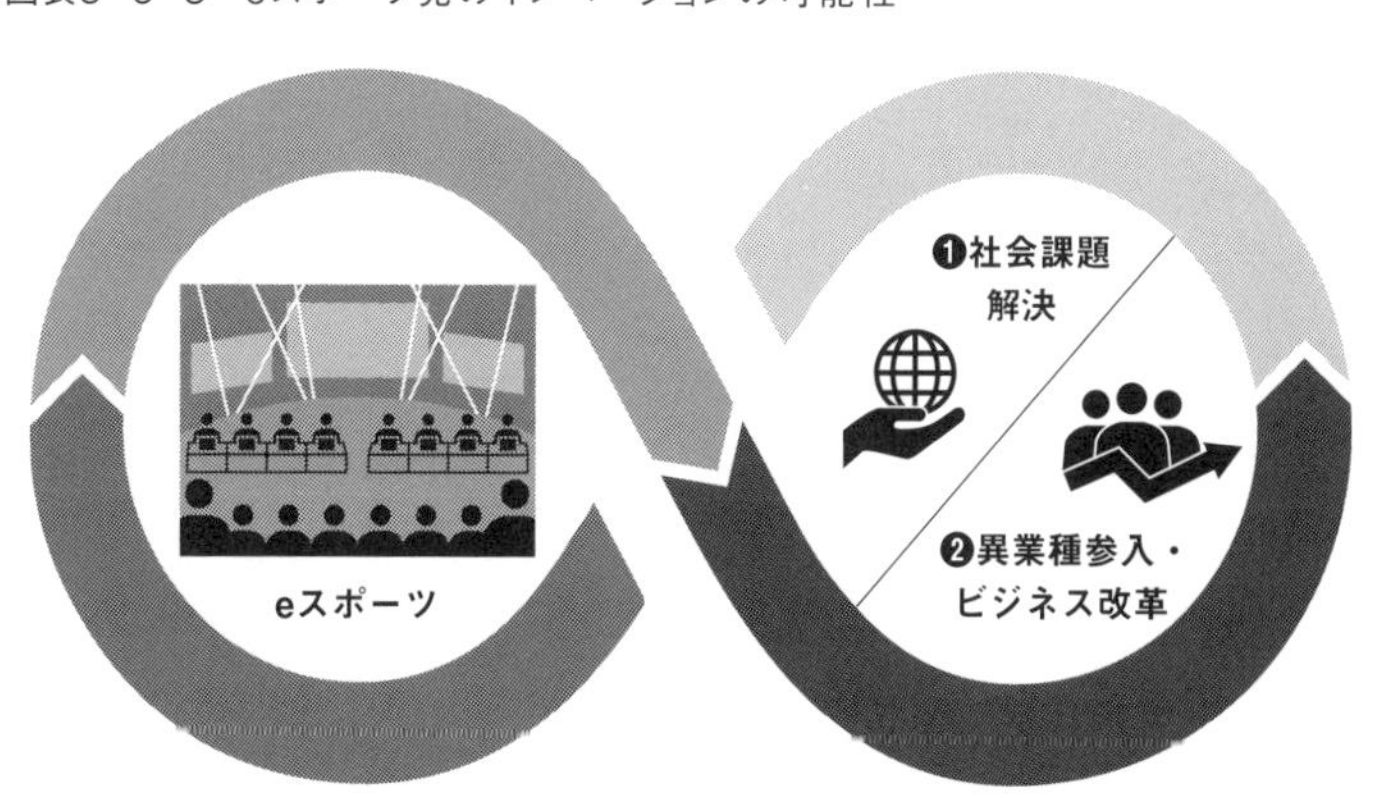

に多くの事例が存在しており、社会にインパクトを与えています。以下では、「教育」「ダイバーシティ」「高齢者支援」「地域活性化」をキーワードにした取り組みを紹介します。

まず「教育」では、海外を中心に多くの学校が、学習や部活動にeスポーツを採用しています。日本でも、地方自治体が高校のeスポーツ部設立を支援する等、競技者の育成に力を入れ始めています。また、eスポーツはオンラインでマッチングしたチームメンバーとゲームプレイ中にボイスチャット等でコミュニケーションをとることがありますが、この特徴を活かしたサービスとして、ゲームをプレイしながら楽しく英語学習ができる「eスポーツ英会話」等のサービスも登場しています。このようなサービスでは、語学力だけではなく、ゲームを通じスポーツマンシップやマナーが身に付くことや、ゲームを軸に世界中で仲間（コミュニティ）ができることも魅力となっています。ほかにも、ゲーム会社が自社タイトルを活用した無料のプログラミング教材を開発する等、ＳＴＥＡＭ教育（Science・Technology・Engineering・Art・Mathematicsの5つの単語の頭文字を組み合わせた教育概念）やコミュニケーション力をはじめ、学習や教育を促進するツールとしての期待が高まっていると言えます。

「ダイバーシティ」については、日本では２０１９年に障がい者向けのeスポーツ大会が全国で初めて開催されたり、障がい者の社会参加や自立生活の支援等を目的とした国内プロeスポーツチームが発足する等の取り組みが進んでいます。また、地域・年齢・障がいの有無等の壁を打ち破るバリアフリーのeスポーツカフェがオープンする等、様々な人たちに活躍の機会を提供しています。

「高齢者支援」については、シニア世代間のコミュニケーションや認知症予防を目的とした高齢者限定eスポーツ施設が国内で開設されていることや、大学と民間企業が共同で、介護予防対策を目的とした高齢者向けeスポーツ体験会を継続的に実施する等の取り組みがあります。ほかにも、民間企業主体で健康寿命や社会参加寿命の延伸を目的に、高齢者施設でパズルゲームやリズムゲーム等のゲームコンテンツを活用したアクティビティを提供する等、認知症予防や健康促進、フレイル（年齢とともに心身が弱くなったり、介護が必要になったりすること）予防といった目的に対して、eスポーツが活用される機会が増加しつつあります。高齢者施設におけるアクティビティのマンネリ化を解消する新たなコンテンツとしてeスポーツが注目されていると言えるでしょう。

最後に「地域活性化」では、認知度向上による観光促進や町おこしを目的とした取り組みが多数存在します。例えば、世界遺産を会場としてeスポーツイベントを開催したり、地元の職人が作成した優勝メダルを贈呈する等、地域資源を活用した取り組みがあります。また、地域のICTインフラやアニメの聖地である強みを活かし、既存イベントの強化を目的としてeスポーツを活用する事例もあります。

「eスポーツ」と「社会課題解決」を掛け合わせる事業の特徴として、年齢・性別問わず老若男女を巻き込めることや、時間や場所等の物理的な制約を超えて誰とでもゲームを通じて交流できることが挙げられます。小・中学生らを対象とした学習や教育を促進するツールになることもあれば、高齢者を対象にした認知症予防や健康促進、フレイル予防のツールになる等、対象者を変えながら場所を選ばず様々なコンテンツとして活用できる潜在的な能力を秘めているのがeスポーツであると言えるでしょう。社会課題解決を軸としたeスポーツ事業を通じて「する人・見る人」の裾野が拡大していけば、さらなる市場発展が期待できるのではないでしょうか。

「eスポーツ×異業種参入」によるイノベーション創造に向けた取り組み

次に、異業種からeスポーツ市場への参入による新たな事業創発の取り組みについて紹介したいと思います。eスポーツ市場の興味深い点として、従来のゲーム関連市場に参画している企業よりも、全く異なる業界で活動する企業のほうが参入に前向きという傾向があります。その理由としては、今後も期待される成長市場であること、社会貢献要素があること、自社で保有するアセットや技術と親和性があること等があり、企業の狙いはそれぞれだと思いますが、ここでは企業がどのような点を事業機会と捉えて参入しているのかを、いくつかの事例とともに紹介していきます。

まず「施設運営」では、鉄道会社が教育関連企業とのコラボレーションで所有している遊休地を活用してeスポーツのトレーニングジムを開業しました。駅近な場所で運営することで、通いやすさを訴求点のひとつとしています。

「大会・イベント運営」では、民放テレビのキー局が大人気ゲームタイトルを用いた大会の開催・運営を行っています。過去にはアジアナンバーワンのプロゲーマーや有名なゲーム実況者、さらにはリアルスポーツにおける金メダリストも参戦するなどした実績があり、地上波だけではなく動画配信サイトでの配信も行われる等、テレビ局としての強みを活かした番組制作を行っています。また、プロの世界だけではありません。eスポーツに関する大会やイベントの企画・運営支援を提供するある企業では、そのノウハウ・技術を活かして、社内レクリエーションとしてゲーム大会を開催したい企業や学校、地域に対して、本格的な大会からカジュアルなものまで幅広くイベント開催をサポートしています。

「プロチーム運営」では、大手百貨店が古参のプロチームを買収してチーム運営に参入しました。これは、大会やイベントを通じて百貨店が弱点とする若年層を商業施設に呼び込むことが主な狙いと推察されます。このように自社に十分なアセットやノウハウがない事業は買収によって不足点を補い、自社の主幹事業を強化していく取り組みも見られます。大手金融会社では、eスポーツ事業の会社を立ち上げ、プロゲーミングチームの運営のほか、eスポーツ関連メディアの運営や公式Vチューバープロジェクト、eスポーツ関連分野におけるコンサルティング（新規事業・イベント企画）等に取り組んでいます。こちらもeスポーツ事業を通じた若年層へのアプローチおよび会社の認知度向上を目指しており、主幹事業へ還元させることが主な狙いと推察されます。

最後に「ゲームコンテンツ開発・関連製品開発」では、様々な業種の企業が金融等の専門知識やヘルスケア、SDGs／ESGを題材にゲーミフィケーションを取り入れたコンテンツの開発を行っています。例えばヘルスケアでは、ゲーミフィケーションを取り入れた服薬支援アプリや、健康促進アプリ等が提供されています。その他、SDGsの17の目標について理解促進を図るゲームや投資について学ぶゲーム等のコンテンツが開発されています。今後も幅広い分野において、達成意欲や競争意識、持続性等といった利用者の意欲向上の観点からゲーミフィケーションは活用されていくのではないでしょうか。

異業種のeスポーツ市場参入の傾向は、いくつかに分かれています。自社でもともと持つ技術やノウハウ等を活かして参入するケース、他企業とパートナーシップを結びお互いの強みを活かして新たなシナジーを生み出すケース、さらには、不足点を補う形でM&A等を経て新たな強みを手に入れるケース等が挙げられます。

図表3－6－4は、経済産業省が提示するeスポーツの直接市場、エコシステム領域、波及領域等を示したものです。eスポーツ市場を波及領域、移転・連携領域まで広げてみると、例えばヘルスケア・健康増進ではeスポーツを活用してプロ選手だけではなく年齢に合わせて動体視力や反射神経、記憶力等の能力を診断する事業、人材活用の分野においてはeスポーツをテーマにした社会見学事業や引きこもりの社会復帰プログラム、地方創生では海外にあるようなeスポーツ特区の形成、国際交流ではプロeスポーツ選手を目指すプレイヤーの交換留学等、観光・ヘルスケア・教育・金融等の様々な産業との掛け合わせによる事業機会が考え得ると言えるでしょう。

図表3-6-4　eスポーツの事業機会の一例

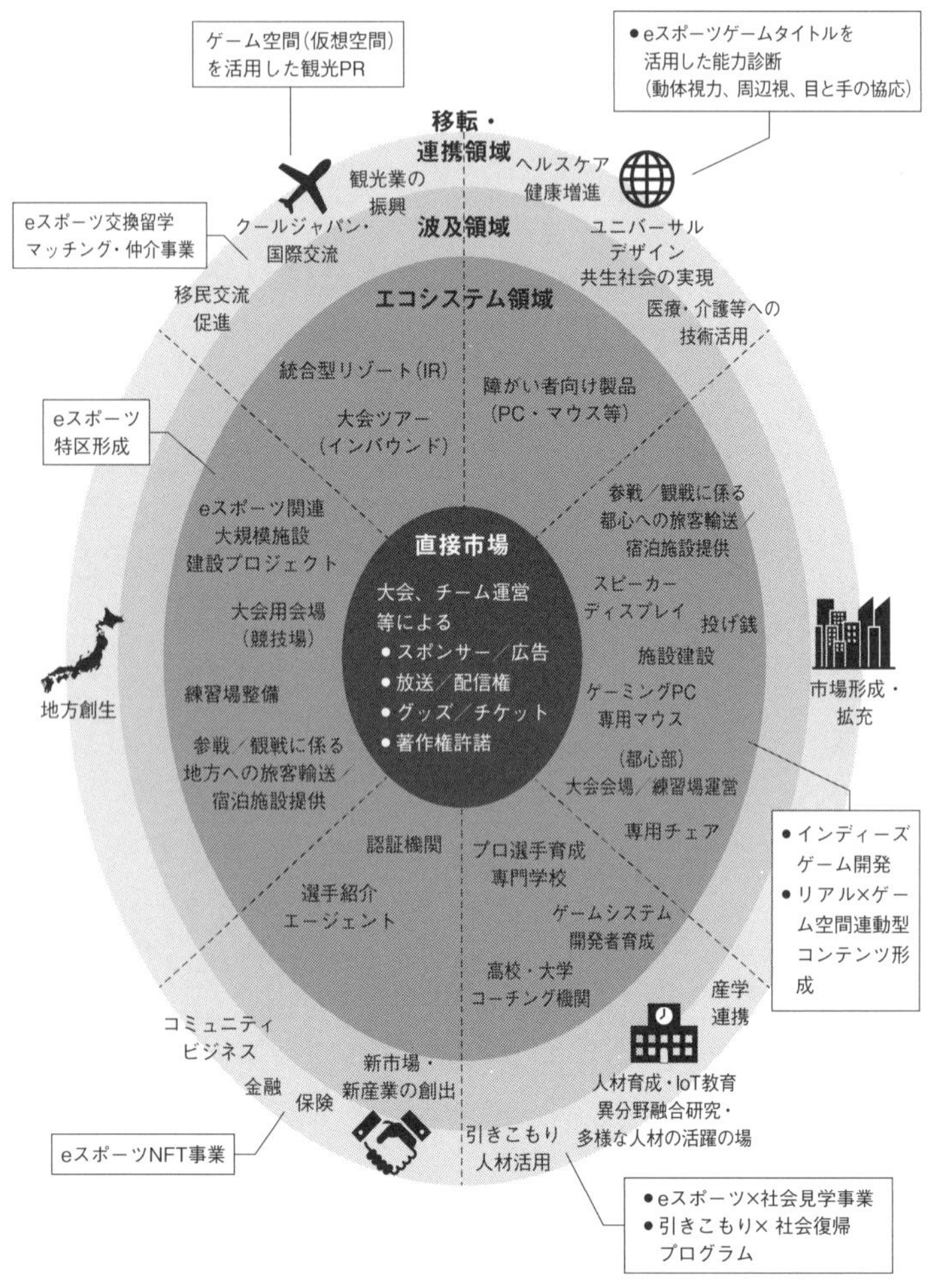

出所：「日本のeスポーツの発展に向けて」（経済産業省）より引用
https://www.meti.go.jp/meti_lib/report/2019FY/030486.pdf

イノベーションを起こすために重要なこと

ここまで社会課題をテーマにした新たな取り組みや、異業種のeスポーツ市場参入による新たな取り組みを紹介しましたが、第3講1で「イノベーションとは新結合、新たな組み合わせである」と紹介した通り、このような新たな取り組みに挑戦していくことがイノベーションを起こすきっかけづくりとして重要と考えます。

また、イノベーションの創造においては、常識や既成概念にもとづいて問題点を整理するロジカルシンキングや、顕在する課題に対して解決策を導き出すデザインシンキングではなく、現状起点とは非連続な思考に立って新しい価値を発案するアートシンキング、つまりは「この先の未来がどうありたいかを妄想すること」が重要と言えます。ただし、妄想するだけで終わらせては意味がありません。アイデア発案後にそれをどのように事業化していくか、という観点でよく言われることなのですが、「できるか」「勝てるか」「儲かるか」を三位一体で考え抜いて事業モデルを構築していくことがカギとなります。

図表3-6-5　社会課題からの妄想型による事業創発アプローチと
実現可能な事業モデルの構築

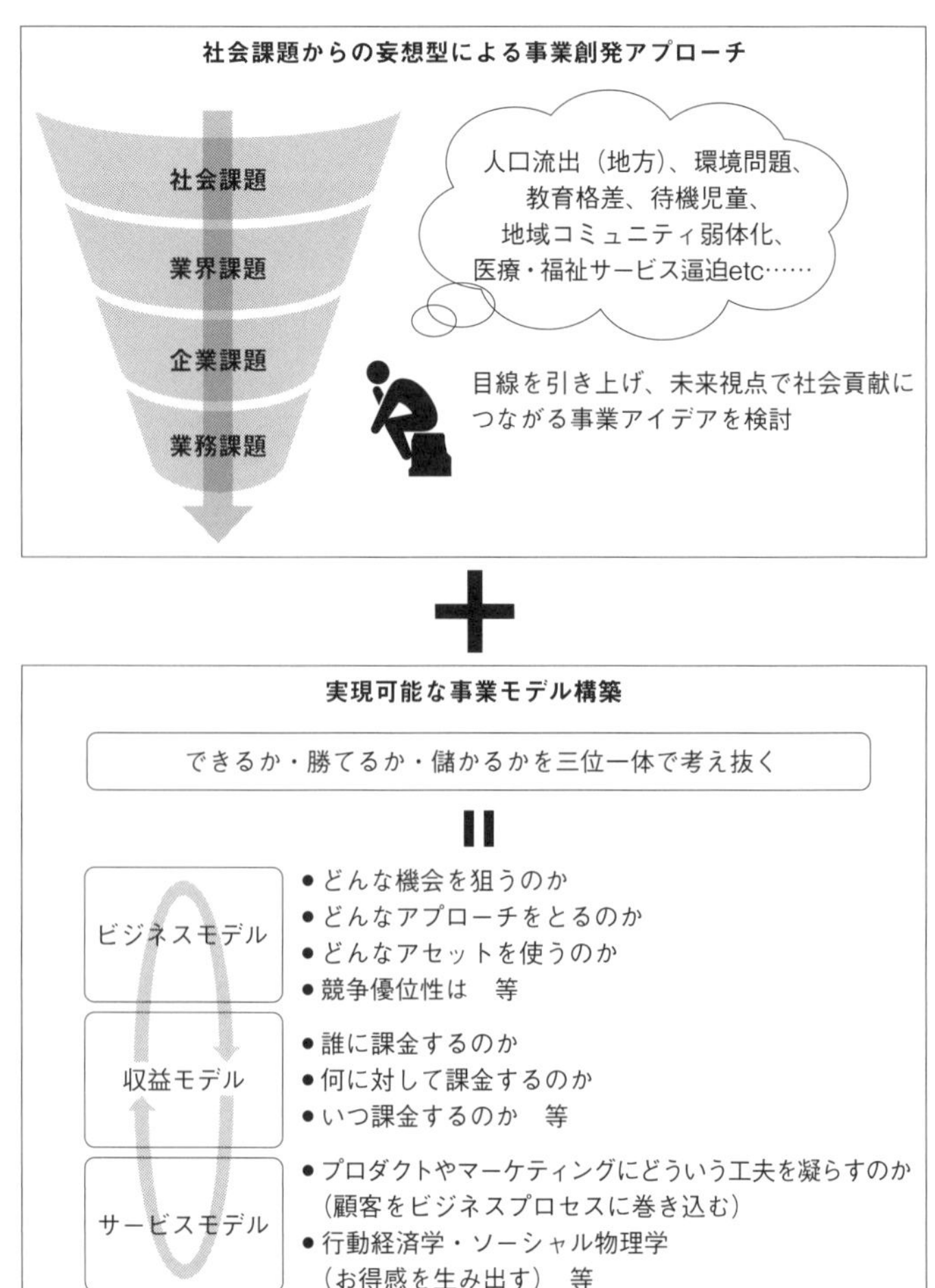

7 「スポーツビジネスとイノベーション」

(1) スポーツビジネスの今

スポーツビジネスの定義

スポーツビジネスには様々な定義がありますが、本書では「スポーツを通じて何かしらの価値を提供している」ことと定義します。この定義に照らした場合、興行（試合）を中心にスポーツそのものを売るビジネスと、病院や観光、飲食などスポーツを通してサービスを提供するビジネスの2つに大別されます。「ビジネス」というワードが入っていますから当然、価値提供と対価（収益化）はセットで考える必要があります。

スポーツは「熱狂」「感動」などのエモーショナルな価値をより洗練させた新たなイ

ノベーションを創発するポテンシャルを秘めています。これまではこのエモーショナルな価値、すなわち興行（試合）をベースにした商いになってしまい、一部のファンしかターゲットにならずマーケットサイズが広がらないというのが、国内におけるスポーツビジネス発展の阻害要因となっていると考えます。スポーツをもっと商業的に捉え、価値にイノベーションを付加して関係人口を増やしていく営み（周辺産業の取り込み）こそが、昨今のスポーツビジネスに求められている必要十分な要件なのです。

スポーツ産業の国内の動向

２０１６年に「日本再興戦略２０１６」が閣議決定され、約５００兆円のＧＤＰを２０２５年には６００兆円に跳ね上げる計画が策定されました。１００兆円増に向けた具体的な施策として設定された「官民戦略プロジェクト10」では、新たな有望成長市場として5つの領域が挙げられ、そのなかに「スポーツの成長産業化」が記されています。その前年の２０１５年10月にスポーツ庁が発足、その流れをくんで同テーマが設定されたというのが背景ですが、従来までビジネスの中心に置きづらかったスポーツのプロフィット化に対する動きが国家レベルで始まっています。

「日本再興戦略2016」では、2015年に5・5兆円と言われている国内のスポーツ産業の市場規模を、2025年には15兆円に増加させるという具体的な期待値（KPI）が設定されました。

これは国外と比較しても非現実的な数字ではありません。例えば、アメリカではスポーツ産業の市場規模はGDP比率にして約3％、韓国や中国のアジア諸国も日本を上回っている状況であり、それと同等の数字を目指しましょうというメッセージになります。その後の新型コロナウイルス感染症の拡大に伴い、スポーツビジネスは大きな打撃を受けている状況ではありますが、徐々に行動制限も解除され回復の兆しも見られることから、このKPIはいまだ変更にはなっておらず、国全体の大きな目標値として進められています。

それぞれの目標値を達成するために、①スタジアム・アリーナ改革、②スポーツ経営人材の重要性、③他産業との連携強化、の3つのキードライバーが設定されていますが、本書ではより「イノベーション」に焦点を当てて、①スタジアム・アリーナ改革と③他産業との連携強化について、後ほど詳細に触れたいと思います。

スポーツ産業における海外の状況

日本と世界のスポーツビジネス市場を比較すると大きな差があるのは言うまでもないでしょう。少し前のデータにはなりますが、世界のスポーツイベントの収入は2009〜2013年の4年間で約200億ドル増と大幅飛躍しているのに対し、日本は2002年からの10年間、緩やかな成長をたどっているにすぎません。

アメリカでは、全スポーツ市場の合計規模は60兆円とも言われます。メジャー・リーグ・ベースボール（MLB）、ナショナル・バスケットボール・アソシエーション（NBA）、ナショナル・ホッケー・リーグ（NHL）、ナショナル・フットボール・リーグ（NFL）等のプロリーグの保有に加え、アメリカンフットボールやバスケットボール等の大学スポーツの普及によるものが大きいと考えられます。

ヨーロッパでは、サッカーがスポーツビジネスの中心であり、サッカー興行のみでも2019年に3・4兆円の市場規模が試算されています。この要因としては、絶大なコンテンツ力とともにトッププレイヤーやメガチームを中心に世界中にファンが存在し、グッズ、放映権、ツーリズム等、インバウンドによる収益化に成功していることとが挙げられます。

アジア14都市では、10の都市でサッカーが最も人気があり、それ以外では水泳、バドミントン、バスケットボール、テニス、バレーボールなども人気があります。インドではクリケット、中国では卓球、台湾と韓国では野球等、国や地域によって支持されるスポーツが異なり、また、アメリカやヨーロッパと比較すると市場規模が小さいというのが現状です。日本を含めアジアのスポーツ市場は、アメリカやヨーロッパと比較すると遅れていると言わざるを得ません。以降では、日本とアメリカ・ヨーロッパとの比較を通じて、この違いはどこから生まれているのかを解説します。

なぜ日本のマーケットは小さい？

まずは日本でもトップクラスのマーケットサイズを誇る野球を軸に見ていきましょう。図表3－7－1は1995～2010年のMLBとNPB（日本野球機構）の収益推移を示しています。ここからわかる通り、1990年の半ばまでは同程度の規模でしたが、それ以降は大きな差をつけられており、現在は平均年俸も差がつき日本国内のスター選手が活躍の場をアメリカに求める状況になっています。

図表3―7―2はプレミアリーグとJリーグの比較ですが、サッカーにおいても同様の推移となっています。イギリスはサッカー発祥の地なので昔からそのビジネス性が注目され選手やチームの価値が高い（何もしなくても市場規模が担保されていた）のだと思っていた方も少なくないかもしれません。しかし実は、1990年代半ばごろまでは日本のJリーグと同程度のサイズ感だったのです。ところが現在では、日本国内トップクラスの収益性を誇るチームでさえ、プレミアリーグのマンチェスター・ユナイテッドFCと比較して収入の規模は10％弱にしかなっていないという現状を考えると、この周回遅れは何としてでもリカバリーしなければならないのです。

なぜここまでの状況になってしまったのでしょうか。その根本には「スポーツはビジネスである」とするアメリカやヨーロッパと、「スポーツは心技体で高めるもの（体育）」という日本との違いがあり、放映権ビジネス、海外興行・発信、ライセンスやグッズの販売等エコシステム形成に早々に舵（かじ）を切った米欧に対し、日本はそのトレンドを押さえることができず、競技ファーストでビジネスの要素を後回しにしたことが原因と考えられます。この違和感に気付き、2016年以降、スポーツを産業として見て、前述した各種KPIの策定や施策により大々的に発展させていくことになったというのが、現在の国内スポーツビジネスの起点なのです。

図表3-7-1　プロ野球の市場規模（日米比較）

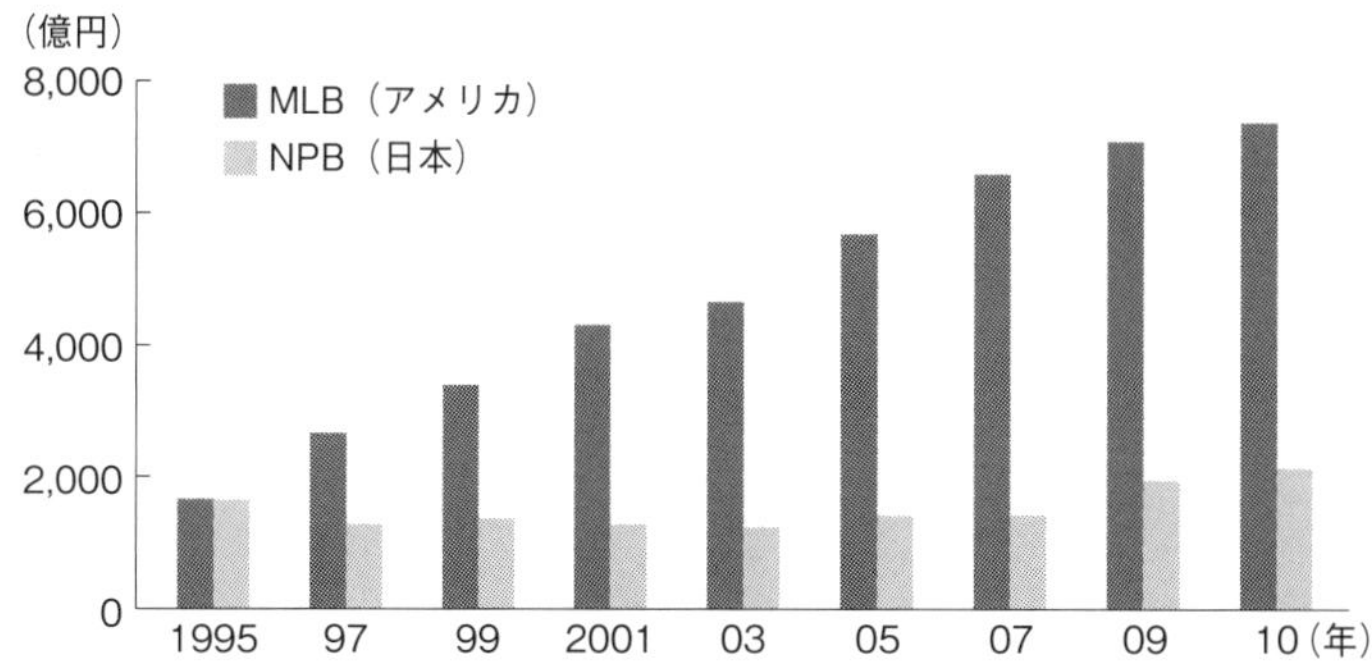

原資料：Forbes, The Business of Baseball, Asahi.com
出所：「スポーツ産業の活性化に向けて」スポーツ庁 経済産業省　2016年4月（日本政策投資銀行作成資料）
https://www.meti.go.jp/policy/servicepolicy/1372342_1.pdf

図表3-7-2　プロサッカーの市場規模（日英比較）

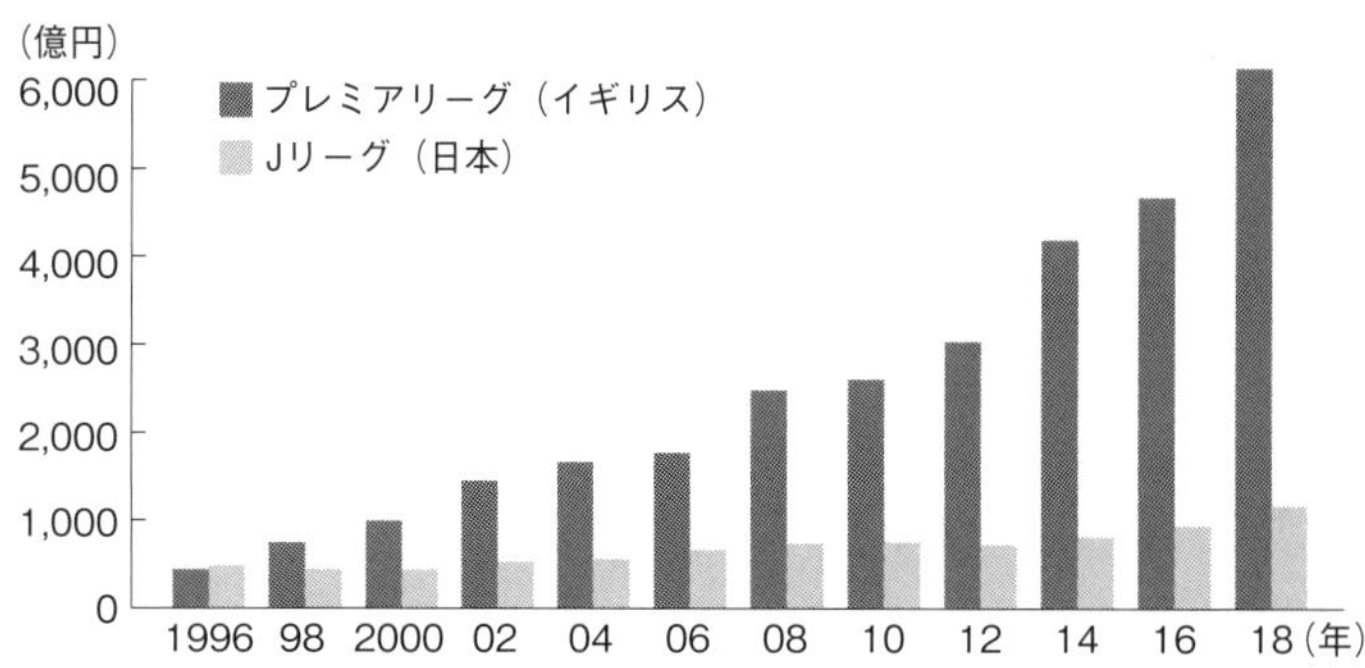

原資料：Deloitte Annual Review of Football Finance
出所：図表3-7-1に同じ

(2) スポーツビジネスの今後の方向性

前述したように、「官民戦略プロジェクト10（日本再興戦略2016）」では目標値を達成するために、①スタジアム・アリーナ改革、②スポーツ経営人材の重要性、③他産業との連携強化——の3つのキードライバーが設定されています。さらに、経済産業省の「2020未来開拓部会」による報告書においては、3つのドライバーをより掘り下げた5つの政策の方向性が記されています（図表3－7－3）。

本書では、2025年の15兆円という目標値に向けて大いに推進が期待され、かつイノベーションによりフォーカスを当てたテーマとして、①スタジアム・アリーナ改革と③他産業との連携強化について詳細に触れていきたいと思います。

インフラとしてのスタジアム・アリーナ改革

前述の通り、国家レベルでスポーツビジネスの発展に向けて様々な施策が推進されているなか、とりわけ重要なのが、あらゆるスポーツビジネスのフィールドとなり得

図表3-7-3　我が国スポーツ産業の活性化に向けて（政策の方向性）

政府指針

01	スタジアム・アリーナ改革		●アクセス・立地・施設規模を考慮した施設整備の在り方を提示・ガイドラインの策定 ●PFIなど民間資金を活用した公民連携の促進 ●スタジアム・アリーナを核とした街づくり（スマート・ベニュー）の考え方を取り入れた多機能型施設の先進事例を形成
02	競技団体等のコンテンツホルダーの経営力強化、新ビジネスの創出		●アマチュアスポーツ団体等の経営力強化 ●高校、大学スポーツの資源（施設、人材等）の有効活用
03	スポーツ経営人材の育成・確保		官民連携によるスポーツ分野経営の即戦力となる人材育成、マッチング・システムの構築
04	他産業との融合等によるスポーツ新市場の創出		●我が国スポーツの仕組みや魅力（施設・運営、指導、コンテンツ等）を海外へ輸出 ●スポーツとVR・テクノロジー・センシング技術等の融合による新たなビジネスの創出 ●他分野（健康、食、医療、観光、ファッション等）との融合によるスポーツサービス業の創出
05	一億総スポーツ社会の実現（スポーツ参画人口の拡大）		●関係省庁の連携により、高齢者の健康寿命の延伸に向け、運動・スポーツを取り入れた介護予防プログラムを推進 ●障がい者のスポーツ参加向上に向け、地域・学校における障害者のスポーツ環境を充実

出所：経済産業省「2020未来開拓部会　11Projects」（2017年5月）をもとにKPMG作成

る、インフラとしてのスタジアム・アリーナの改革です。

スタジアム・アリーナ改革では、スポーツを核とした周辺エリアのマネジメントを含む複合的な機能を組み合わせた交流施設（スマート・ベニュー）を前提に置きつつ、従来のスポーツ施設に対する固定観念・前例主義等に関するマインドチェンジ、スタジアム・アリーナを核とした地域経済の持続的成長等、官民による新しい公益の発現を目指しています。興味のある方は、経済産業省のホームページを参照ください。

スタジアム・アリーナ改革の進捗状況を見ると、2019年に閣議決定された「成長戦略フォローアップ」で、明確なKPIとして「全国のスタジアム・アリーナについて、多様な世代が集う交流拠点として、2017年から2025年までに20拠点の実現」を設定。本書執筆時点では、建設済み・建設段階も含め14拠点となっています。

改革においては4つの項目と14の要件が示され、現在、国内においても北海道の新ボールパーク「エスコンフィールド（ES CON FIELD HOKKAIDO）」や長崎スタジアムシティプロジェクト等、従来のスタジアム・アリーナの概念を改める新たなスタジアム・アリーナの実現に向けて動いている状況です。

図表3-7-4　スタジアム・アリーナ改革に求められる4つの項目と14の要件

		14の要件
01	集客力を高め、街づくりを支える持続可能な経営資源としての要件	1. 顧客体験価値の向上（カスタマーエクスペリエンスの最大化） 2. 多様な利用シーンの実現（スポーツイベント、コンサート、コンベンション等） 3. 収益モデルの確立とプロフィットセンターへの改革 4. 街づくりの中核となるスタジアム・アリーナ
02	プロジェクト上流段階において検討されるべき事項に関する要件	5. ステークホルダーの確認と検討体制の整理 6. 管理（運営／維持／修繕）を十分に織り込んだ計画の策定 7. 顧客の把握と情報提供 8. 収益性の検討と設計等への反映 9. スタジアム・アリーナ整備等に関するコンプライアンスとリスク管理
03	収益・財務に関する要件	10. 民間活力を活用した事業方式（PPP ／ PFI）の検討 11. 多様な資金調達方式の検討
04	事業推進・運営に関する要件	12. 目標設定（KPI）、評価・フィードバックの実施 13. スタジアム・アリーナ運営におけるIT・データ活用 14. スタジアム・アリーナ経営人材の獲得／育成

出所：スポーツ庁「スタジアム・アリーナ改革推進の取組」（2020年8月）をもとにKPMG作成

海外スタジアムの先進事例

国内のスタジアム・アリーナの構想策定においては、海外での優良事例にもとづいてイノベーションの発想を膨らませるケースが多くあります。ここでは2つの事例から今後のスタジアムが目指すべき姿に触れたいと思います。

1.ヨハン・クライフ・アレナ(Johan Cruijff ArenA)

オランダの首都アムステルダムにある、収容人数5万6120人、建築費用は約200億円のスタジアムであり、サッカー・コンサート等の興行により安定的な収入を確保するとともに、様々な業界を巻き込み、協業を推進するイノベーションハブとなることで新たな価値を創造しているスタジアムです。

ヨハン・クライフ・アレナの特徴としては、興行による収益化もさることながら、そのほかにスタジアム建設・運営に関わるノウハウをコンサルティングサービスとして提供するなど、イノベーションエコシステムの組成により収益化を実現している数少ないスタジアムであることが挙げられます。行政機関や民間企業、研究機関など、様々なメンバーの協業によるイノベーションを推進するエコシステムを形成し、先端DXの導入や実証実験のフィールド活用を通し、スタジアムの顧客体験や施設運営効率、社会貢献性の向上を実現しています。さらに、IoTデバイス等の新規技術の導入により、スマートスタジアム化を実現しており、施設運営の効率化や顧客行動データの収集による顧客体験の向上のみならず、蓄積データの活用により興行のマーケティングアクションの向上につなげています。

2. タンピネス・ハブ (Our Tampines Hub)

2017年開場のシンガポールにある複合施設型スタジアムで、収容人数約5000人。地域住民のための大型「コミュニティ&ライフスタイルハブ」で、建設費は約5億シンガポールドル（約405億円）、地上7階、地下2階。所有はシンガポール政府、施設全体の管理運営は People's Association（政府機関）が担っています。「芸術・スポーツを通じてシンガポール国民を鼓舞し、コミュニティの絆を強化し、ボランティア活動や慈善活動を促進する」というビジョンのもと再編された文化・社会・青年省（MCCY）「ビジョン2030 スポーツマスタープラン」に沿って建設された施設です。建設の目的は、競技だけではなく、国民の健康促進やレクリエーション、生活基盤のインフラ（ショッピングモールや飲食店）にも踏み込んだ、従来型のスタジアム像とは一線を画した未来型のスタジアムと言えます。また、データを起点とした様々なサービスの組み合わせと生活基盤の提供を通し、市民の健康づくりにダイレクトに直結する価値を提供しています。

スタジアム・アリーナ改革に求められる社会的な価値

スタジアム・アリーナの改革はスマートシティとの親和

図表3-7-5　スタジアム・アリーナを起点としたイノベーション例

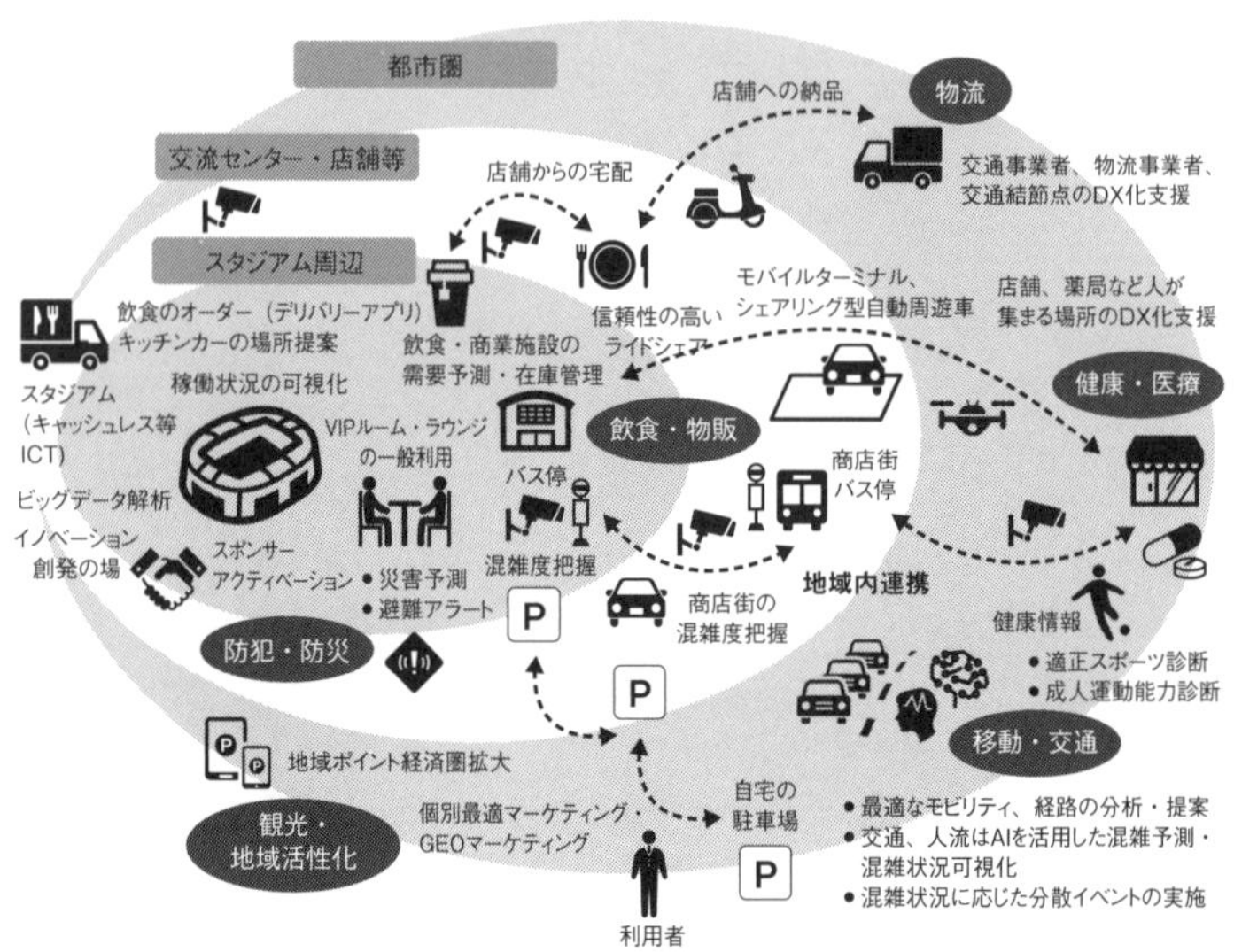

性も高く、デジタル領域も巻き込んだ様々なイノベーション創出が期待される領域です。国家レベルでの推進によって、今後のスタジアム・アリーナは多くのステークホルダーが集まるとともにデータも集まり、それを二次的・三次的にデジタル利用して暮らしが豊か・便利になる、地域発展には欠かせないフィールドとなることでしょう。

ただし、スタジアム・アリーナ改革の最上位にあるべきは「地域活性化」であり、収益性を求めるあまり当該要件が疎かになってしまうようでは本末転倒です。活気づくりには、スタジアム・アリーナに「社会的な価値」と「ステークホルダー（特に住民）の機運」が重要になります。まずは地域社会価値の最大化を基本に、イノベーションを創出するための仕組みが組み込まれることが必要ではないでしょうか。

(3) 他産業との融合等によるスポーツ新市場の創出

スポーツ産業はスポーツコンテンツを中心に「する」「見る」「ささえる」の3つの軸で分類されるケースが多くあります。領域ごとに親和性の高いDX技術が存在し、そのDX技術をベースにしながら今後のスポーツ産業は発展していくと考えられています。

他産業はスポーツの活力を得て社会課題解決に臨もうとする姿勢がますます強くなっており、その取り組みを起点に新たなサービスや財が創出される社会の実現が期待されています。

スポーツ庁の取り組み（スポーツオープンイノベーションプラットフォーム）

スポーツ庁は、前述のKPI達成（2025年までに15兆円）に向けて、スポーツオープンイノベーションプラットフォーム（SOIP）を構築した他産業との融合による新たなイノベーション創発に向けた取り組みを2020年から開始しています。「スポーツの場から他産業の価値高度化や社会課題の解決につながる新たな財・サービスが創出される社会の実現」を目的とし、スポーツコンテンツホルダーのデータや民間からのリソース、研究機関からの知見を集約させて、スポーツの社会的意義を増幅させるという概念です（図表3－7－7）。

これらは2021年度からは地域におけるSOIPの構築を目指した地域版SOIPを新たに実施し、コンテンツホルダーをイノベーションプラットフォームとする基盤形成を推し進めています。

図表3-7-6　スポーツコンテンツを中心にしたDX技術、他産業との関わり

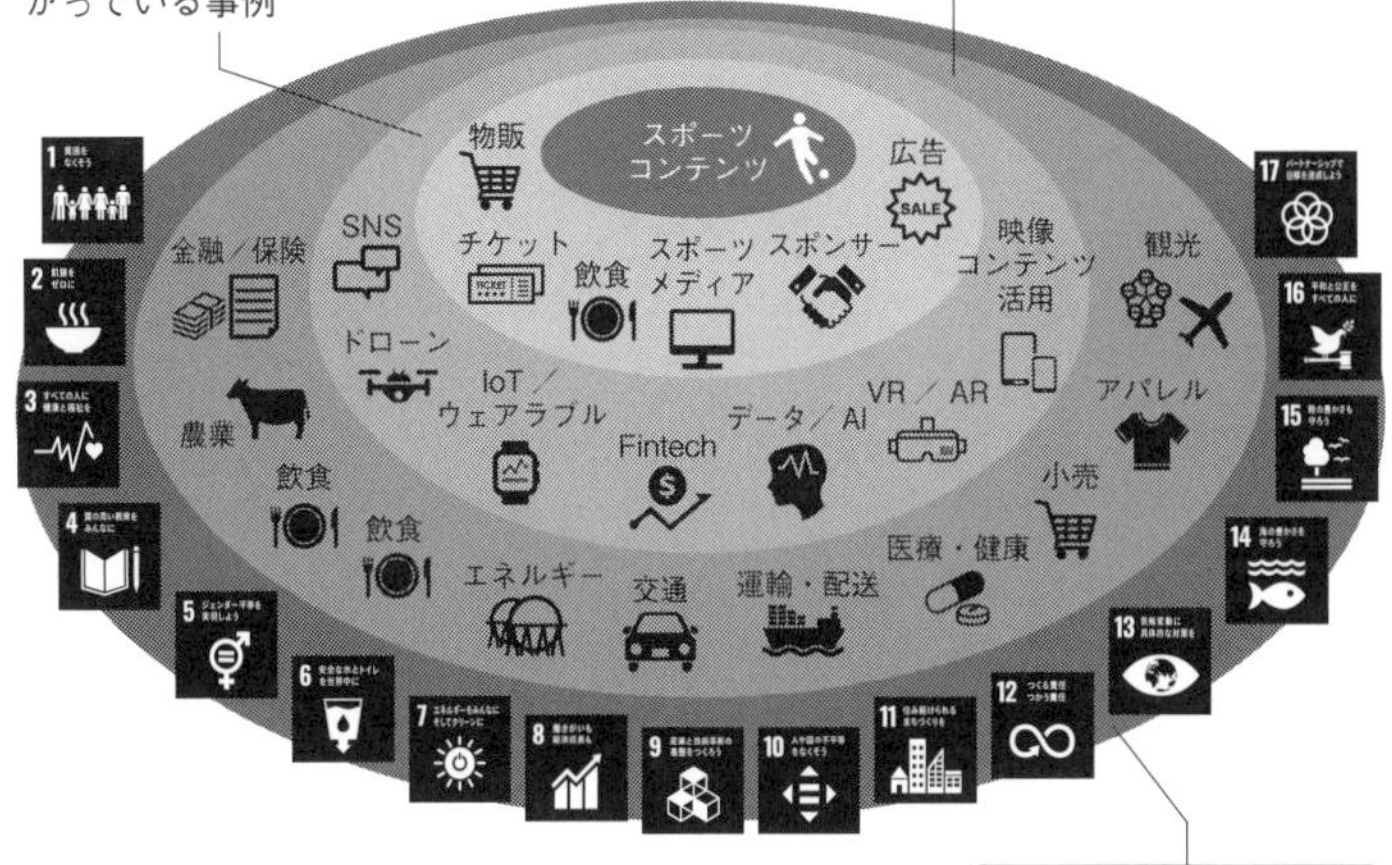

出所：スポーツ庁「スポーツオープンイノベーションプラットフォーム（SOIP）について」（2020年2月）をもとにKPMG作成

スポーツ庁はスポーツオープンイノベーションについて、大きく以下の3つの類型を定義しています。

①スポーツの価値高度化：AR（拡張現実）／VR（仮想現実）を活用してスポーツの新たな観戦体験を創発したり、選手育成に位置情報技術を活用する、フィンテック技術を活用して経済的な支援を実施する等、他産業か

図表3-7-7　SOIPの概念

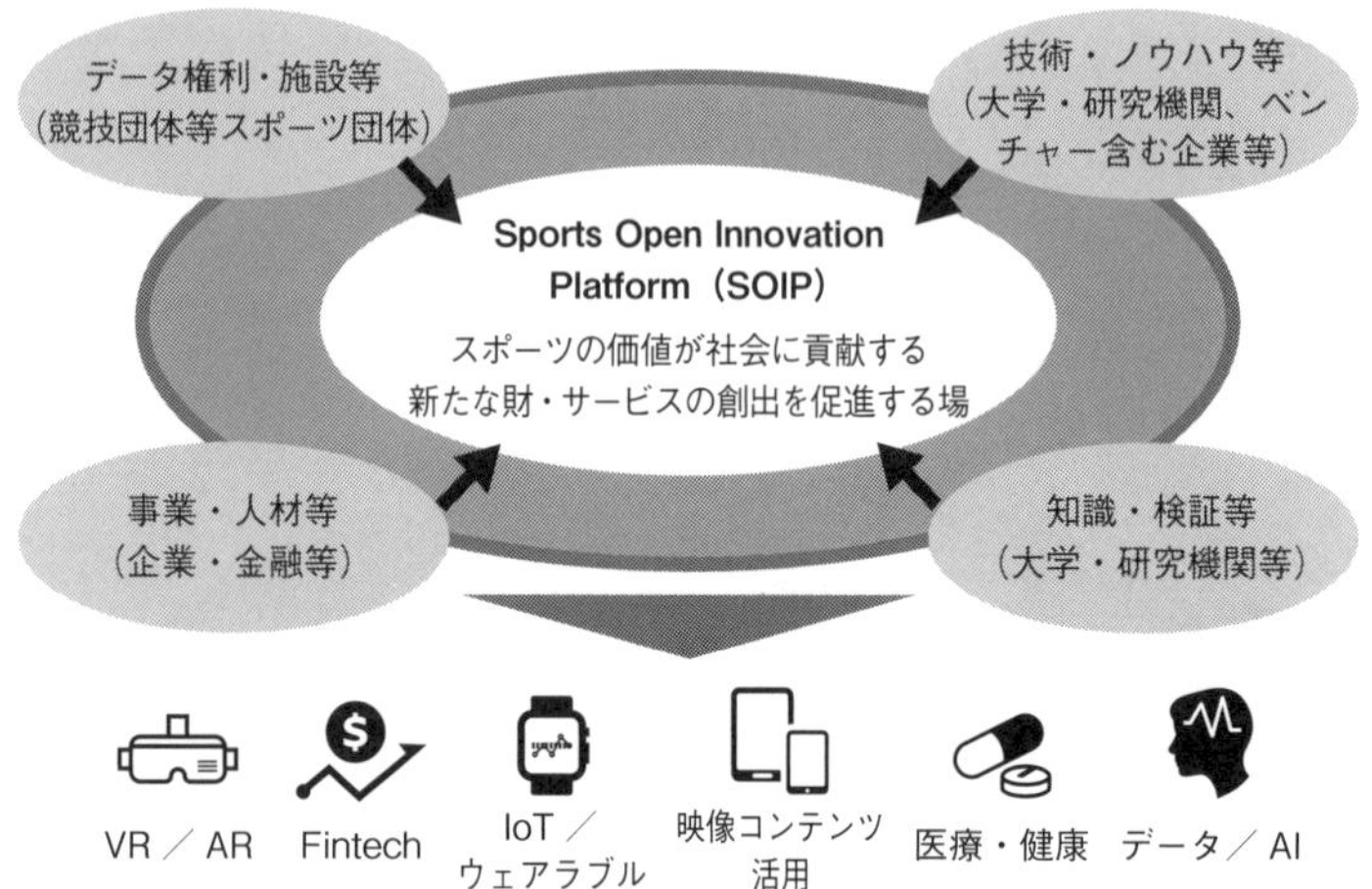

出所：スポーツ庁資料「スポーツオープンイノベーションプラットフォーム（SOIP）について」（2020年2月5日）をもとにKPMG作成

らの転用をベースに「する」「見る」「ささえる」を中心に直接的にスポーツの価値向上に寄与する活動。

②他産業の価値高度化：スポーツを活用して観光や医療、飲食、交通といった他産業の価値を向上させる活動。トップアスリートの健康意識を一般の人が活用する、スポーツツーリズムの促進等、領域は多岐にわたる。

③社会課題の解決に貢献：少子高齢化社会における国民の健康促進、企業のSDGs／ESG活動をスポーツの活力とともに実践するなど、スポーツの力を活かし社会課題解決に寄与する活動。

次に、今後も国内で加速度が増していく

ことが見込まれる、デジタルを活用してスポーツに直接的にイノベーションを巻き起こしている事例を中心に紹介します。

国内スポーツ産業におけるDXの現在地

本書執筆時点では、まだまだ新型コロナウイルスの感染拡大による影響を受けてはいますが、ようやく出口も見え始め、回復傾向にあります。国内のスポーツ市場においても緩やかながら上昇傾向にあり、ポテンシャルがある産業と考えられています。ただし、前述の通り極めて高い成長率で拡大している海外と比べると思うような成長曲線が描けていないというのも現実で、収益構造を比較すると「放映権や広告料」などに大きな差が広がっており、スポーツDXによる新たなビジネスへの対応が求められています。

スポーツ×DXの新ビジネス

スポーツにDXを融合させた新たなビジネスは様々ありますが、スポーツ庁の定義によると、図表3－7－8に示す7つの分類に大別されます。そのうち特にスポーツ業界で成長が期待される2つの領域（データ活用、フィンテック）に関する事例を紹介したいと思います。

1．データ活用：スポーツベッティング

スポーツベッティングとは、スポーツの勝敗を予想し、その結果が当たっていれば配当を得られるサービスです。国内では同類のものとしてスポーツ振興くじがありますが、海外では試合の勝ち負けではなく、選手個人の得点数やスタッツデータ等様々なパラメーターがベッティングの対象となっており、タイミングや手段・媒体も多様化してきています。

スポーツベッティングは従来、ヨーロッパで広がっていましたが、2018年にアメリカで実質解禁されたことを契機に世界的な広がりを見せており、合法化する国も増加しています（日本以外のG7諸国は全ての国で合法化）。市場規模は全世界で300兆円超とも言われています。合法化に伴い、ベッティングを目的とした「見る」層の獲得に成功し、アメリカ4大プロスポーツリーグの収益は年間約4700億円増加したと言われ、各スポーツリーグへの資金循環も膨らむとともに、国や自治体への納付

図表3-7-8　スポーツにDXを融合させた新たなビジネス

❶データ／AI活用	スポーツに関係するデータを活用することで、スポーツ産業の発展に寄与している事例
❷IoT／ウェアラブル活用	IoTやウェアラブル端末あるいはそこから発生するデータの活用により、スポーツ産業の発展に寄与している事例
❸VR／AR活用	VR／AR等に技術を活用し、新しいする・見るスタイルや体験を提供することで、関心を集めている事例
❹Fintech	スポーツにおける金銭に関わる仕組みにITを活用することで高度化を図っている事例
❺映像コンテンツ活用	スマホ動画やネットTVなどの映像技術を活用し、スポーツの関心を集めている事例
❻SNS活用	SNSを効果的に活用することでスポーツに対する関心を集めている事例
❼ドローン	ドローンを活用した新たなスポーツや撮影技術等の事例

出所：スポーツ庁「新たなスポーツビジネス等の創出に向けた市場動向」（2018年3月）をもとにKPMG作成

金が福祉や教育、地方財源として活用され始めています。近年では事業性の高さから利用者が高頻度でスポーツベッティングできるサービスが増加しており、それを支えるテクノロジー・データサービスが普及しているのです。

現在、日本ではスポーツベッティング自体が賭博罪の適用対象となるため、給付金の義務化や対象スポーツの明確化、不正対策、ギャンブル依存症対策など、様々な角度から法的整理を進めている段階です。

2．フィンテック：NFT／スポーツトークン

ウェブ3・0時代を代表する技術であるNFTやトークンなどブロックチェーン技術はスポーツ領域との親和性が高く、アメリカ

ではＮＢＡを筆頭に4大プロスポーツリーグがＮＦＴビジネスに参入、２０２２年は数百億円規模の売り上げに成長しています。また、ヨーロッパではスポーツトークンを使ったファンエンゲージメントビジネスが成長しています。

【海外事例１：ＮＢＡ（Top Shot)】

●ＮＢＡが選手のプレイ動画のＮＦＴをパッケージ販売
●20万ドル以上の価格で取引される例も存在
●２０２１年10月時点の総売上高は7億３２００万ドル
●通常のトレカと同様にパッケージの中に入っているコンテンツはランダムであるため二次流通市場も活性化（95％が二次流通市場からの売り上げ）

【海外事例２：Ｃｈｉｌｉｚ】

●Socios.com というプラットフォーム上で「ファントークン」を発行
●チームごとに内容・価格は異なるが、ファン同士で取引を行うファントークンの二次流通市場も存在
●ＦＣバルセロナのファントークン（ＢＡＲ）が1枚2ユーロで販売され、２時間を待たずに60万枚（約1億５０００万円相当）が完売

●トークン保有者にはクラブチームの経営判断に参画するチャンスも

【国内事例：パ・リーグ Exciting Moments β】

●パシフィックリーグマーケティングは、2021年12月にメルカリと共同で、プロ野球パ・リーグ6球団公式サービスである「パ・リーグ Exciting Moments β」の提供を開始し、パ・リーグ6球団の記憶に残る名場面やメモリアルシーンを捉えた動画コンテンツのNFTを個別に販売

●二次流通市場は2023年4月現在未設置

国内においても、一部スポーツリーグ・チームでの活用が始まりつつありますが、二次流通における原権利者への利益還元やランダムパック販売（ガチャ要素を持たせたNFT販売）における賭博罪との整合性の整理など、法規制が壁になり限定的なものにとどまっている状況であり、今後の流通増加に向けて整備が進められているのです。

KPMGコンサルティングの取り組み事例――湘南ベルマーレ

筆者の所属するKPMGコンサルティングは、2020年よりサッカーJリーグの

湘南ベルマーレのデジタルイノベーションパートナーとして、「デジタル×社会価値提供」を軸に各種プロジェクトを実施しています。当初取り掛かったのは「ファンエンゲージメントの向上施策」であり、興行運営におけるデータ基盤整備を収益事業の基礎として、ファンと「繋がる・届く・動かす」活動（予測主導型マーケティングプラットフォーム構築）を支援。また、スポンサー企業を中心とした地域のステークホルダーとともに、データやネットワーク、コンテンツをつくり上げ、スポーツをハブとした社会的課題解決（地域協創型デジタルプラットフォーム構築）に向け伴走を続けています。「スポーツはスタジアム・放映の観戦体験」だけではない、デジタルを活用した24時間365日価値を体験できる新たなイノベーションの創発に向けて取り組んでいます。

予測主導型マーケティングプラットフォーム構築

ＫＰＭＧコンサルティングは、プロスポーツチームを中心にファンやスポンサー、さらには地域社会への価値提供も視野に入れた全方位型のプラットフォームビジネスとして、プロスポーツを起点としたより良い街・生活を実現する事業を構想し、本プラットフォームを構築しました。

そのために、まず押さえるべきはファンのデータです。散在しているファンデータを統合し、一人ひとりのファンに背番号を振り、その行動や感性を徹底的に分析します。「このファンは家族と一緒に来場する」「このファンは特定選手目当てだな……」という具合に、ファンの感性・心理をデータから解き明かしてＡＩによりフラグ付けします。そのフラグにもとづいてパーソナルなメッセージ・コンテンツを「One to One（一人ひとりに合わせて）」で届けることで、いつでもチームを身近に感じてもらうことを可能にしました（図表３－７－９）。ファンの一人ひとりに欲しいタイミングで必要な情報を届ける「究極のデジタルマーケティング」を目指して取り組みを進めています。

地域協創型デジタルプラットフォーム構築

今や耳にしない日がなくなったＳＤＧｓ／ＥＳＧというキーワードを経営課題として捉え、真摯に取り組む企業が増えてきています。ただし、その活動の一つひとつは個別の企業による努力にとどまり、活動の幅や発信が限定的になっているのも事実です。実際に湘南ベルマーレには７００以上の企業や団体がスポンサードしていますが、社会課題に対してどのようにアクションすればよいのかなど様々な課題認識を持っていることに気付きました。そこで、湘南ベルマーレの持つ強力な媒体力や影響

図表3-7-9　予測主導型マーケティングプラットフォーム

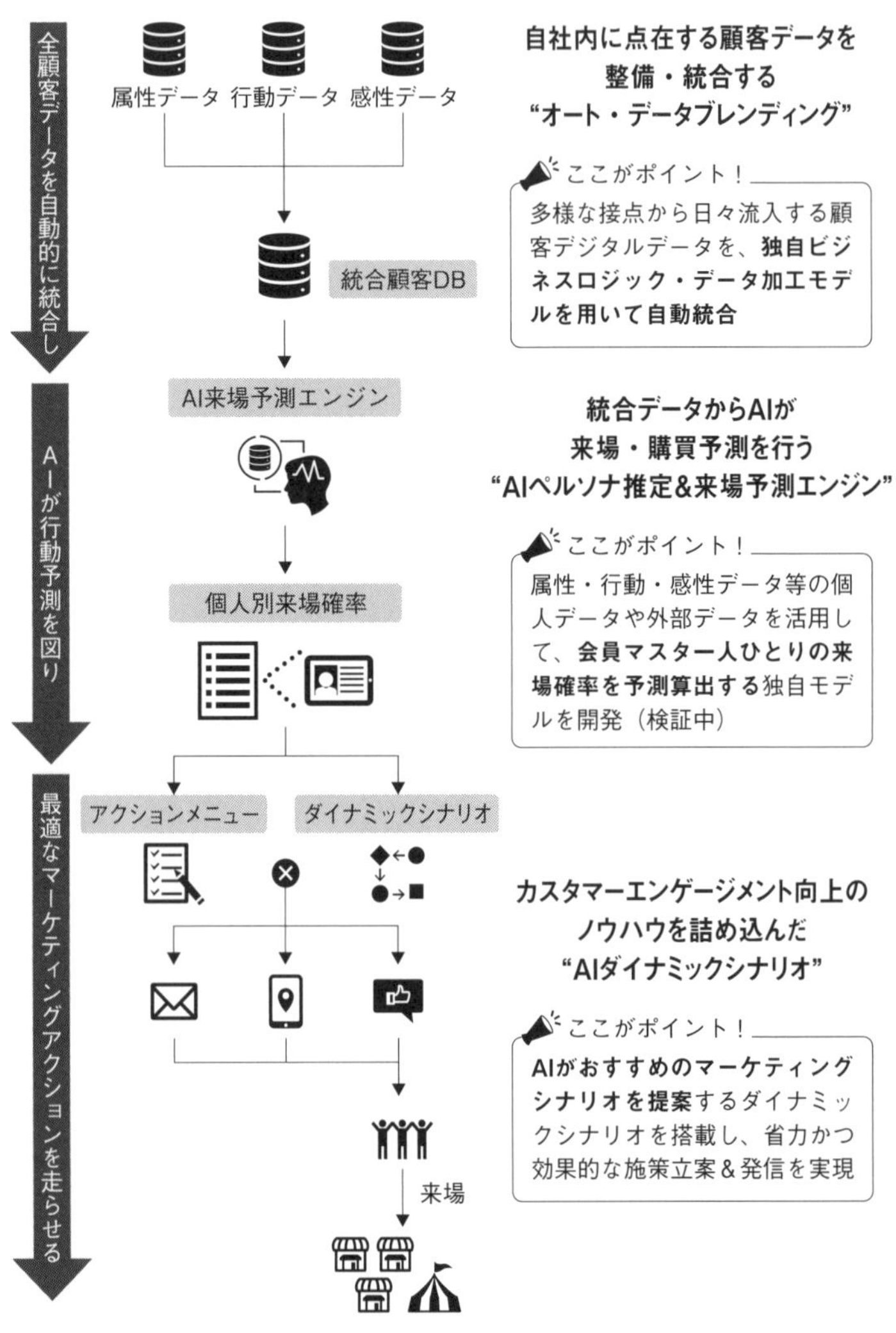

図表3-7-10　地域協創型デジタルプラットフォーム

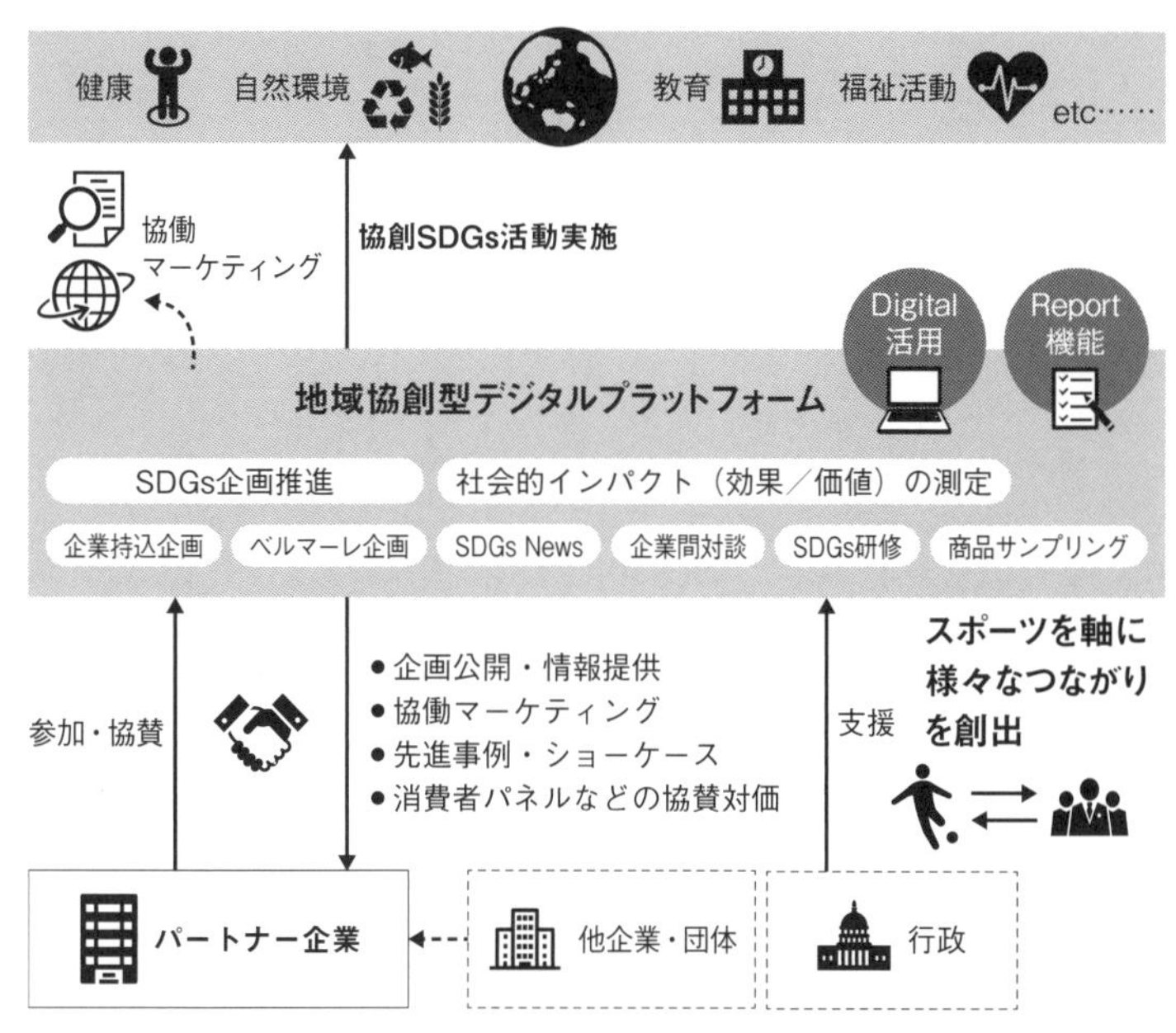

力、地域密着型クラブとしての社会貢献事業のノウハウを組み合わせ、「ハブ機能」を担えないかと考えるようになりました。

ただし、一過性の取り組みでは意味がなく、リソースに関係なく回っていく仕組みを考えなければならない……そこで、デジタル技術を駆使して「地域企業の社会貢献活動を強化・加速させるデジタルプラットフォーム」の構築に至りました。これは、スポーツ事業体として過去にない取り組みであり、サステナブルなサービスモデルの実現を進めています（図表3－7－10）。

本プラットフォームにおいて一番の肝と考えているのは「社会インパクトの測定」です。これは実際に協創したアクションが定量／定性面においてどのようなインパクトをおよぼしたのかを測り企業に還元するもので、企業が株主や消費者等から求められる外部レポートの一部に活用いただくことを想定しています。社会価値創造アクションにおいて、「実施しました」で終わりとするのではなく、意味のある実績を発信していくことこそが、サステナブルな事業モデルの礎となると信じています。

(4) スポーツビジネスの発展のために

スポーツビジネスは、スポーツの持つコンテンツそのものを活かした直接的かつ経済的な価値を活用したビジネスに加え、前述した通り、他産業と融合し社会価値にインパクトをおよぼすイノベーション創発において大きなポテンシャルを持っている領域です。

スポーツは公益性と媒体力を兼ね備えた稀なコンテンツです。経済価値と社会価値の2つは両輪で動かすべきものであり、スポーツ業界の課題を起点として儲かるビジネスを生み出そうという思想から入ると周囲の共感は得られないビジネスになると筆者は考えています。「いかにして儲けるか?」という思想にもとづく発想から経済的価値を入り口にするのではなく、社会価値を入り口にすることで、真に価値のある活動としてスポーツを取り巻く多くのステークホルダーからの共感・賛同を得ることができ、結果として収益への還元がサステナブルに回っていく仕組みだと考えます。

スポーツは誰もが楽しむ権利を持ち、人を惹きつけ、熱狂させる力があります。多くの周辺領域・ステークホルダーと協創・協業してイノベーションを起こすことができます。その可能性を信じて、スポーツに直接的な関与はない領域からでも、「アウトサイドイン」の思想で協創イノベーションについて妄想を膨らませてみましょう。

8 AIとイノベーション

２０００年代初頭に第３次ＡＩブームが起こってから、一定の時間が経過しました。各種メディアでは第３次ブームの終焉(しゅうえん)、あるいはディープラーニングの限界といったワードが散見されています。テクノロジーは過度な期待を浴びる時期を過ぎると、成熟した技術へと遷移していきますが、ＡＩについては成熟した面はあるものの、いまだにイノベーティブであり、世のゲームチェンジを牽引する存在と言えると筆者は考えています。ここでは、ＡＩを活用し、いかにデータから価値を見いだすかという点について、筆者なりの勘所についてお伝えします。

人々の体験を変え、生活に浸透するAI

はじめに３つの数字を見ていきましょう。

①４４００万

日本における２０２１年時点でのＳＶＯＤ（Subscription Video On Demand：定額制動画配信）サービスの加入数です。人口の約半数に迫る勢いです。

②53億

２０２３年時点での世界のインターネットにつながっている人の数です、世界人口は約80億人であることを考えると、この数字からも世界がネットにつながった状態と言えるでしょう。また、アフリカ諸国の発展により２０２５年まではさらに数字が伸びるとされています。

③２兆？　９９９兆？（すごい数字だが正確な数値は不明）

２兆は２０１６年時点でのＧｏｏｇｌｅ検索数です。今後はＣｈａｔＧＰＴ等のＡＩチャットボットの出現によりＧｏｏｇｌｅ単体の検索数は減る可能性がありますが、検索数全体は伸びていくことが予想されます。

ポイントは、このサービスの裏にＡＩが隠れていて、人の体験（ＵＸ）に変革をもたらしていることです。

デジタルテクノロジーの進化や新型コロナの流行等を背景に、人々の生活は大きく変化しています。具体的に私たちの生活の変化を見ていきましょう。

●買い物のスタイルの変化は言うまでもないでしょう。店舗に出向いて品物を選び持ち帰っていたものが、自宅にいながらスマートフォンひとつでいつでも何でも手に入る時代になりました。過去の買い物傾向から、自分の知らない未知の商品がリコメンドされ、買い物心をくすぐられて思わず購入するといった経験もあるのではないでしょうか。

●お金のやりとりに関してもデジタルの概念が持ち込まれ、消費活動に幅が出ました。最近はNFT等の出現により、物々交換からデジタルとデジタルの交換へと主流が変わり、それに伴いモノの価値がパーソナライズされています。

●人とのつながり方もSNSでずいぶんと変わりました。従来は自分と同じ環境に身を置く学校や職場を起点につながりが生まれていましたが、現在はSNSやマッチングサービス等を介して、趣味嗜好が合う友人候補がリコメンドされる、自分と似た傾向にあるビジネスパーソンからの「つながりリクエスト」が届き、思わぬビジネスチャンスを獲得する、といった経験もあるかと思います。

●働き方も激変しました。長時間、満員の通勤電車に揺られ、決められた時間に出社していた生活から解放され、成果さえ出せば好きな場所で好きな時間に働くことが可能になりました。

これらの生活の変化は、単純に便利になっただけではありません。ポイントは、より個人にパーソナライズされた「新しい価値」が提供されている、ということです。人の生活にテクノロジーが融合し、UXが進化することで、新たな価値と市場が形成されました。この新たな価値は「情報獲得のUXの進化」に起因しているのではないかと、筆者は考えています。さらに、海外に目を向けると、以下のような事例は枚挙にいとまがありません。中国の例を見てみましょう。

●リテール：OMO（Online Merges with Offline）と呼ばれる、オンライン（例：EC）とオフライン（例：スーパーでの買い物）情報の融合による、買い物におけるUX高度化が実現されています。「3キロメートル以内30分配送」を実現するため都市構造まで変化させ、新型コロナ禍で躍進しました。

●自動車：百度（バイドゥ）主導の「Appollo計画」では、AIアルゴリズムのデータをオープンソース化し、自動車業界での基盤をつくることで究極的に安全な移動の実現、ドライバー不足の解消・緊急車両による対応時間の短縮、移動自体の最適化、を行っています。北京や重慶といった主要都市においてはロボットタクシーがサービスを開始し、個人の都合に合わせた移動の実現に寄与しています。

●医療：中国の医療機関と数十万人規模の医師の連携により、スマホのオンライン

図表3-8-1　形成される新たな価値と市場

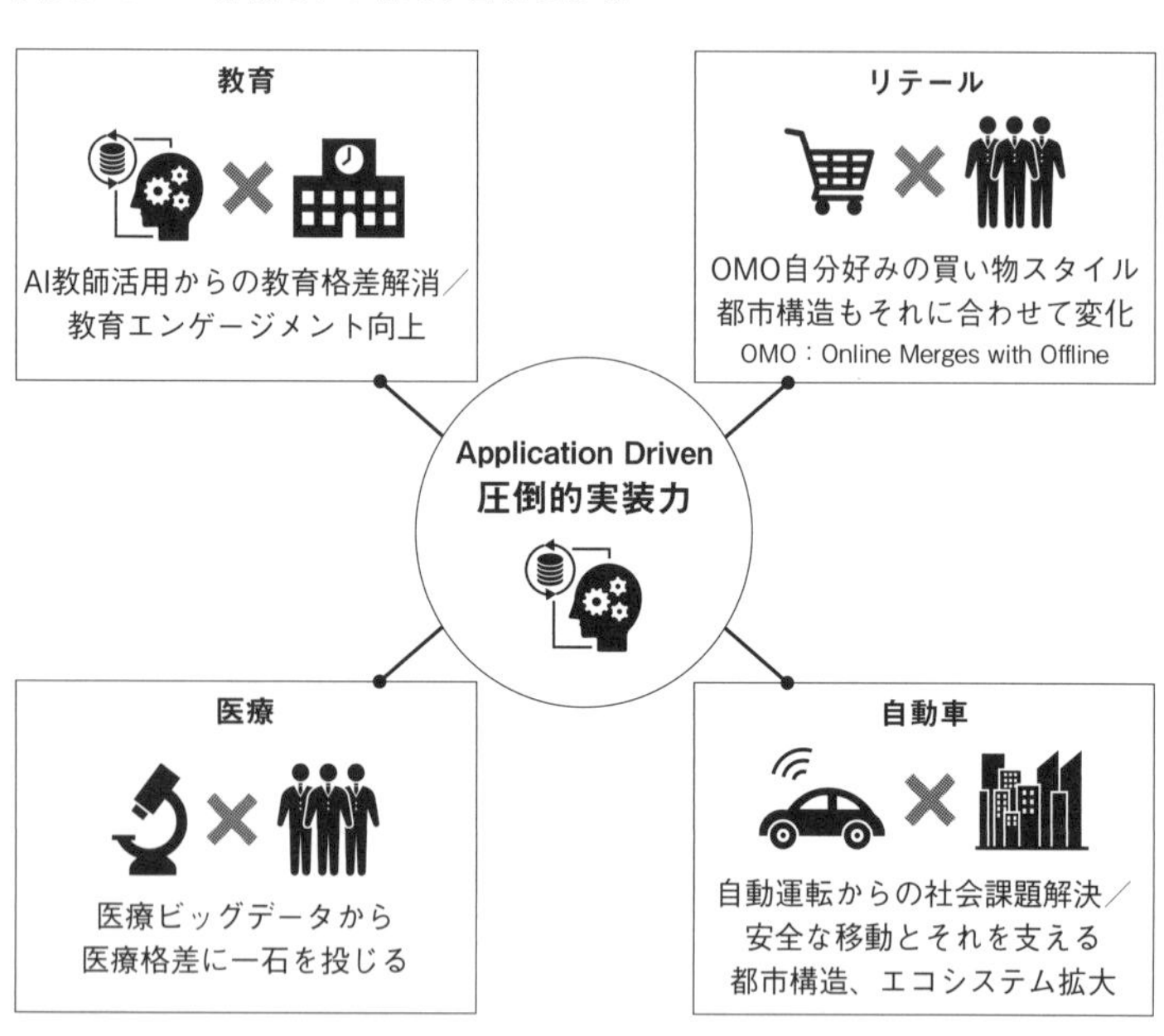

チャットで診察・診断を受け、処方箋、調剤、医薬品や検査機材の配送が得られるサービスが実現しています。医療ビッグデータを活用した医療格差解消、地方での医師不足等への対応に貢献しています。

●教育：オンライン教育が浸透し、都市と地域間の教育格差解消に寄与しています。

中国の強さの秘訣は、圧倒的な社会実装力をもってＡＩ技術を大いに応用し、生活の根源的な課題にひも付けた点です。

以上の例より、人々の体験を変え生活に浸透するＡＩのポイントは、次の2つになります。

●パーソナライズされた個人のUX高度化要求に応えていること

●社会課題とひも付く形でテクノロジーを融合・応用していること

狭い活用範囲にとどまるAI

一方で企業の活動、特に本業で創出される価値はどうでしょうか。最近のリモートワークの普及やIT環境の充実により、仕事のやり方や環境は大きく変化したかもしれません。しかし、本業で創出される価値にはそこまで大きな変化はないというのが、筆者の感想です。さらに言うと、仕事環境の変化は、GAFAMなどのようなメガテック企業のプラットフォームを活用しているだけとも言えます。

業務の現場におけるAIの活用事例をいくつか挙げてみましょう。図表3―8―3は、2022年に筆者が受けたAI関連の相談トップ5です。業務効率は向上するでしょうが、本業の価値に大きな違いを与えるかというと、パンチ力に欠けると言わざるを得ません。

AIは、大量の（非構造化が多い）データをパターン化し、何らかの傾向を見いだす

図表3-8-2　狭い活用範囲にとどまるAI

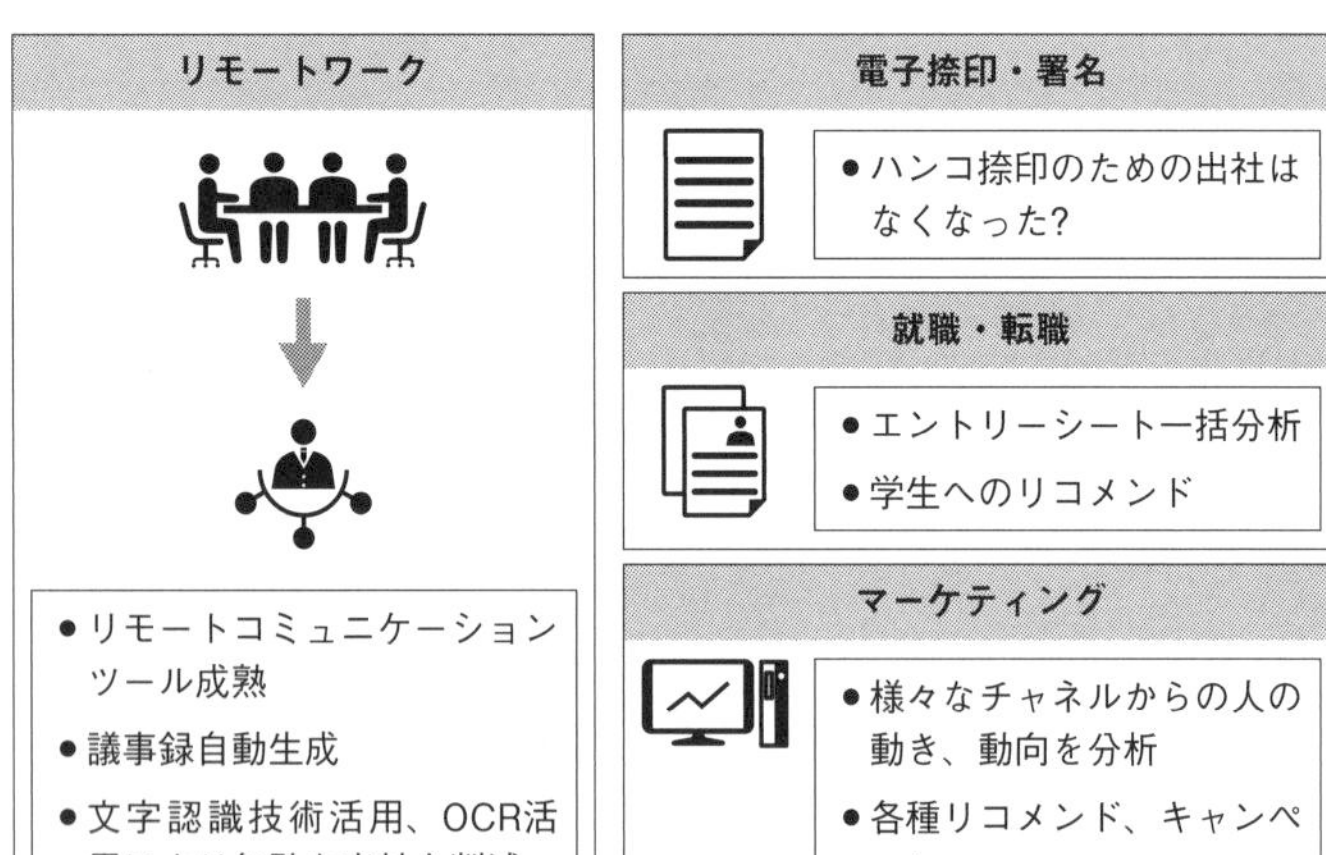

ことが得意であり、具体的にはデータ画像や文書の分類、生成、センサーや画像からの異常検知が代表的な実用例になります。

業務の中でこれらの一発芸がフィットする領域は非常に局所的であり、これらが当てはまる業務においては、それなりのメリットを享受できるかもしれません。しかし、AIの特性をそのまま業務に当てはめても、局所的な最適化の域を出ないでしょう。イノベーション創出のためには、その特性をいかに工夫して活用するか、という点が重要です。

日本でイノベーションが生まれない要因のひとつには、〝SIer（システムインテグレーター）文化〟が色濃い点も挙げられるのではないでしょうか。企業内では、AIもITシステムのひとつとしてカウントされ、管轄するのも情報

図表3-8-3　2022年に受けたAI関連の相談トップ5

図表3-8-4　AIの現状

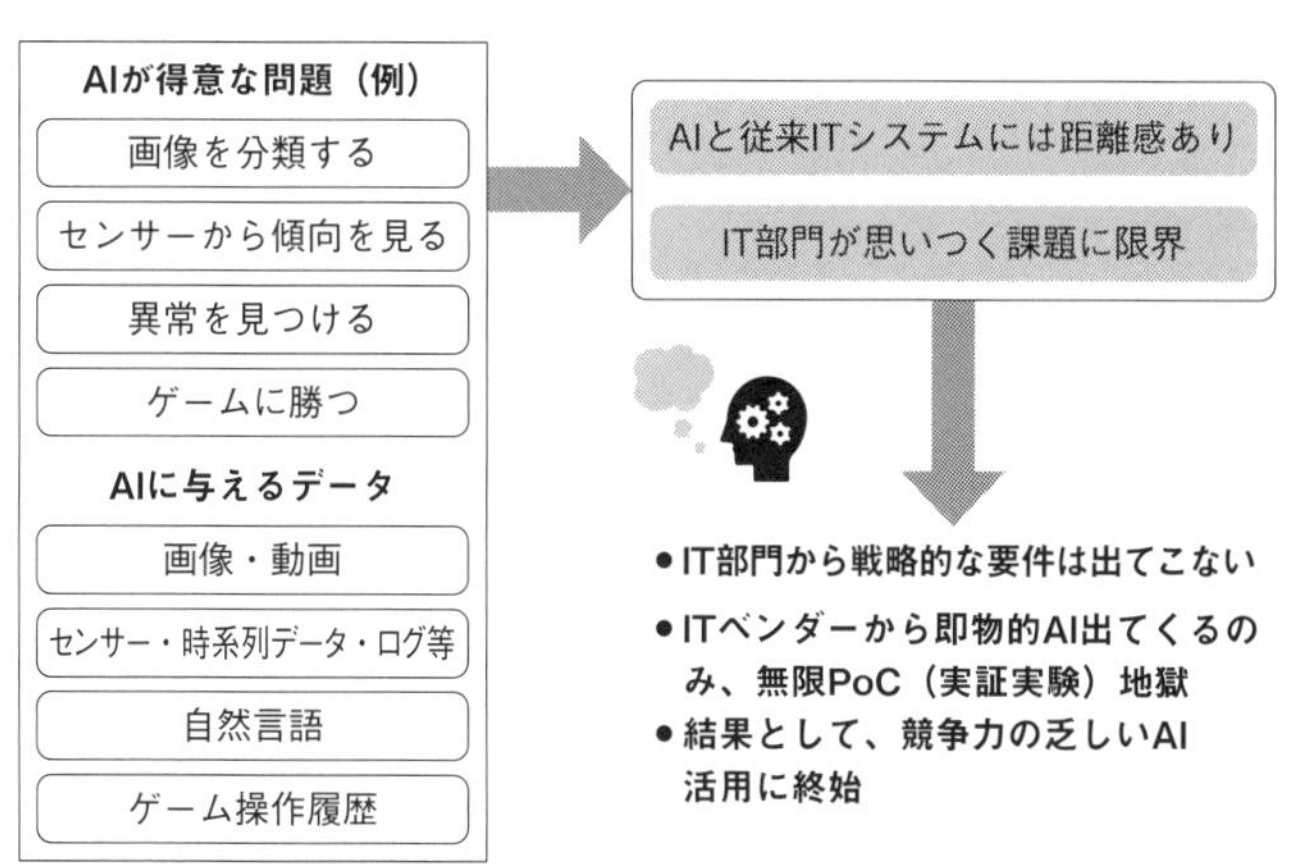

システム部門となります。情報システム部門は従来、よりリレーショナルなデータベース、ＥＲＰ（統合基幹業務）システム等、カチッと仕様が定義された業務システムと向き合ってきており、非構造化データからのパターン化と傾向をアウトプットするＡＩとは、非常に大きな距離感があると言えます。そのため、いざＡＩの使用機会を考えようとしても、既存システムの固定観念から抜け出ることが難しく、狭いＡＩ活用に終始してしまうのではないかと考えられます。

狭い活用範囲にとどまるＡＩの特徴をまとめると以下の通りです。

●人がすでに行っている作業の代替・効率化にとどまっている
●ＡＩの局所的な得意分野をそのままＡＩユースケースに当てはめている

イノベーションを起こすＡＩ活用とは

狭い活動範囲にとどまるＡＩ、人々の体験を変え生活に浸透するＡＩ――その特徴を解き明かすと、前者は課題解決、後者は課題設定・もしくは良質な課題設定ありきの課題解決に、それぞれＡＩを利用していることがわかります。

課題解決型ＡＩは効率化・自動化の観点から、人の判断では立ち行かないような瞬時の高精度な制御や人の作業の置き換え等に用いるパターン。こちらはＡＩが主役の世界で、自動運転や異常検知、工場ＩｏＴ等、日本におけるＡＩ実用のほとんどが該当します。

課題設定型ＡＩは人が主役で、思考・発想を増幅させるのにＡＩを活用するパターンです。膨大すぎる情報を人がさばくのは不可能であり、ＡＩが人に気付きを与えて発想を刺激することで、新規事業の創出や材料開発等様々な領域で人の意思決定につなげていくことが期待されます。

今後、ＡＩ活用のトレンドは、あらゆる業界で課題解決型から課題設定型にシフトしていくことが予想されます。なぜなら、課題設定能力こそが最終消費者の体験や仕事の成果物に付加価値を与え、企業の本質的な競争力強化につながるからです。例えば、異常検知の領域において、課題解決型ＡＩは異常か否かの判断を行いますが、課題設定型ＡＩは異常となる要因のパターンや真因、打ち手を人に提供することで、異常自体の発生を低減します。

今から約30年前、第3講1で紹介したように日本企業が世界の時価総額ランキングトップ10に名を連ねていた頃、世の中は課題にあふれていました。当時は人々の生活の悩みを解決する製品を開発すれば売れ、日本は圧倒的な課題解決力で世界を牽引しました。しかし２０２３年現在、世界時価総額ランキングトップ10には、日本企業は１社も含まれていません。30年前と変わり、モノがあふれ課題が希少な時代です。読者も日常生活に目立った不便を感じることは少ないのではないでしょうか。

こういった状況では、既存製品の改善版として便利な機能を搭載しても売り上げにはつながりません。ＧＡＦＡＭに代表される、人々のより良い体験・世界観を描き、翌日からのスタンダードをつくった企業が、時価総額ランキングトップ10には名を連ねています。停滞する日本の競争力を増大させるためには、「課題設定に注力すべき」と筆者は考えます。

課題設定型ＡＩは、イノベーションを促進させるＡＩと言い換えることもできます。イノベーションとは、既存の知と知の掛け合わせ（情報の新結合）から生まれます。しかし、新結合の対象となる膨大なデータは指数関数的に増加し、人が全てを把握し意思決定を行うことは困難です。世の中を読み解くための情報への到達、それらを構造化し掛け合わせる思考をＡＩが支援し、人が新たな発想を得ることで、イノベーションの創出につながるのではないでしょうか。

ここでは、新規事業を例に解説します。新規事業開発のポイントは、自社の強みに別の技術やサービス等の要素を組み合わせ、新たな価値を創出することにあります

図表3-8-5　多様なデータ×多様なデータによるイノベーションへ

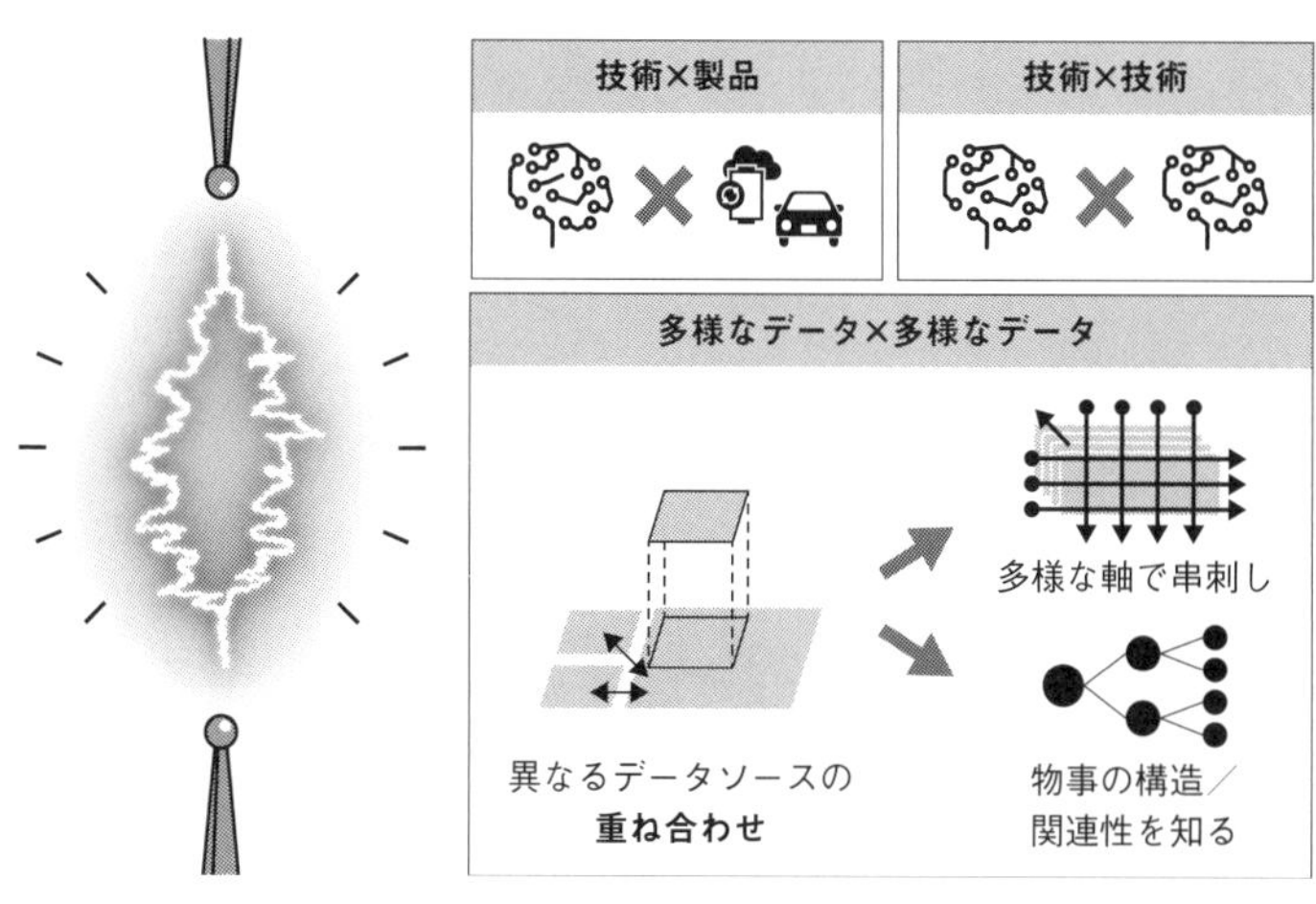

が、組み合わせる情報は大規模かつ多岐にわたり、情報の掛け算は人の手に負えるものではなくなっています。そこで登場するのが自然言語処理AIで、膨大な自然言語情報を分析する手法です。昨今AIによる自然言語処理技術は大きな進化を遂げており、多様な文書を文脈レベルで把握することが可能です。その能力を活用し、ニュースや公開論文等の多様な情報と、自社の強みをひも付けていくのです。

例えば、自社の得意分野の特許と世の中のニュースを突き合わせることで、思いもよらない事例との関連性を見いだし、自社技術の他業界における応用について糸口を得ることができるかもしれません。さらに脱炭素に関する情報をひも付けることで、自社の強みを活かした、脱炭素に寄与できる事業のヒントにつなげられるでしょう。

図表3-8-6　まだまだデータの価値は眠っている

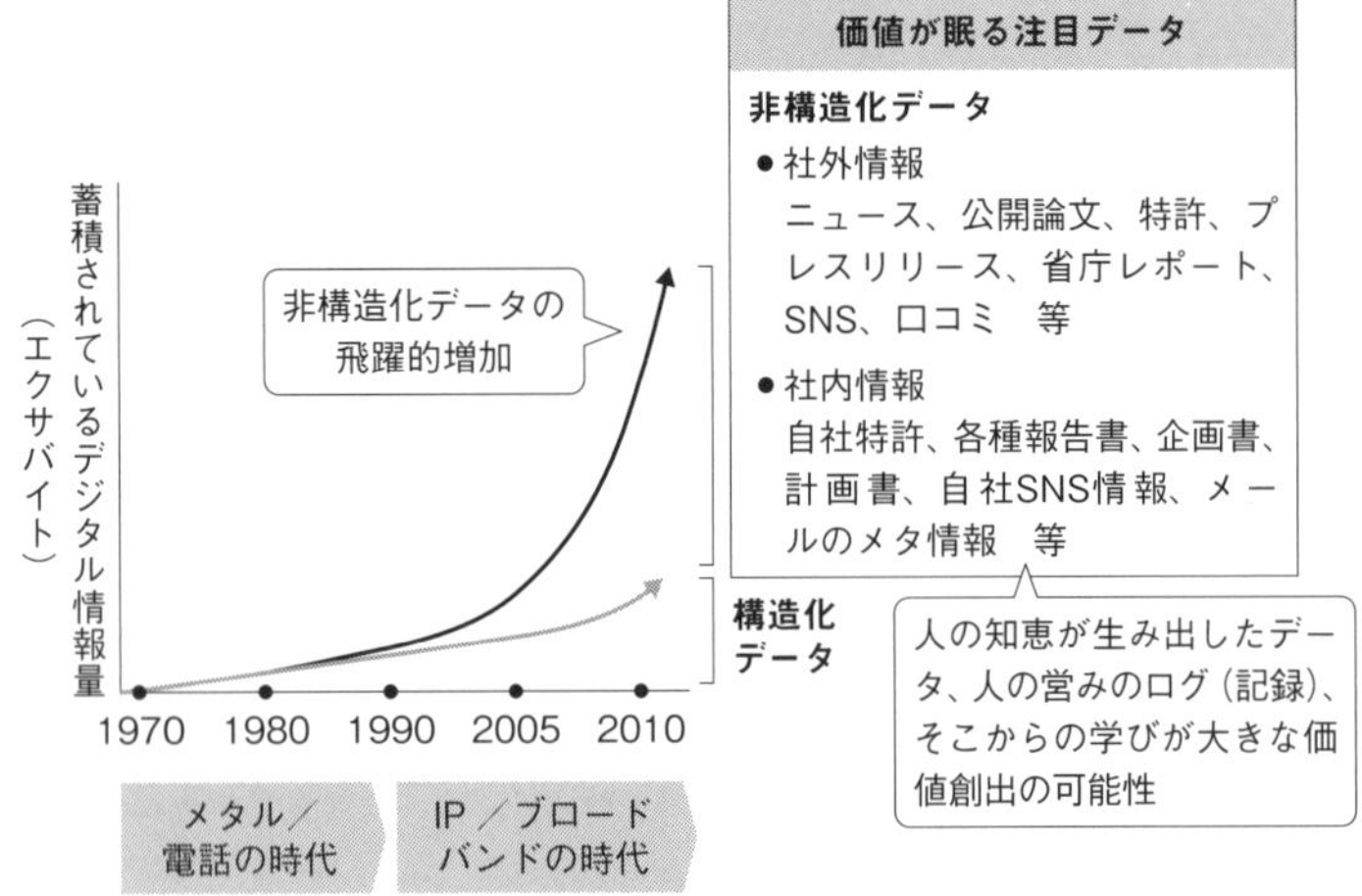

図表3-8-7　まだ見ぬ課題の仮想妄想を織り込む

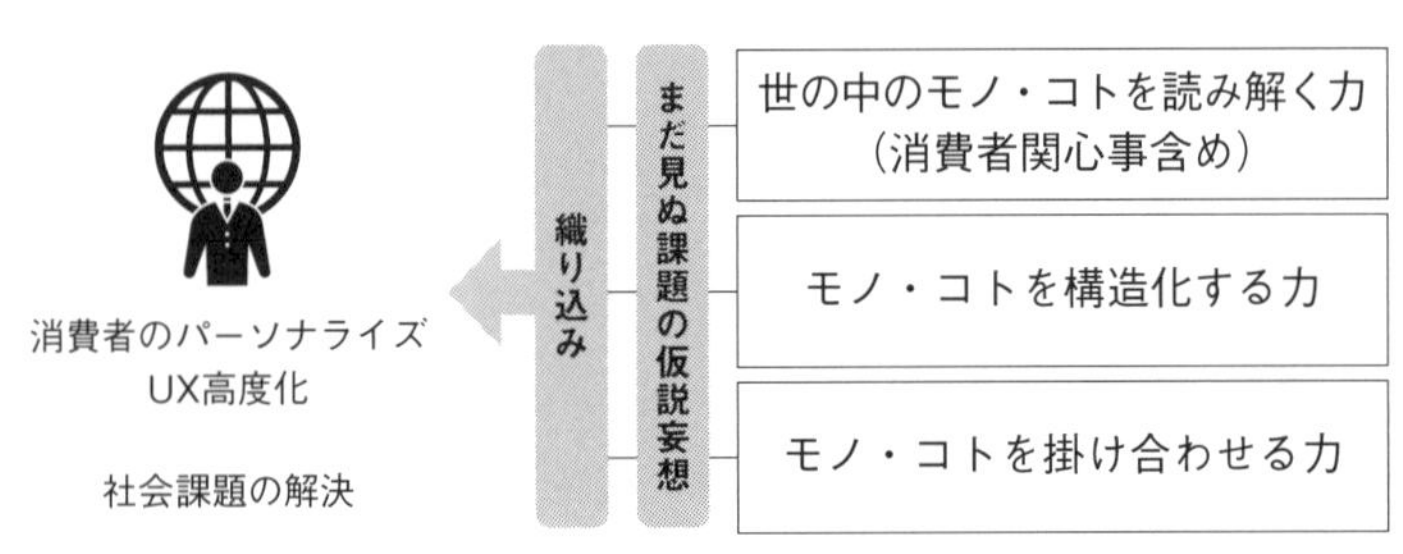

イノベーティブな事業を妄想してみる

筆者の想像が大いに含まれていますが、セルロースナノファイバー（CNF）の素材加工技術における、様々な業界での価値応用の探索例を紹介します。

まずCNFの特許や論文等を自然言語分析（ここでは特許や公開論文、行政文書、そのほか公知情報をコーパスとした言語モデル上で固有表現抽出等のアルゴリズムにて分析）すると、耐熱性、摩耗耐性、軽量性、ガスバリア性、強度、耐久性等の性質を把握できます。

次に、その性質の応用例を探索してみましょう。昨今では、それらの特性を利用して、靴のクッション材やエアコンフィルター、断熱材、電子デバイス、航空産業等での活用に向けた研究が、大学や企業で進められています。また先進医療領域においては、生体適合性という特性を用いて、再生医療や人工臓器開発での研究も進められており、当該医療技術を研究している企業と組むことで、「人生100年時代」というトレンドと「高齢化社会」という社会課題に対して、「動けるシニア社会」という切り口での事業展開の可能性を見いだすことができそうです。

さらに「森から生まれる素材」との異名を持つ自然由来の素材という側面から、森林経営というキーワードをひも付けることもでき、脱炭素の切り口で社会性のある事業への広がりも期待できそうです。政府関連の情報とも合わせると、この領域は、研究投資のための予算が大きく組まれていることもあり、将来性も申し分ないでしょう。

筆者は素材技術については全くの素人ですが、知識ゼロの状態からでも、CNFの特性と各種業界の取り組みをリンクさせ、さらに社会課題とリンクさせて発想を広げることができました。もちろん、これがそのまま事業化するという安直な話ではありません。事業成立までにはほかにも様々な検討・評価を要します。例えば森林経営においても、CNFそのものの活用領域が拡大しなければ成り立ちません。しかし、素材の価値を多角的に捉え、多様な応用アイデアとともに関連する企業と連携できれば、「森林経営×脱炭素」を社会的意義のあるビジネスに結び付けられるかもしれません。

現在、企業は社会課題解決への貢献を避けては通れません。一方で、そこに新たな切り口を見いだすことができれば、世の中に受け入れられるイノベーティブな事業に成長させていくことができるのではないでしょうか。

最後に

ＡＩは、現在のＤＸの中心選手ですが、企業の中で表層化しているわかりやすい課題を解決するのみでなく、今後起こり得る未来の仮説立案（＝課題設定）にインプットを与えることが可能であると、筆者は確信しています。

ここでは自然言語処理からの価値導出について触れましたが、イノベーションに必要な新結合を意図的に引き起こすために欠かせない構造化する力、読み解く力、掛け合わせる力、それ自体はＡＩ活用という文脈にとどまらず、未来のイノベーターとなる読者の皆様に今後も意識していただきたいと思います。

9 「宇宙イノベーション」

変貌する宇宙産業

産業フロンティアとしての宇宙産業に対する各国・地域の政府や企業の視線は熱く、様々な取り組みが進められています。

かつて、宇宙産業は冷戦時代の米ソの競争に代表されるように、大国の威信をかけた国家事業から始まりました。より高性能なロケットの開発、人類初の人工衛星打ち上げや月面着陸などを競うことで急速に発展したという歴史があります。冷戦後には国際宇宙ステーション（ＩＳＳ）建設などで国際協力も加速、多くの科学衛星が作られ、日本人宇宙飛行士も誕生しました。２０００年以降は商業化が加速し、スタートアップの勃興や異業種からの参入が相次いでいます。

図表3-9-1　宇宙開発の歴史

01 国際競争時代 ～1980年	02 国際協力時代 1980～2000年	03 商業発展時代 2000年～
米ソによる冷戦下で宇宙開発が進む	国際宇宙ステーションに代表される協調の時代	製造コストの低下により主体が民間企業に移行
米ソ中心の宇宙開発競争 ● NASA設立（1958年） ● アポロ計画（1961年） ● ランドサット計画（1972年） ● スカイラブ計画（1973年）	**宇宙利用時代の国際プロジェクト** ● スペースシャトル打ち上げ（1981年） ● 国際宇宙ステーション計画発表（1984年） ● アメリカのスペースシャトルとロシアの宇宙ステーション・ミールがドッキング（1995年）	**欧米の商業化加速** ● NASAによる宇宙産業支援（2005年～） 商用軌道輸送サービス 商業物質輸送サービス 商業乗員輸送開発 ● アリアン民営化（2015年）
国営・地域企業の誕生 ● インテルサット設立（1964年） ● ユーテルサット設立（1977年）	**商業化の黎明** ● アリアンスペース設立（1980年） ● SPOT image設立（1982年） ● SES設立（1985年）	**スタートアップ・異業種参入** ● ブルーオリジン創業（2000年） ● スペースX創業（2002年） ● アストロスケール創業（2013年）

宇宙領域が「ビジネスの場」という認識に異論を唱える人はもはやいないでしょう。現在、宇宙は最も注目を集めている産業領域のひとつとなっています。

宇宙ビジネスは大きく以下の4つのカテゴリーで構成されています。

●ロケットをつくって、衛星や人を宇宙に運ぶ「輸送ビジネス」
●人工衛星を製造する「人工衛星製造ビジネス」
●人工衛星を使ってサービスを提供する「人工衛星ビジ

ネス」

●ロケットや人工衛星を運用するために必要な地上の設備に関わる「地上設備ビジネス」

周辺ビジネスには、宇宙事業に対する保険や宇宙食といった支援的なビジネス、宇宙旅行のようななじみのあるビジネスも含まれます。近年では衛星軌道上にある不要な人工物体である宇宙ごみ（スペースデブリ）が問題視されており、これらと人工衛星が衝突しないために監視を行う宇宙状況把握や、デブリ自体を除去するビジネスも注目されています。

人工衛星ビジネスに含まれる人工衛星の用途は、主に以下の3つに分けられます。

●人工衛星からの信号を用いて位置測定・航法・時刻配信を行う「測位サービス」

●人工衛星を使って無線通信や映像コンテンツ配信等を行う「通信・放送サービス」

●人工衛星に搭載した観測センサーを用いて地球を観測しデータを取得する「リモートセンシングサービス」

これらはすでに社会インフラに組み込まれており、知らず知らずのうちに皆さんが日々利用しているものです。一方で、現在はこれらのサービスについても新たなプレイヤーが登場しており、これまでとは違ったサービスが展開されています。宇宙ビジ

図表3-9-2　宇宙ビジネスのカテゴリー

輸送ビジネス

ロケットの製造や宇宙空間へロケットを利用した衛星・物資、および人間の輸送を行うビジネス

地上設備ビジネス

地上局、衛星通信／管制／通信機器設置、衛星携帯電話端末、衛星測位機器を製造・運用するビジネス

人工衛星製造ビジネス

人工衛星および人工衛星部品の製造ビジネス

人工衛星ビジネス

測位、通信・放送、地球観測等のサービスを提供するビジネス

測位
人工衛星からの信号を用いて位置測定・航法・時刻配信を行う

通信・放送
人工衛星を介して信号を伝達し、無線通信や映像コンテンツ配信等を行う

リモートセンシング
人工衛星に搭載した観測センサーを用いて地球を観測しデータを取得する

周辺ビジネス

- 宇宙旅行
- 宇宙港
- 宇宙状況把握
- 宇宙空間利用
- 衛星データプラットフォーム
- 宇宙保険
- 宇宙食
- デブリ除去
- 月面探査
- 宇宙ビジネスアドバイザリー

ネスは変化をしつつ、人々の生活をより便利に変えていくことでしょう。

急増する人工衛星

宇宙ビジネスの主役のひとつは人工衛星です。この人工衛星の領域においても、近年大きな変化が起こっています。

人工衛星はいろいろな観点からカテゴライズできるのですが、ここでは、「目的」「大きさ」「高度」の3つで分けることにします。

まず目的ですが、冒頭に述べた測位衛星、通信衛星、リモートセンシング衛星が、衛星利用の主なものになります。しかし、これ以外にも、例えば、小惑星探査機「はやぶさ」や海外のハッブル宇宙望遠鏡などの科学的な観測を目的とした科学技術衛星や、軍事利用を目的にした軍事衛星があります。慣例的に、軍事利用するために通信やリモートセンシングを行う衛星も軍事衛星と呼ばれます。

次に、大きさによる分類ですが、外形サイズとしては手のひらサイズの数キログラムの衛星から観光バスと同等サイズの大型衛星まであります。現在の時流は小型化で、製造コストも大型衛星が数百億円であるのに対し、数キロレベルの衛星は数百万円にまで低減できている例もあります。

3つ目は、地球からの高度による分類ですが、高いところと低いところでは100倍の差があります。静止軌道というのは、地表からは常に静止しているように見える軌道で、高度は3万6000キロメートル、通信衛星や気象衛星などで利用されています。一方で、2000キロメートル以下の低軌道は、リモートセンシングや一部の通信の用途でよく使われ、近年はここに最も多くの衛星が打ち上げられています。

ここ最近、かなりの数の人工衛星が、世界中で打ち上げられています。人類が2019年までのおよそ100年間に打ち上げた人工衛星が9036基であるのに対して、2020年と2021年の2年間に3083基が打ち上げられました。さらに、2022年は2000基を大きく上回る勢いで打ち上げられており、近年の衛星数増加が顕著なことが見て取れます。

この打ち上げ数の増加は、これまで地上10キロメートルまでであった経済区域が宇宙空間にまで確実に広がっていることを示すものですが、「衛星コンステレーション」という仕組みが大きく影響しています。従来は大型の衛星を少数打ち上げて運用していたのに対し、衛星コンステレーションは小型の衛星を数十基から数百基打ち上げて、全体でひとつのシステムとして機能させます。

図表3-9-3　衛星コンステレーションの構築

近年衛星の小型化が進み、低軌道に多くの小型衛星を打ち上げるコンステレーション事業が多数計画されており、主に通信およびリモートセンシングの分野で利用される

■衛星コンステレーション

多数個の衛星を軌道に投入し、協調した動作を行わせ全体としてひとつのシステムとして機能させる。

■小型衛星コンステレーションの種別

通信
何万基もの通信衛星で地球を覆い、僻地を含めた全地球上にブロードバンド通信サービスを提供する事業。

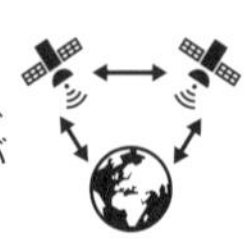

リモートセンシング
数十基の衛星を低軌道上で周回させ地球を撮像する事業。低軌道に多数打ち上げることで定点・定時観測が可能となる。

運用する衛星の数を増やすメリットは2つあります。ひとつは、仮にいくつかの衛星が故障したとしても、システム全体への影響を最小限に抑えることができ、事業の継続性が増します。もうひとつは、地上のある地点から常に衛星が補捉できるため、常に交信が可能になることです。

この衛星コンステレーションの仕組みを利用した通信サービスやリモートセンシングサービスがすでに誕生しており、従来以上に便利な衛星サービスを実現しています。

スタートアップの勃興

盛り上がりを見せる宇宙ビジネス市場ですが、実際に宇宙関連スタートアップに対する資本の流入も増加しています。グローバル市場において2010年以前は当領域のスタートアップに対する資金調達は規模が小さかったのですが、近年は増加傾向にあり、2013~2022年の10年間で2700億ドルを超える調達額となっています。また、アメリカでは政府と衛星リモートセンシング企業3社との間で、10年間で数十億ドル規模の契約が結ばれるなど、大型のアンカーテナンシー契約（産業基盤を安定させる目的で政府が長期的な顧客となる契約）も結ばれています。

日本でもスタートアップの資金調達は増加傾向にあり、2021年には新型コロナ禍にもかかわらず大きな調達が実施されています。日本には現在80社ほどの宇宙関連スタートアップが存在しますが、様々な企業からの投資を引き出しているなど、さらなる市場の拡大が予測されます。

新規事業としての宇宙ビジネス

宇宙ビジネスは参入障壁が高く、古くから宇宙領域で事業を行っている企業でないとなかなかできないと考えられてきました。そのため、宇宙ビジネスの盛り上がりを感じながらも「自社とはあまり関係ない」と考える企業が大半なのが現状です。宇宙ビジネスが新規事業の対象として有

図表3-9-4　宇宙関連スタートアップの資金調達

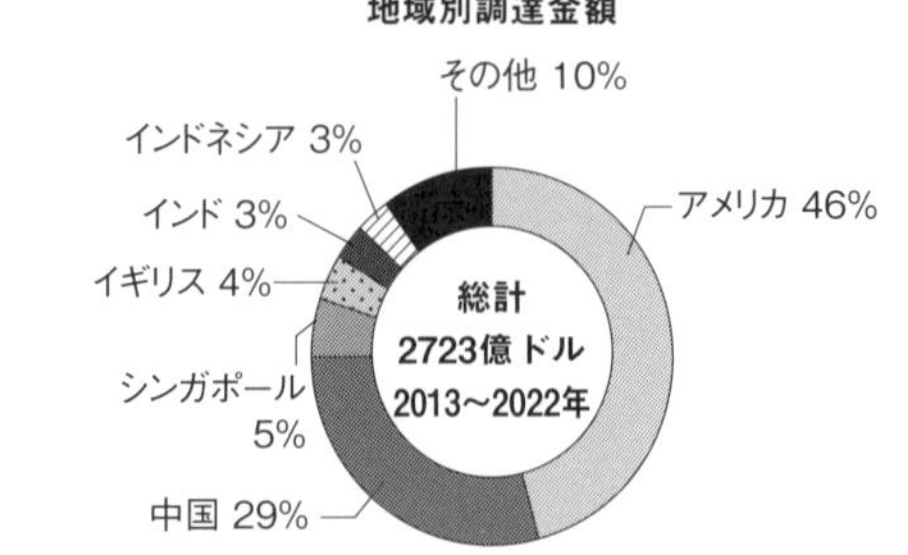

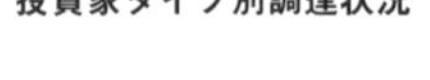

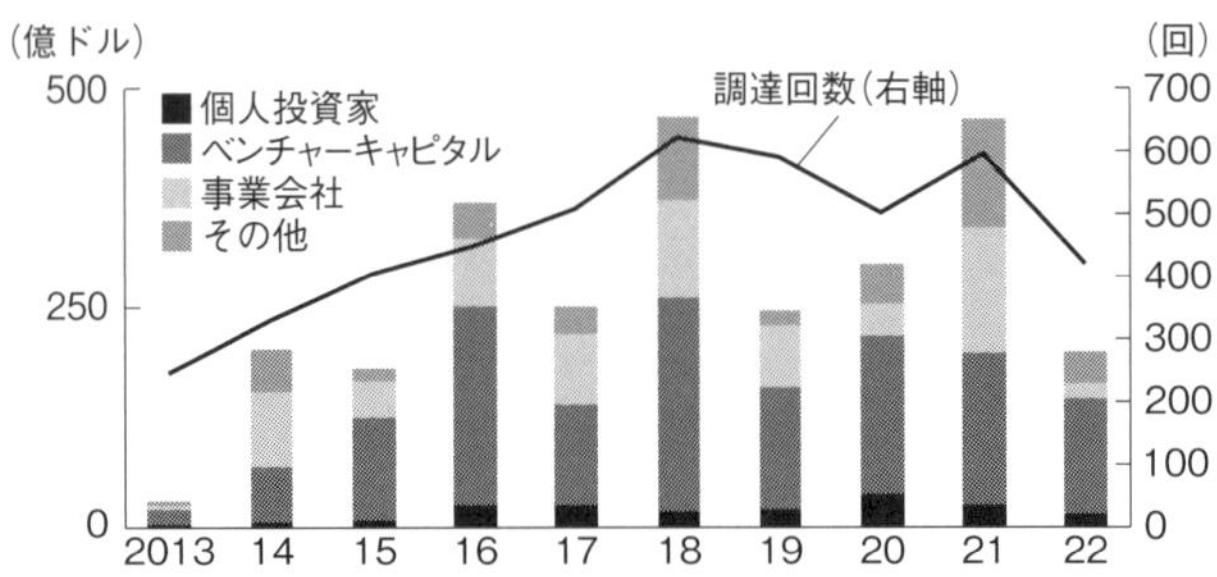

出所：Space Capital ホームページをもとにKPMG作成

望であるかどうかは意見が分かれるところです。しかし宇宙領域の事業化のハードルが下がりつつある今は、参入検討の好機とも言えます。

参入を検討する上でまず考えることは、自社の既存事業の経営資源をもとにした参入です。例えば製造業であれば、昨今では民生部品を積極的に採用してロケットや衛星の製造コストを削減しようとする動きもあるため、自社の製品や製造技術がロケットや人工衛星の製造に活用できないかを検討してみるとよいでしょう。もちろん、ロケットを製造して打ち上げることや衛星を製造して運用することだけが宇宙ビジネスではありません。衛星測位や衛星通信を活用して、自社の製品やサービスを高度化することも考えられるでしょう。地上では実現が難しい「微小重力環境」という特殊な環境が新たな事業の機会になるかもしれません。先入観にとらわれないフラットで客観的な思考を持つことが重要です。

新たに宇宙ビジネスを立ち上げるスタートアップにおいても、根本的な考え方は同様です。保持しているケイパビリティ、つまりはチームが持つ優位性がどのように宇宙領域で価値を出せるか、または宇宙領域の事業と組み合わせることで高度化することができるかを考えることが必要です。

次に考えることは社外資源の利用、すなわち他社との業務・資本提携、合弁事業な

図表3-9-5　新規事業創出アプローチ類型

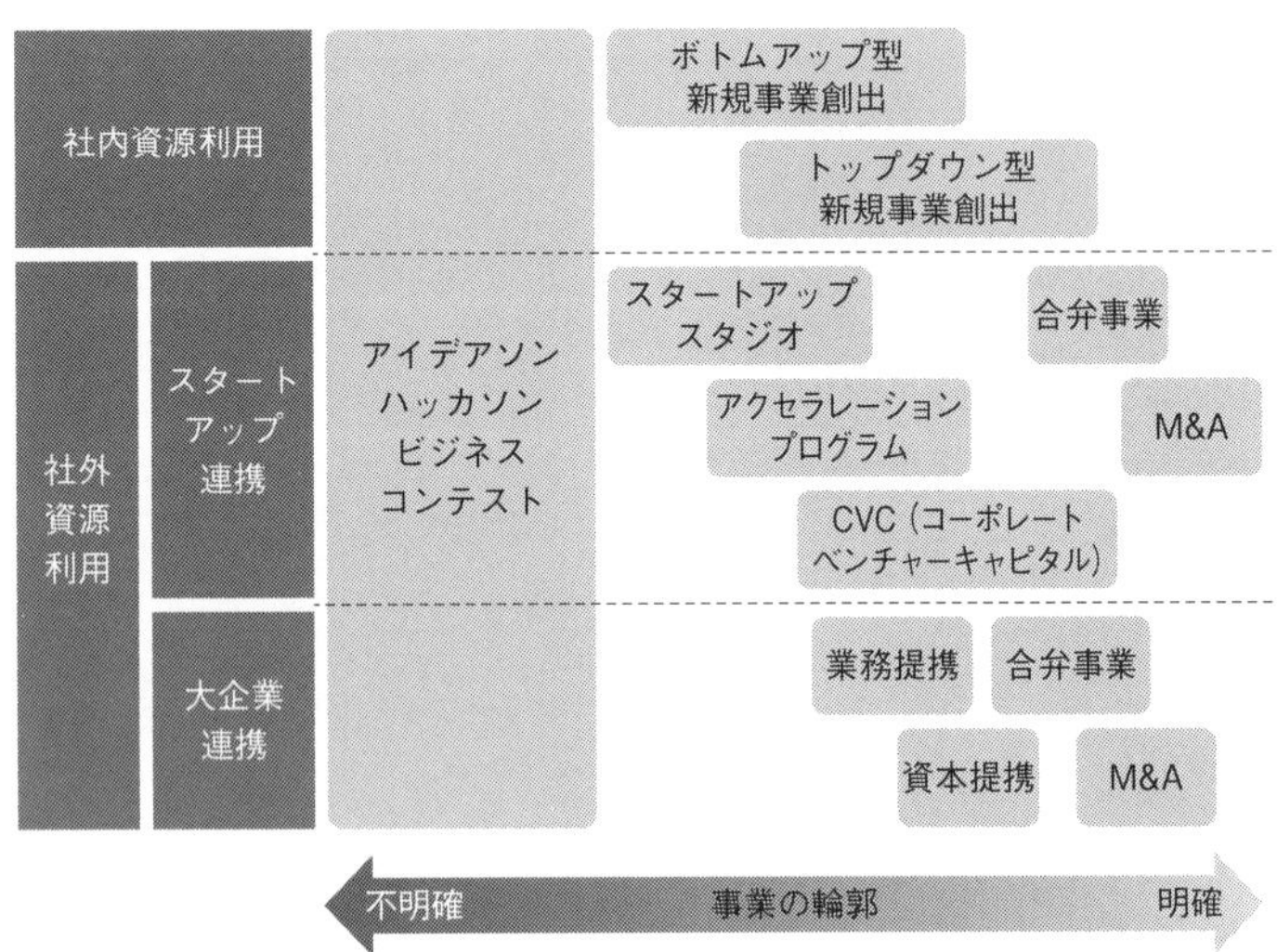

どです。事業化に必要な要素をすでに保持している他社から調達することで、参入のスピードアップを図れます。近年の宇宙スタートアップの勃興は業務・資本提携先の選択肢が増大しているとも言い換えられますし、そのような提携で参入を果たしている事例も増えてきています。

特に日本は海外に比べ、宇宙スタートアップへの投資がコーポレートベンチャーキャピタル、すなわち投資を本業としない企業による割合が高く、金銭面での投資のみならず、事業面でのシナジーを狙っていることがうかがえます。実際、現在の宇宙ビジネスの多くは他のビジネスに寄与する「手段」であると考えられます。そのため、宇宙産業の拡大には異業種と結合することが不可欠です。日本の宇宙ビジネスにおいて異業種との結合が多く行われることは、望ましい方向性だと考えられます。

いずれにしろ、宇宙ビジネスに対する先入観を取り払い、宇宙ビジネスに内在する価値の因子を適切に抽出しアクションに結び付けることが、新たな宇宙ビジネスを生むポイントになるでしょう。

宇宙ビジネス市場に変化をもたらすメカニズム

宇宙ビジネス市場に変化をもたらす要因は複数あります。既述の巨大資本の投入もそのひとつですが、それ以外にも、政府指針やコスト障壁の低減などが挙げられます。

近年政府が行っている産業振興には、資金投入以外に機会提供や法整備がありまま。宇宙産業を牽引するアメリカは、次期宇宙ステーションの開発を民間に委託し、予算を有人月面探査「アルテミス計画」に充てるなど、民間と政府の明確な役割分担を示すことで民間事業者への機会提供を行っています。また、月などの天体で民間による資源採掘の活動を認める宇宙資源法の制定や、民間宇宙港の運用ライセンス発行等の法整備も行っています。

コスト面も劇的に低減しています。例えば、衛星を低軌道に打ち上げるためのコストは1980年のスペースシャトル時代には1キログラム当たり10万ドルほどでしたが、現在は同2000ドル程度で可能で、今後さらなる低減が見込まれています。また衛星製造においても、小型衛星や超小型衛星の登場により2000年当時では考えられないほどの安価で実現できることも、新規参入を推し進める要因となっています。

日本における宇宙ビジネス拡大の要諦

日本企業にとっては課題もあります。実際、宇宙ビジネスへの参入企業は増えつつある一方で、ビジネスとして立脚できている企業は諸外国と比べると多くはない印象です。これには、宇宙ビジネスに対するマインドも要因のひとつと考えます。

図表3-9-6　宇宙ビジネス市場に変化をもたらすメカニズム

政府指針
Government Policy

巨大資本
Huge Capital

コスト障壁低減
Lower Cost Barriers

図表3-9-7　日本企業が宇宙領域で勝ち残るために

宇宙はロマンではなくビジネス！
ビジネスとしての価値・マネタイズ可能性・競合優位性にまず目を向ける。他企業との技術提携や資本提携も、前向きに捉えて推進する。時にはM&Aも視野に

場所にこだわらない！
ビジネスしやすい環境に身を置く。
日本でビジネスがしにくいなら、活躍の場を海外に移す勇気を

周りを気にしすぎない！
前例や事例を必要以上に気にせず、柔軟かつ大胆に。
未踏はリスクではなくチャンス、自身がファーストペンギンに

まず、日本では宇宙ビジネスを「ロマン」として捉える人が非常に多いです。一方、諸外国では、宇宙ビジネスをそのまま「ビジネス」と捉えている人が多く、「宇宙ビジネスにおける価値はどこにあるのか」「マネタイズはどうすればできるのか」「競合にどう勝つのか」などを、ほかのビジネス同様に考えています。この違いは、事業展開のスピードに差を生みます。日本の宇宙関連スタートアップの投資ラウンドが進む速度は諸外国に比べて遅いとも言われています。

日本のスタートアップがビジネスで勝つためには、適切な環境に身を置くことも重要です。資金調達やビジネス関係の構築、機器製造や打ち上げ、衛星運用やエンドユーザーの獲得など、ビジネスを進める上で必要なアクションは多岐にわたりますが、実施する場所を日本にこだわる必要はありません。よりふさわしい場所が国外にあるのであれば、思い切って飛び出すことも重要です。

周りを気にしすぎることも、日本企業の悪癖です。新しいビジネスを行う際に先行事例を参考にするという考えは間違いではありませんが、事例を真似すれば成功できるという考えは間違いです。また、前例がなければ取り組まないというのも間違いです。事例から学ぶべきは表面的な手順や結果ではなく、事業が成功する上で必要な要素の特定であり、顧客がサービスを購入する際に重視する要因の特定です。

つまり、この事例が成功に至った本質はどこにあったのか、顧客はこのサービスのどこに価値を感じて購入しているのか、この分析が正しく行われれば、他社の動向に惑わされず、前例のないことであっても自信を持って取り組むことができるでしょう。

宇宙ビジネスは市場拡大が確実視されている領域で、ビジネス環境の変化も激しく、新しいプレイヤーやサービスが次々に生まれることが予想されます。ビジネスやイノベーションの兆しを慎重に観察し、大胆に行動していくことが、宇宙ビジネスにおける成功のカギだと考えます。

10 「地方創生とイノベーション」

今、地方創生が求められている

地方創生とは、東京一極集中を是正し、地方の人口減少に歯止めをかけ、日本全体の活力を上げることを目的とした一連の政策のことを言います。[1] 人口急減・超高齢化という日本が直面する大きな課題に対し、政府一体となって取り組み、各地域がそれぞれの特徴を活かした自律的で持続的な社会を創生することを目指しており、国の施策としても地方の若者の雇用、女性就業率の向上、地方から東京への人口流入減、安心して子育てできる社会の実現など、具体的な目標が掲げられています。

第3講4「スマートシティとイノベーション」でも触れた通り、日本中で大小様々な規模でのスマートシティプロジェクトが行われていますが、取り組みのテーマとして〝地方創生〟を挙げている地区も数多くあります。

世界に類を見ない速さで進む人口減少

こうした背景には、日本で急激に進む少子高齢化があります。近代以降、人口が減り続ける局面は日本にとって初めての経験です。減り続ける人口と、進む高齢化という環境のもと、いかに社会を支えていくかを一人ひとりが考えなくてはなりません。

人口減少は地方部において特に顕著であり、一定規模レベル

図表3-10-1　日本の総人口の推移と推計

日本は、今までにない人口減少局面を迎えている

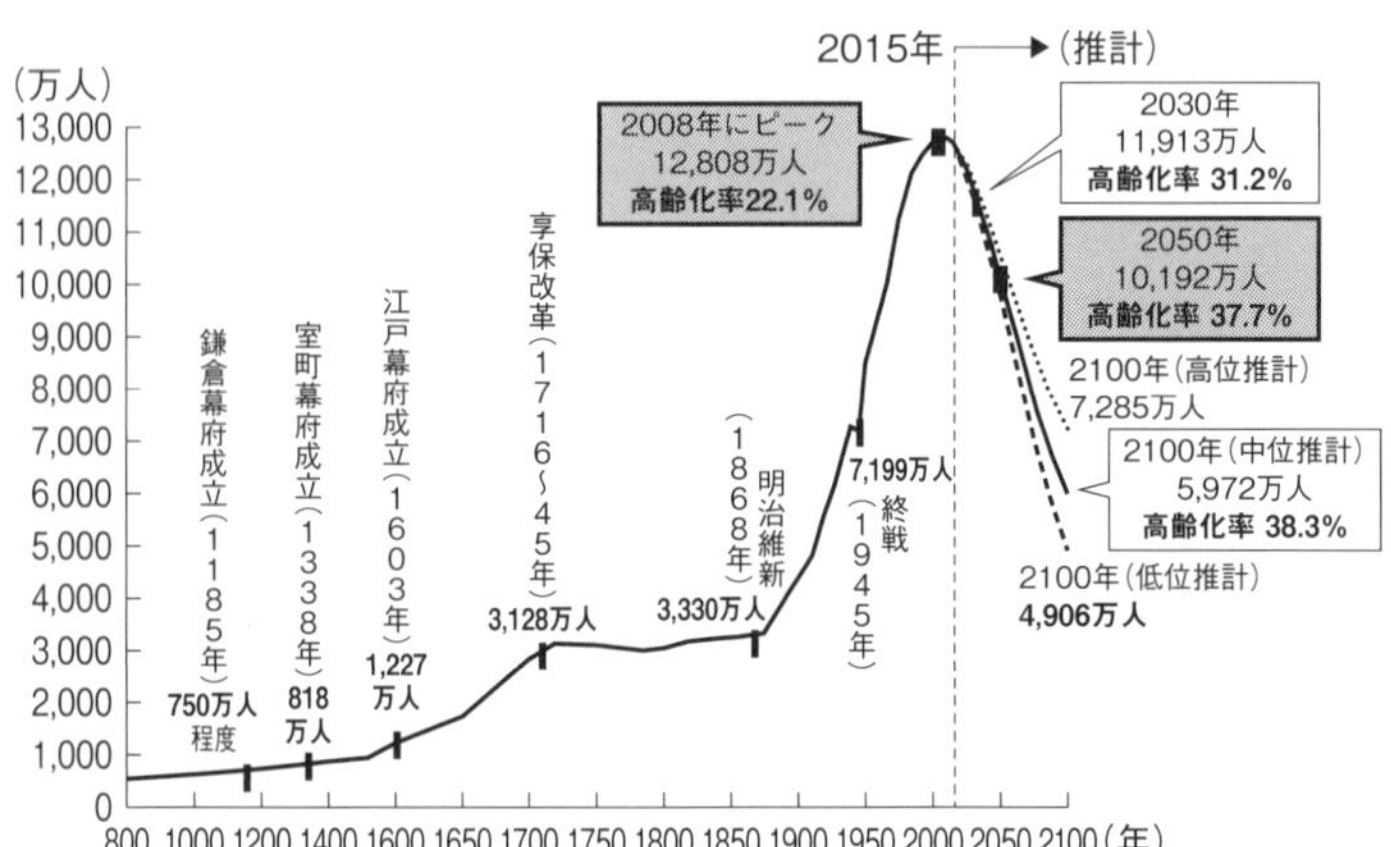

出所：国土交通省「国土の長期展望専門委員会最終とりまとめ参考資料」
https://www.mlit.go.jp/policy/shingikai/content/001412278.pdf

以下の地方においては、都市機能の維持が困難となり、将来的な消滅可能性都市は全国の自治体の約半数になるというデータもあります。[2]

人里から離れて住む人を取り上げるテレビ番組が近年好評を博しているようです。都会の喧騒を離れて暮らすライフスタイルを選択することは個人の自由である一方、日本全体でインフラの維持などを考えると、難しい問題です。国土交通省の試算によると、道路、河川・ダム、下水道、空港、公園など同省管轄の社会インフラの更新には、今後30年間で約200兆円の財源が必要とされています。[3]

都市と地方の住民ニーズ、イノベーション文化の醸成

KPMGが実施した住民調査においても、都市部と地方部の意識の差が顕著に表れています。2020年、KPMGではより進化したスマートシティ実現に向け、その必要要素のうち特に、①交通機関／モビリティ、②教育（将来の労働力の育成）、③住環境、④医療サービス、⑤エネルギー／資源、⑥テクノロジー――の6つの視点から東京、大阪、名古屋、札幌、福岡の各都市の合計4147人の住民への調査を実施しました。

図表3-10-2　日本の大都市における意識調査

- 日本の都市部ではモビリティは十分に便利である一方、歩行者にやさしい街づくりへの要望が高い
- 諸外国と比較して、都市の持続的成長に必要なイノベーション文化の醸成への関心が低い

大都市圏：東京／大阪／名古屋／札幌／福岡における特徴
―特に海外大都市との比較において※

1. 都市圏におけるモビリティやエネルギーの満足度は高い
2. 先端テクノロジーを活用した利便性の向上よりも、医療サービスの高度化等、日々の暮らしに密着したものに対するニーズが高い
3. 都市の持続的成長のための都市計画とそこへの住民参画、前提となる人材育成・イノベーション文化の醸成については、重要と考えられていない

※香港、上海、シンガポール、メルボルン、ソウルにおいて同様の調査を実施

出所：KPMGモビリティ研究所「スマートシティ　わが国の主要5都市における意識調査～住みやすい街づくりのためにできること」2020年
https://assets.kpmg.com/content/dam/kpmg/jp/pdf/2020/jp-smart-cities.pdf

図表3-10-3　日本の地方都市における意識調査

- 日本の地方部ではモビリティへの改善要望が高い
- ESGや脱炭素などよりも、雇用や経済成長などへの関心が高い

日本の地方都市における特徴
――37地方都市の住民意識調査より

1. 地方都市の主要ニーズは「交通機関／モビリティ」や「医療サービス」の改善
2. 大都市と比較し、「公共サービスの改善」と併せ、「経済成長」「雇用機会の増加」が求められている
3. ESG、脱炭素、SDGsに関しては、地方都市での関心は大都市ほど高くない・イノベーション文化の醸成については、重要と考えられていない

出所：KPMGモビリティ研究所「スマートシティ　地方都市における意識調査」2022年
https://assets.kpmg.com/content/dam/kpmg/jp/pdf/2022/jp-smartcity-2022.pdf

その結果、すでに都市機能が充実している都市部においては、交通機関／モビリティやエネルギーの満足度は高く、むしろ渋滞の軽減や歩行者にとって快適な街づくりを求める声が多かった一方で、２０２２年に地方都市を対象に実施した同様の調査においては、交通機関／モビリティの改善要望が高い、という結果が得られました。また、都市部と比較すると経済成長、雇用機会の増加などへの要望が高く、都市と地方の経済格差がうかがい知れる結果となりました。

地域の継続的な発展のためには、自ら課題を発見し取り組むことのできる人材が求められており、街づくりへの参画意識、イノベーション文化とそれを醸成する教育が必要ですが、日本の都市はいずれも海外の主要都市[4]と比較し、これらの数値が低いものとなっていました。こうした面からも、筆者らが自ら日本が直面する様々な社会課題に向き合い、イノベーション教育に携わっていく意義があると考えています。

東京一極集中は今後も続くのか？

人類は古代から都市を形成し、そこに集積して住み、数多くの文化や芸術、産業を生み出してきました。１９５０年には30％にすぎなかった都市部人口は、２０１８年に55%、2050年には68%になると予測されています。コロナ禍に伴い一時東京からの転出超過が話題になりましたが、すぐに転入超過に転じました。デジタル技術の浸透により、リモートワーク、リモート学習が普及し、多拠点生活を志向する人は増えるでしょうが、都市の利便性や刺激を求める個人や、規模の経済性を求める企業は、依然として都市圏にとどまり続けるのではないでしょうか。

デジタル田園都市国家構想

世界に類を見ないスピードで少子高齢化が進展する日本において、都市機能を維持するという意味でのスマートシティの取り組みは、地方においてより重要度が高いと考えられています。岸田内閣が進める「デジタル田園都市国家構想」、すなわち、地方からデジタルの実装を進め、新たな変革の波を起こし、地方と都市の差を縮めていくという取り組みも、そうした決意の表れと言えるでしょう。

利便性や刺激を求めて都会に住むのも、豊かな自然との触れ合いなどを求めて地方に住むのも、個々人の自由です。一人ひとりが心身ともに豊かに暮らせる社会をつくるために、何が必要かを真剣に考える時が来ているのではないでしょうか。

デジタル田園都市国家構想が描くように、新たな技術や考え方を適用することによってこれまでは解決できなかった課題が解決できる可能性が広がっています。

地方創生を加速するモメンタム

これまで多くの企業が経済成長を目指して活動をしてきました。一方でそのことが経済格差や環境問題などを生む要因ともなっています。

こうした背景から、多くの企業が経済成長をしながら社会課題の解決を目指す「サステナビリティ経営」に取り組んでいます。解決すべき社会課題として扱う

図表3-10-4　サステナビリティ経営の実現

テーマについても、脱炭素などと並び、地方創生を挙げるケースが増えています。

企業だけでなく、自治体も具体的な目標を掲げています。2023年2月28日時点で、全国の871自治体（45都道府県、510市、21特別区、252町、43村）が「2050年までに二酸化炭素排出実質ゼロ」を表明して[6]おり、表明自治体総人口は約1億2455万人にも上ります。

先の住民調査でも見たように、街路空間を歩行者中心の快適な空間へ再構築する流れは、日本全国に広がっています。「居心地が良く歩きたくなるまちなか」づくり「ウォーカブル推進都市」に、348団体が賛同しています[7]（2023年2月28日現在）。

〝お団子と串〟にたとえられるコンパクトシティ：富山市

このような取り組みをしている都市は全国に数多くありますが、有名な都市のひとつが富山県富山市です。公共交通機関が貧弱な地域で移動困難者の移動手段を確保する手段のひとつとしてLRT（Light Rail Transit）が知られていますが、富山市では経営難となっていたJR西日本富山港線をLRT化することにより再生しました。

既存の鉄軌道を利用することにより低コストで導入したLRTと併せ、中心市街地

図表3-10-5　富山市：行政主導での"お団子と串"のコンパクトシティ

鉄軌道跡を活かしたLRT、"お団子と串" の政策による
コンパクトシティ化で地価上昇、人口増を実現

富山市：歩行者中心の街づくりによる街の賑わいの創出

富山市は「お団子と串」に例えられる、公共交通を軸としたコンパクトな街づくりを進めていることで有名です。また、コンパクトな街づくりを行うことにより、中心市街地の活性化を目指しています。

中心市街地の活性化には人が快適に回遊できる空間の提供が必要です。富山市では既存の鉄軌道を利用することによって低コストで導入したLRT（Light Rail Transit）や道路空間を利活用した地元地域によるイベントやオープンカフェ等を実施するとともに、ICTを活用し、街歩き情報や公共交通機関のロケーション情報等を配信することにより、公共交通の利用促進や街の活性化を目指しています。

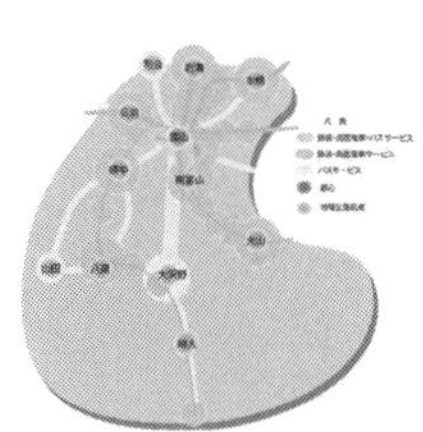

また、富山市が開発した街歩き用のスマートフォンアプリ（「とみコン・プラス」）から収集されるGPSデータを活用して、人の動線や活動状況などを分析し、その結果を街づくり計画に活用する取組みが進められ、中心市街地の人口増加という具体的な成果も挙げています。

富山市のように歩行者情報を収集・分析し、それを今後の街づくりに活かしていく取組みはすべての地方自治体にとって今後必要になるのではないでしょうか。

出典：富山市「富山市都市マスタープラン」

LRT化：富山地方鉄道の例

【取組の内容】
・厳しい経営状況にあったJR西日本富山港線の再生を図るために、富山市が主導してLRT化を実施

【ポイント】
・利便性の向上による利用者の大幅な増加
✓運行本数の増加やパターンダイヤの導入、新駅、新停留場の設置などにより利便性が向上
✓運行本数や運賃、始発・終発時間について満足度が高いというアンケート結果

◆運行本数◆
転換前：38本/日（平成15年度）
転換後：132本/日（令和元年度）

◆利用者数◆
転換前：1,946人/日キロ（平成15年度）
転換後：3,257人/日キロ（令和元年度）

出所：KPMGモビリティ研究所「スマートシティ　わが国の主要5都市における意識調査～住みやすい街づくりのためにできること」2020年
https://kpmg.com/jp/ja/home/insights/2020/09/smart-cities.html
国土交通省「鉄道事業者と地域の協働による地域モビリティの刷新に関する検討会について」
https://www.mlit.go.jp/tetudo/tetudo_tk5_000011.html

を快適に回遊できる空間とするため、イベントやオープンカフェの実施、ICTの活用による街歩き情報や公共交通機関の情報配信などにより、街の活性化とその結果としての固定資産税の増加などを実現しています。

ウォーカブル推進による経済効果：姫路市

公共交通機関や徒歩や自転車など、環境負荷の低い移動手段へのシフトは脱炭素化にも寄与します。街歩きを増やすことによる経済効果は、同じくウォー

図表3-10-6　国内事例：姫路駅（北駅前広場・大手前通り）

駅前空間をゆとりある歩行者空間に再整備し、
駅周辺の経済価値向上に寄与

駅前の歩行者空間の割合 26%→67%に増加
駅周辺商業地地価 25%上昇

出所：国土交通省 都市局 第33回全国駐車場政策担当者会議「ウォーカブルなまちづくり」（2020年1月）
https://www.mlit.go.jp/toshi/content/001326427.pdf
国土交通省都市局・住宅局、北陸地方整備局「国土交通省が取り組んでいるまちづくり・住まいづくり」
https://www.hrr.mlit.go.jp/kensei/machisuma/r1_machisuma/shiryou1_kokudokoutuushou_191105.pdf

カブル推進都市として知られる兵庫県姫路市が、姫路城という地域資産を活かしながら駅前空間をゆとりある歩行者空間に再整備することにより、駅周辺の商業地地価の上昇という経済効果を獲得したことでも確認されています。

こうした取り組みは全国各地に広がりつつありますが、先駆者としての富山市や姫路市などの街づくりは、多くの地方自治体にとって参考になると思います。

本講義では、上記以外でも国内外で進んでいる地方創生の事例や、KPMGが取り組むプロジェクトなどについても紹介し、多くの学生の皆さんに興味を持っていただき、実際に地方創生に取り組んでいる学生さんとの交流もありました。さらに、2023年度の講座では、沖縄県名護市、北海道帯広市などでKPMGが関わっているプロジェクトに受講生が課外授業として参加するプログラムも予定しています。一人でも多くの若い皆さんにこの課題に取り組んでいただければと思っています。

注

1 まち・ひと・しごと創生「長期ビジョン」と「総合戦略」20141227siryou1.pdf（chisou.go.jp）

2 全国の「消滅可能性都市」の分布（日本創成会議）

3 出典：国土交通省ウェブサイト（https://www.mlit.go.jp/sogoseisaku/maintenance/_pdf/research01_02_pdf02.pdf）

4 コネクティッドシティ——アジア太平洋地域での市民の洞察（https://kpmg.com/jp/ja/home/insights/2020/03/connected-cities.html）

5 デジタル庁ウェブサイト（https://www.cas.go.jp/jp/seisaku/digital_denen/dai2/siryou2-1.pdf）

6 環境省「２０５０年 二酸化炭素排出実質ゼロ表明 自治体」（https://www.env.go.jp/policy/zero_carbon_city/01_ponti_211228.pdf）

7 国土交通省 都市局「まちなかウォーカブル推進プログラム（令和2年度予算決定時点版）」（https://www.mlit.go.jp/report/press/content/001321295.pdf）
国土交通省 都市局 住宅局、北陸地方整備局「国土交通省が取り組んでいるまちづくり・住まいづくり」（http://www.hrr.mlit.go.jp/kensei/machisuma/r1_machisuma/shiryou1_kokudokoutuushou_191105.pdf）

コラム2

アナログ的アプローチはイノベーションを起こし得るか

技術的ブレイクスルーがイノベーション創出条件のひとつであることは疑いようもありません。一方でそれは、「先端技術によるイノベーション」というひとつのありようにすぎません。しかし、日本では、イノベーションが「技術革新」という誤訳として広まったこともあり、技術を用いることがイノベーションのあるべき姿であるという誤った理解が広がってしまったように思います。技術を使わないイノベーション、例えば複数の既存技術による「組み合わせのイノベーション」もあり得ると考えられます。

料理の世界に目をやると、科学的アプローチを調理に応用する「分子ガストロノミー」が革新的だとして、昨今称賛を集めています。一方で、既存の食材を組み合わせた「いちご大福」も、過去には革新的なスイーツとしてブームになりました。

このように、先端技術はイノベーション創出の必須条件ではなく、目的を達成する最適な手段であればアナログ的アプローチでも構わないのです。

複数の課題解決を掛け合わせ新しい体験を生み出し、新たな価値を創出することができれば、それは「イノベーションに成功した」と言えます。

例えば、筆者らが関わった北海道の十勝・帯広で創出した路線バスによる移動販売車両「マルシェバス」も、技術一辺倒だったMaaSの世界で斬新な取り組みとして高く評価されました。

マルシェバスは、毎日バスに乗って通っていたKPMG社員が、空気を運んでいるような車内の状況に、明らかに赤字の路線がなぜ維持できているのだろうと「違和感」を持ったことから始まっています。このままでは廃線になってしまう可能性があるため、人が乗らないのであれば別のことで収益を上げていかなければならない。では何をすれば収益は最大化するのか、バスの中で解決できるほかの課題は何か、など解決策について思考実験を重ね、最適解を探っていったのです。

住民の移動手段の維持、買い物難民の救済、路線バスの収益改善、街の元気や潤い創出——といった複数の課題を解決させる手段として誕生したマルシェバスは、「KPMG×十勝バス」、コロナ禍で売り上げの落ちた「路線バス×百貨店」「買い物

図表C2-1　マルシェバスとその導入効果

大空地区における地域コミュニティの賑わい創出

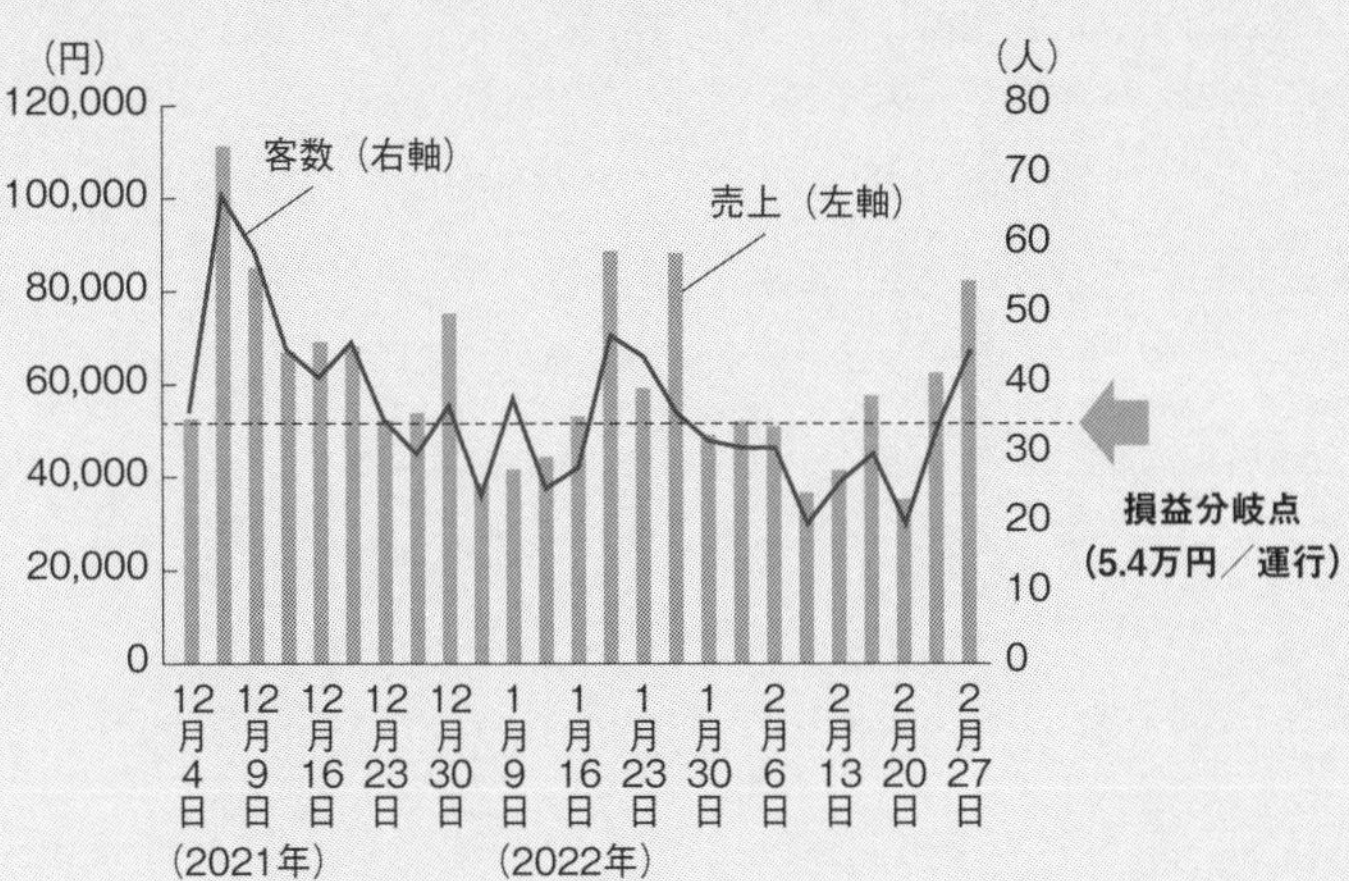

図表C2-2　第2回クルマ・社会・パートナーシップ大賞を受賞

郊外エリアの地域再活性や移動機会増加を目指し地域のコミュニティづくりをベースとしたアナログ重視型のMaaS実装の諸活動
⇒全国68の候補から大賞を受賞
十勝バス／KPMGモビリティ研究所

困難者×移動販売」という複数の掛け合わせによるイノベーションの要素を持っています。

今では地区の賑わい創出に寄与するとともに、期間中に損益分岐点を上回る売り上げを記録するなど、日本の郊外における典型的なオールドニュータウンでの課題解決モデルをアナログな手法で成立させています。

その結果、多くの方に受け入れられ、新しい買い物体験や街の景色を生み出しています。また、公共交通の新たな収益源となり得る可能性を示し、全国で68の候補から「第2回クルマ・社会・パートナーシップ大賞」（2022年度）にも選ばれています。

第4講

スタートアップに必携のビジネス知識

1 ビジネスプランの作成

起業の成功の秘訣は完璧なビジネスプラン？

世の中を大きく変え、イノベーションを巻き起こしてきた数々のスタートアップやその起業家に共通する点は何でしょうか。原体験から湧き上がる熱意、社会課題解決への使命感や行動力、人柄に運……、それだけでしょうか。ここではひとつ、確かに言えることとして、「ビジネスプランを描いていた」ということをお伝えします。

昨今では素晴らしいスタートアップの活躍がメディアでも取り上げられているので、「ビジネスプランが優れていることは知っているよ」と思われるかもしれません。しかし、そうした起業家達が「起業当初から今のビジネスプランを描いていた」とは述べていないことにお気付きでしょうか。

実際、起業当時のことは本人にしかわからないでしょう。ただし、そうした起業家達が「何かしらのビジネスプランを描き、（大なり小なり）何度も変更を重ねてきた」ことは言い切ることができます。なぜなら、今は不確実性が高く変わり続ける世の中です。一度立てたビジネスプランを生涯貫き通すことはあり得ないのです。

なんだ、どうせ変わるプランなんかつくってもしょうがないじゃないか、結局は運か……というバッドニュースではありません。この事実は、起業したいと思った時、実は「完璧なビジネスプランは必須ではない」というグッドニュースなのです。

今考えられるプランを描き、それを更新していくことが成功につながるということを事前に理解しておけば、あとはとにかく最初の「ビジネスプランを描く」というスタート地点に立つだけで、あらゆるイノベーションを生み出したスタートアップに共通する重要な一歩を踏み出していることになります。このはじめのプランがあってこそようやく、変化の中での善しあしを判断し、成長していくことができるのです。

ビジネスを生み出す——他者との共通価値面積を生み出す

ビジネスプランの説明に入る前に、そもそもビジネスを生み出すということは、自分の価値観を起点にほかの人達と共有する共通価値面積を生み出すことであるというイメージを持っていただきたいと思います。

起業というと、何か素晴らしい製品やサービスを新たに開発・提供することを考えると思います。その視点は間違っていませんが、もしあなたが日本からハワイへ旅行しようとした時に、まだ見たことも聞いたこともない高速球体飛行機ツアー（ハワイまで1時間！1万円！）があったら利用しますか？おそらく怪しんで利用しないでしょう。人は、消費者であっても投資家であっても、自分で価値を信じられない、頭で理解できてもリスクや負の側面（球体飛行機の場合は墜落リスクや、もしかしたら膨大な二酸化炭素の排出など）が大きすぎる提案は受け入れないものです。

つまり、起業家がどんなに素晴らしいアイデアだと思っていても、社会や想定ユーザーにその価値を感じてもらえなければ、そのアイデアは起業家の心にとどまったまま世の中を変えるようなビジネスにはなりません。

斬新なアイデアほど、すぐに他者には受け入れられないものです。それは今までにないものだから、想像したり、理論的にも理解したりすることが難しいからです。これまでイノベーションと言われた事業も、そうした過去がありました。それでもそれらが今日、世の中を変えたイノベーションとして存在しているのは、起業家が初期アイデアやビジネスのもたらす価値について、多角的な観点を想像しながら自分と他者の双方にとって意味があるよう改変し続け、心を動かすような提案として共通価値面積を広げていったからです。

MVVを考える

昨今では社会課題への認知の高まりもあり、企業の在り方やパーパス（存在意義）が以前にも増して問われています。KPMGが世界11カ国のCEO（最高経営責任者）を対象に実施した「KPMGグローバルCEO調査2021」によると、あらゆる活動にパーパスを組み込み長期的な価値を創造することが企業の目的であると考えるCEOは72％に上り、2019年の新型コロナウイルス感染症拡大前の45％から急増したことがわかっています。

図表4-1-1　ビジネスを生み出す――他者との共通価値面積を生み出す

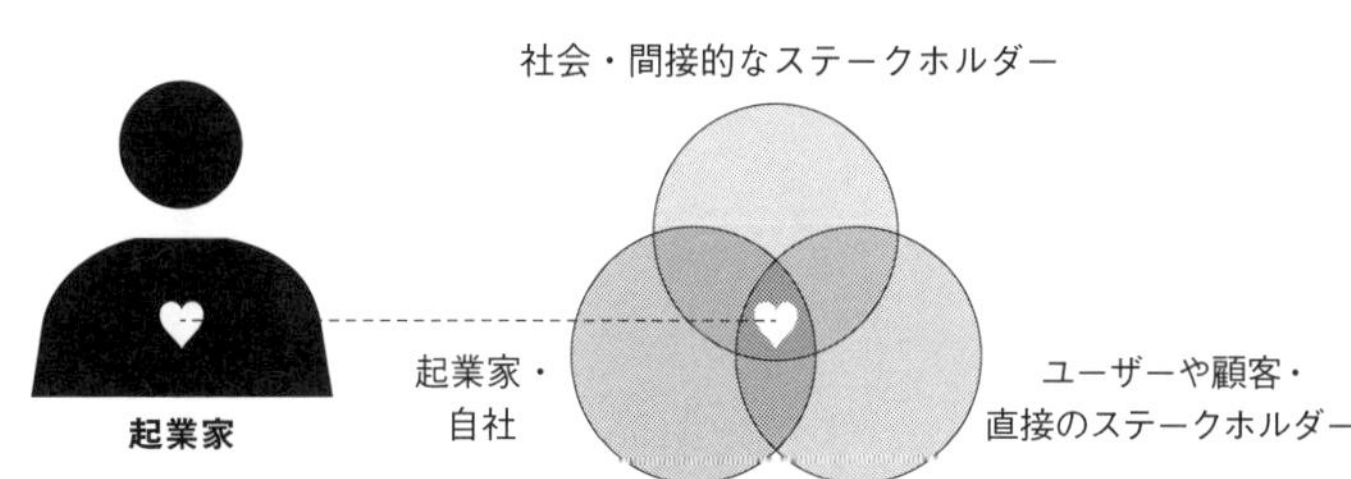

起業を考える際、ビジネスプラン以外にパーパスやＭＶＶ（ミッション・ビジョン・バリュー）を考えることは非常に重要となってきます。なぜなら、起業時はまだ特徴的な製品やサービスも開発途中で実績もなく、認知されない状況が普通です。そのような状態から共通価値面積を開拓するには、

①ミッション――なぜ新たに事業を起こすのか、企業活動を通じて果たすべき使命は何か

②ビジョン――どんな未来を実現したいのか

③バリュー――ビジョンの実現に向けて自分たちは具体的にどのような価値観を持って行動をしていくのか

について、新たに関係を築きたい人たち（創業メンバー、顧客、投資家など）へ丁寧に訴求していくことが求められます。

ＭＶＶについては、経営学者のピーター・ドラッカーがその重要性を述べてからしばらくたちますが、今もスタートアップを含む多くの組織が積極的に自らのＭＶＶを公開しています。気になる企業についてぜひ検索してみてください。２０２１年に発足したデジタル庁も、ウェブサイトでＭＶＶを掲載しています。

図表4−1−2　デジタル庁のMVV

ミッション・ビジョン・バリュー	
ミッション	**誰一人取り残されない、人に優しいデジタル化を** 一人ひとりの多様な幸せを実現するデジタル社会を目指し、世界に誇れる日本の未来を創造します。
ビジョン	**優しいサービスのつくり手へ** Government as a Service 国、地方公共団体、民間事業者、その他あらゆる関係者を巻き込みながら有機的に連携し、ユーザーの体験価値を最大化するサービスを提供します。 **大胆に革新していく行政へ** Government as a Startup 高い志を抱く官民の人材が、互いの信頼のもと協働し、多くの挑戦から学ぶことで、大胆かつスピーディーに社会全体のデジタル改革を主導します。
バリュー	**一人ひとりのために** 私たちは、この国とともに歩む人々の利益を何よりも優先し、高い倫理観を持ってユーザー中心のサービスを提供します。声なき声にも耳を傾け、一人ひとりに寄り添うことで、誰もがデジタルの恩恵を受ける社会をつくります。 **常に目的を問い** 私たちは、前提や慣習を前向きに疑い、世界に誇れる日本を目指し、新しい手法や概念を積極的に取り入れます。常に目的を問いかけ、「やめること」を決める勇気を持ち、生産性高く仕事に取り組みます。 **あらゆる立場を超えて** 私たちは、多様性を尊重し、相手に共感し、学び合い補い合うことによって、チームとして協力して取り組みます。また、相互の信頼に基づいて情報の透明性が高い、オープンで風通しのよい環境をもとに、自律して行動します。 **成果への挑戦を続けます** 私たちは、過度な完璧さを求めず、スピーディーに実行し、フィードバックを得ることで組織として成長します。数多くの挑戦と失敗からの学びこそがユーザーへの提供価値を最大化すると信じ、先駆者として学びを社会へと還元しながら、成果への挑戦を続けます。

出所：デジタル庁「ミッション・ビジョン・バリュー」https://www.digital.go.jp/about/organization/

ビジネスモデル、ビジネスプランとは？

ここまでやや概念的な話をしてきました。ここからは、具体的に起業やビジネス開発を考えるために有用な「ビジネスモデル」と「ビジネスプラン」について解説します。MVVと同じく、ビジネスモデルもビジネスプランも、起業家のアイデアや考えを整理するため、そしてそのアイデアを、事業を一緒に進める他者（自社の仲間や活動資金を提供してもらう投資家など）と検討していくための共通言語として重要な役割を果たします。

これら2つは混同されることもあるため、まずここでは簡潔に、前者を「ビジネスの仕組み」、後者を「ビジネスの目的を達成するための計画」と整理します。後者は事業計画とも呼ばれます。ビジネスの目的を達成するためには、ビジネスの仕組み上の各構成要素をうまく機能させ、実現させていきます。つまり、「ビジネスモデル」を実行・推進していく計画として「ビジネスプラン」があると理解するとよいでしょう。

ビジネスモデルは全体観と要素間のつながりを押さえる

起業家の多くは、社会課題や顧客起点の課題を出発点に解決策を考えたり、高度な研究技術を何かの解決策として応用できないかと考えたりすることから、事業化を図っています。そのアイデアは周囲からも賛同を得ています。

しかし、そうした〝素晴らしいアイデア〟でも、実際に大きな成長を遂げる企業はわずかです。なぜでしょうか？　それは、「課題」とその「解決策」だけでは、ビジネスの仕組みを支える要素としては不十分だからです。

例えば、ビジネスを進める上では必ず活動費がかかります。人を雇えば人件費もかかります。さらに、自分と同じアイデアを持った人がいれば（たとえはじめはいなくても模倣されたら）自社の製品・サービスは選ばれなくなる可能性があるので、市場内で自社が選ばれる施策を考えなければなりません。

このようにビジネスの「仕組み」には、魅力的な「価値を生み出し顧客へ提供する」だけではなく、その流れを実現するための「組織活動」と、その活動コストを賄い環境変化への対応や将来の成長に向けた「投資」を行える「収益の担保」が必要であり、さらにその状態を持続的なものにする「顧客基盤」を維持・拡大していくといった、複数の要素をつなげながら全体観を捉えて検討していくことが必要です。

リーンキャンバスを活用する

これらのことを一度に考えようとすると混乱しがちです。そこで、起業家のアッシュ・マウリャ氏が提唱した「リーンキャンバス（Lean Canvas）」を紹介します。1枚の紙に書ききれる形でビジネスモデルの要素がコンパクトに整理されており、ビジネスモデルの検討によく用いられるフレームワークです。

リーンキャンバスの具体的な説明についてはすでに様々な書籍が出版されているのでここでは割愛し、3つのエッセンスを取り上げます。

1つ目は、つながりを意識することです。例えば「課題」「コスト構造」「収益の流れ」は、「課題」の視点から、市場内にすでにある（明示的に競合ではない）他社が提供する代替商品やサービスを特定できます。それらの価格は自社製品またはサービスの適正価格やコスト構造の検討の際に参考となります。「課題」と「収益の流れ」は一見関連がないようですが、つなげて考えることで、要素単体では目の届かない深い視点

図表4-1-3　リーンキャンバス

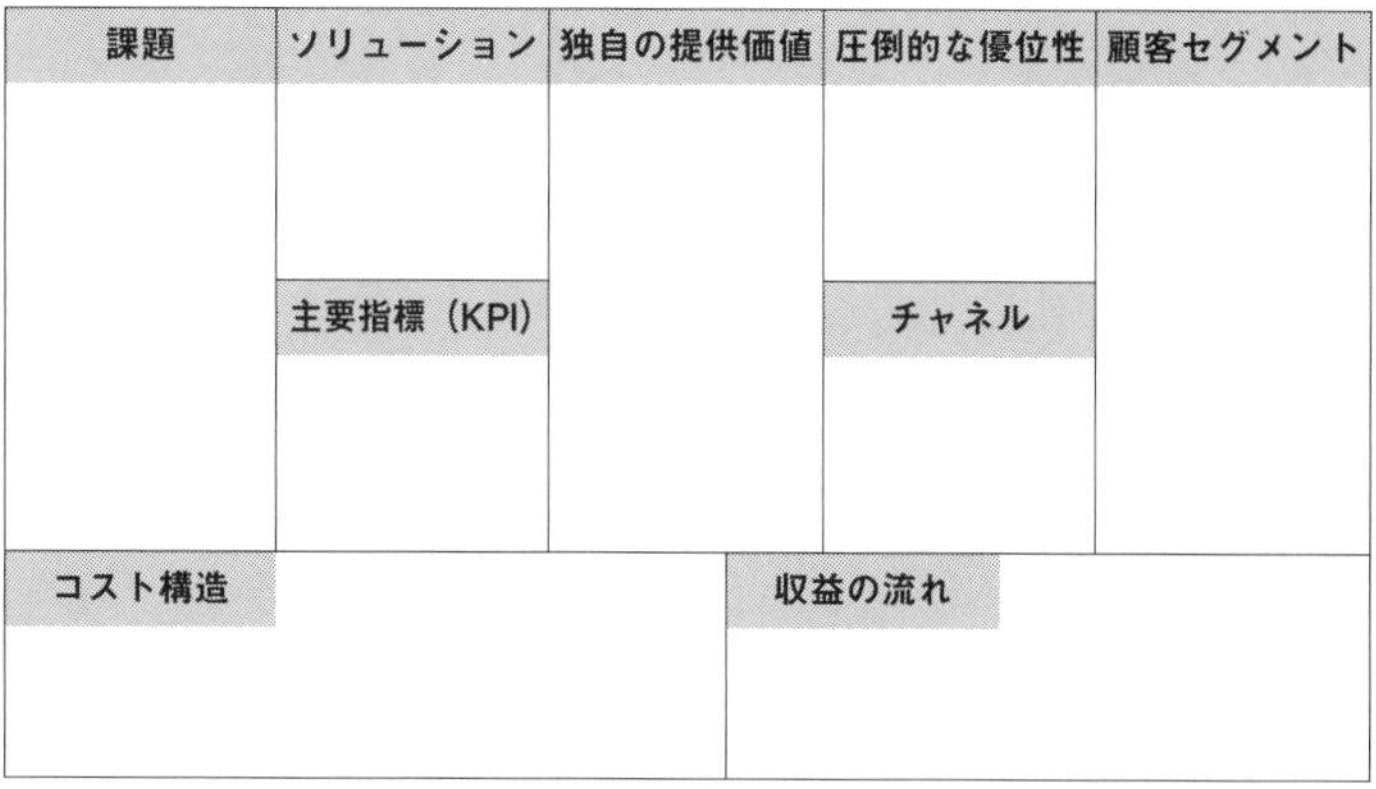

課題	ソリューション	独自の提供価値	圧倒的な優位性	顧客セグメント
	主要指標（KPI）		チャネル	
コスト構造			収益の流れ	

出所：アッシュ・マウリャ氏が提唱したフレームワーク

にたどり着くことができます。

2つ目は、わかるところから書きながら、環境変化や学習を踏まえて何度も書き直していくことです。最初はわからない箇所もあるでしょう。しかし、1つ目に述べたつながりを意識したり、顧客調査をしたりすることで不明点が埋まっていきます。このキャンバスを埋めることが必ずしもビジネスの成功を約束するものではありませんが、キャンバスに書き起こしていくことで様々な角度からビジネスを検討し、自分の頭の中が整理されます。言葉でなくモノとして見せられますので、仲間とシミュレーションを共有することもでき、環境変化にも対応がとりやすくなります。リソースが少なく、革新的な（普遍的でない）アイデアを持つスタートアップにとって、最小限の労力で想定可能なリスクを回避することは非常に重要です。

最後に、今すぐ起業をしなくても、ビジネスモデルを考える練習として活用することをおすすめします。興味のある企業（起業する時は自社の想定競合など）をリーンキャンバスで分析し、誰かと意見交換してみてください。多様な視点での気付きが得られます。キャンバスを埋める際に企業調査を行って具体的な情報を付加していけば、その企業の戦術や成長の軌跡が見えてくることもあり、よい勉強になります。

ビジネスプランは時間軸を意識する

先に、ビジネスプランとはビジネスモデルを実現・実行し、推進していく計画であると説明しました。こちらは〝計画〟ですので、いつ、何をするのか、といった時間の概念が入ってきます。その時間軸には2種類あると考えてください。

ひとつはビジネスモデル内での時間軸です。

例として、商品を売って代金を得るビジネスにおける「お金の時間軸」を考えてみます。まず商品をつくり、顧客へ提供し、そして顧客からの支払金が自分のところに届いてはじめて代金を手にします。この間、商品の材料費や製造費、顧客へ売り込むための販促費、顧客との決済手続き費用などを賄う必要があり、自分でお金を使い続けながら、（それが利益を乗せて増えて）戻ってくるまでに時間がかかります。

このサイクルをどのくらいの期間で行うのか、どのタイミングでいくら出金・集金していれば次の活動資金や将来の投資に充てることができるのか。ビジネスモデル上の要素間の実現が、時間軸上でも妥当であるかを確認する必要があります。

まずはわかりやすく「お金の時間軸」を例示しましたが、これは顧客基盤の開発、課題への提供価値の時間軸でも同様です。リーンキャンバスを例にとると「主要指標（ＫＰＩ）」があります。このＫＰＩについても「何を」だけではなく「いつ」という視点も入れて計測できるように設計するとよいでしょう。

２つ目の時間軸は、ビジネスモデルの実現タイミングです。

初めてつくるビジネスモデルはＭＶＶのありたい姿から想像するため、将来のゴールイメージに近いはずです。一方で、たいていの起業家は自前の資金でビジネスを始めるので、最初から大規模な市場に向けてサービス提供や広告を打つことなどは難しいでしょう。資金だけでなく人材や信用・人脈も足りません。こういった今と将来のステージギャップをつなげることを考えなければなりません。

それなら「ありたい姿」を小さくすればいいと思うかもしれませんが、そうではありません。小さく実現可能な範囲にしていくのは「活動」と「目標値」の２つです。

活動と目標値はそれらの実行・達成ができたらどのような状態（次のステージ）になるのかを仮設定しておき、そこに到達しなければその活動アプローチを見直すか、場合によってはステージの在り方を変えるなど、小さな活動を通じてできるだけ早く軌道修正を行うようにします。これをビジネスプラン上の検証とも言います。

例えば、シニア世代の人生を華やかにすることを目標に、社会とのつながりの一手段として求職者と仕事依頼者のマッチングビジネスを検討しているとしましょう。実装機能（コミュニケーション機能ほか）や対象者属性など検討事項はいろいろありそうです。しかしそれら全ての機能開発やユーザー調査をしていくことは、現実的ではありません。自身のMVVを羅針盤にいったんターゲット層を絞って（例えば就業経験のある65～70歳の都内在住の女性層）、まずは絞った母集団約100万人口の0・1％である1000人の登録者を目標値とします。

しかし、実際に100人へのヒアリングや提案を通じて、2人（2％）しか就業意思がなかったらどうでしょうか。仮に1000人がサービス登録したとしても、仕事への応募はないかもしれません。これらはあくまで空想の話でヒアリングを活動例として取り上げましたが、もし何の活動プランもなく最初から大規模な機能開発を行っていた場合は、同様に顧客が得られないだけでなく、時間とコストがかかった上に理由もよくわからない失敗へと陥るシナリオにもなり得ます。1000人の登録目標と、100人へのヒアリング活動があったからこそ、「何がシニア世代の人生を華やかにするか」「シニア層間での華やかな人生イメージの違い」についてもう一度検討するきっかけを得ることができるのです。

ビジネスモデルとビジネスプラン、MVVで成長イメージをまずは描いてみる

起業と言うと、ごくわずかな人しかできない偉業のような印象があるかもしれません。しかし、どの起業家も、はじめのビジネスプランでそのまま成功することはなく、何度も上書きしています。最近になって大企業がMVVを発表するように、MVVも成長とともに見直すものです。成功する起業家に共通しているのは、まずはビジネスプランを描いてみることであり、それがあるが故に自身のMVVとの整合や環境変化に対応して、他者との共有価値を広げながら成長を遂げています。

ビジネスモデルは1枚の紙に書くことができ、ビジネスプランもそれをもとにひとりでも検討できます。そして誰かとの共有も簡単です。まず1枚の紙を取り出して、一歩を踏み出してみてはいかがでしょうか。

2 「アカウンティング」

会計を学ぶ必要性とは——ビジネスを語る世界共通言語

昨今、大学生起業家は珍しくなく、高校生起業家も少しずつ増えてきました。こうした若い世代の起業の動機の多くは「お金持ちになりたい」「楽をしてお金を儲けて暮らしたい」といった浮ついたものではなく、「社会課題を自分の力で何とかしたい」という高い視座によるものが多くなっていることが特徴と言えるでしょう。

これはSDGsへの関心の高まりという時代背景とともに、日本だけでなく世界的な潮流と言えます。大企業への就職だけがキャリアの選択肢ではなく、自ら起業して社会問題の解決に取り組む学生が増えることは素晴らしいことです。

一方で、残念なことに、起業した会社の多くが数年のうちに立ち行かなくなってし

図表4-2-1　起業・ビジネス教育の現状

日本では、起業やビジネスに関する教育の機会が不足している

起業に関する教育・研修の場

	20代以下	30代	40代	50代	60代以上
中学・高校	5.9%	0.0%	0.0%	0.0%	0.0%
大学・大学院	35.3%	19.5%	23.3%	22.2%	0.0%
民間会社セミナー	0.0%	17.1%	18.6%	11.1%	18.2%
その他	5.9%	4.9%	11.6%	11.1%	9.1%
教育を受けていない	58.8%	68.3%	53.3%	66.7%	72.7%

出所：一般社団法人ベンチャーエンタープライズセンター「ベンチャー白書2022／ベンチャービジネスに関する年次報告」

まうことも事実です。アメリカのある研究機関の調査によると、起業の5年後には8割が廃業に追い込まれ、起業家が後悔したことの第1位は、「もっと会計・財務のことを勉強しておけばよかった」というものだそうです。また、日本のベンチャーエンタープライズセンター（VEC）の調査によると、日本の起業家の6割以上は起業やビジネスに関する教育を受けたことがなく、受けたことのある3割の起業家も、成人になってから受けたという人がほとんどです。

会計（アカウンティング：Accounting）の語源は、Accountability（説明責任）という言葉からもわかる通り、ビジネスについて数字を使って説明するというところからきていると言われています。会計は出資者をはじめとしたステークホルダーに、どのような根拠でいくらのお金を集め、どのような方法で増やし、分配するかについて説明するための技術であり、ビジネスを語る上で

の世界共通言語と言えるでしょう。

ゲーテがその著書『ヴィルヘルム・マイスターの修行時代』（日本語訳は岩波文庫、山崎章甫訳）の中で、「複式簿記は経営者にあたえてくれた人間精神の発明した最も優れた発明の一つ」と記したエピソードは、会計を勉強したことのある人の間では有名ですが、ビジネスの動きを説明するための技法として、世界中どこに行っても通用するものです。その複式簿記を日本に紹介したのは、慶應義塾大学の創設者・福沢諭吉だと言われています。１８７３年に『帳合之法』にて日本で初めて複式簿記を紹介し、今日も使われている「貸方」「借方」などの訳語も、福沢が翻訳したと言われています。

著名な経営者の話

日本を代表する著名な経営者のひとり、稲盛和夫氏の著書に『稲盛和夫の実学――経営と会計』（日本経済新聞出版）があります。稲盛氏は京セラ・第二電電（現・ＫＤＤＩ）創業者として、またＪＡＬ再生の立役者として、日本経済の発展に大きく貢献したことで知られていますが、同書の中で稲盛氏は「会計がわからなければ真の経営者にはなれない」として、会計の門外漢でありながらプロの経営者として独学で会計を学んだ経緯について書かれています。

筆者がプロ経営者、T氏にお聞きしたエピソードも心に残っています。T氏も数々の企業の再生に携わった著名な方ですが、彼が多くの企業の経営者と接していて感じていたことを、以下のように語られていました。

「会計は企業経営という経済活動を客観的、標準的に記述し分析する唯一の共通言語であり、財務3表の理解は経営者の運転免許のようなものだが、日本の上場企業の経営者は無免許運転だらけ。自分は若い頃にMBAを取ったが、結局講座の最初に受けた会計の基礎講座が後のキャリアで最も役に立った」

「日本の上場企業の経営者は無免許運転だらけ」というのはショッキングな表現ですが、粉飾決算で破綻し、T氏が再生に関与したある大企業の経営陣は、不正会計の意味も理解していなかったそうです。

経営のパスポート、「財務3表」って何？

稲盛氏とT氏の言われているのは、会計がわかる、財務3表を読めるのが経営のパスポートであるということです。では、そもそも「財務3表」とは何でしょうか。

具体的に言うと「貸借対照表」「損益計算書」「キャッシュ・フロー計算書」の3つのことです。限られた紙面でこれらを説明するには限界があるので、まずはざっくりとつかんでください。あとは財務3表について書かれた本を読んだり、自分の興味のある会社（例えば、家族が勤めている会社、働いてみたい会社、好きな商品をつくっている会社）の財務諸表を見たりしてもいいでしょう。

これらの用語がとっつきにくいという抵抗感もあるかもしれませんが、これはビジネスを語る上での「共通言語」なので、ぜひ覚えてください。英語を勉強する際にアルファベットを覚えるようなものだと思ってください。

貸借対照表は会社の持ち物リスト。何を「元手」にして儲けているのかがわかる

財務3表の1つ目は、貸借対照表、英語ではBS（Balance Sheet）と呼びます。儲けを生み出すためには、一定の「資産」＝「持ち物」が必要です。例えば、パン屋を営むのであれば売り物であるパンはもちろん、焼くためのオーブンや、売るための店舗が必要です。貸借対照表は、「持ち物リスト」と考えればいいでしょう。

表の左側が、持っているものの一覧です。例えば、鉄道や発電のようなインフラ産

図表4-2-2　主要財務諸表のイメージ

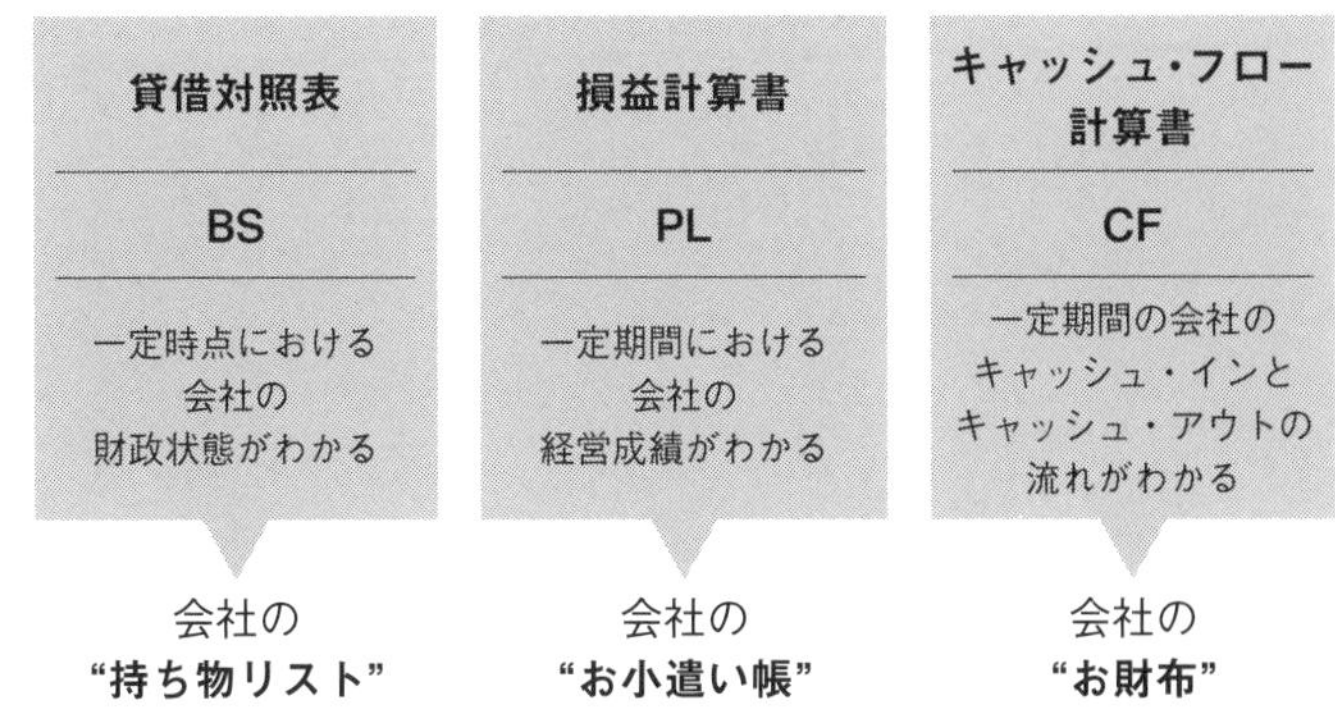

図表4-2-3　主要財務諸表の役割をざっくりとつかむ

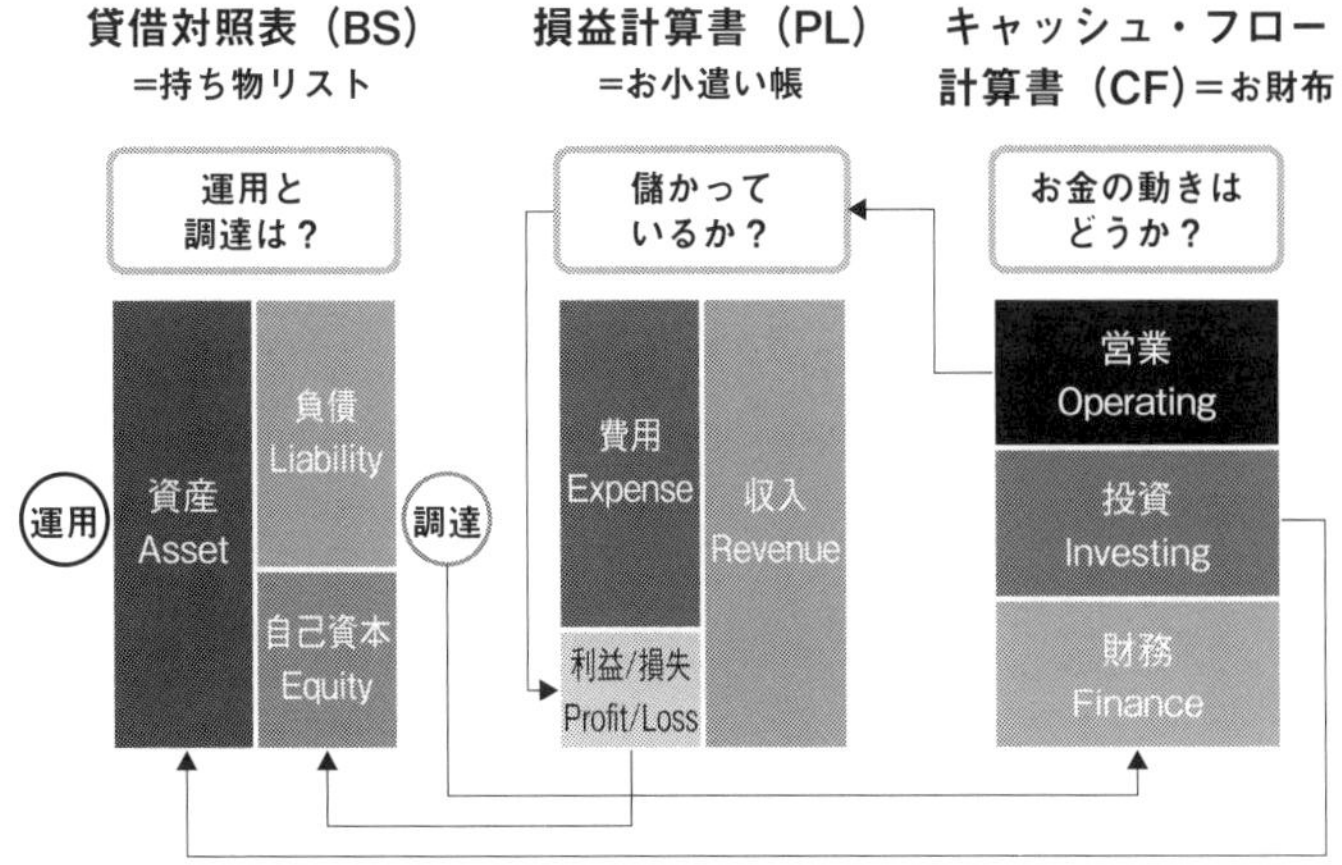

業は巨大な持ち物が必要ですし、インターネットビジネスなどは比較的小さな持ち物でビジネスができるでしょう。

表の右側は、これらの持ち物を買うための資金をどのように調達したかを表しています。調達手段は大きく「負債」と「自己資本」に分けられます。負債はわかりやすく言うと「借金」なので、いつか返済しなければいけません。一方で、自己資本は返済する必要はありません。この負債と自己資本のバランスをどのようにとるのかは経営上、大きな意味を持ちます。

筆者は、日本の経営者には、このＢＳを意識して経営をされている方が非常に少ないと感じます。先に紹介した稲盛氏

図表4-2-4　会計は経営のコックピット

"会計は経営のコックピットだ、
いまのビジネス・数字を見るための計器盤だ"
（稲盛和夫著『実学』より）

スピードメーターだけを見て、燃料計を見ていなかったら？

出所：稲盛和夫著『稲盛和夫の実学ー経営と会計』日本経済新聞出版（1998年）

は『実学』の中で「会計は経営のコックピット。いまのビジネス・数字を見るための計器盤」と表現されていましたが、BSは燃料計と表現できるでしょう。後述の損益計算書がスピードメーターの役割をしますが、スピードだけを気にしていて燃料の残量を気にしておかないと、いつ墜落してしまうかわかりません。どれくらい儲かっているのかはもちろん大事ですが、それを生み出すのにどれくらいの持ち物が必要なのか。言い換えれば、どれくらいの資金が必要で、それをどうやって調達しなければいけないのかということもそれ以上に重要です。

損益計算書は会社のお小遣い帳。どれくらい儲かっているかがわかる

財務3表の2つ目は、損益計算書です。英語ではPL(Profit and Loss Statement)という呼称が一般的です。「お小遣い帳」をイメージするとわかりやすいでしょう。日本の経営者でも、これをわかっていない人はほとんどいないと思います。「収入」から「費用」を差し引いたものが「利益」(もしくは「損失」)なので、これを見ると会社が「どれくらい儲かっているか」というのがわかります。

キャッシュ・フロー計算書は会社のお財布の中身。結局お金が減ったのか増えたのかがわかる

財務3表の3つ目はキャッシュ・フロー計算書（Cash Flow Statement）です。「勘定合って銭足らず」という言葉を聞いたことがあるでしょうか？ 先ほど、起業しても多くの会社が消えていくという話をしましたが、実はこのうちの3分の1は儲かっているのにもかかわらずつぶれてしまうそうです。勘定が合う＝採算がとれている。つまり数字上は儲かっているのに、お金が回らなくなって立ち行かなくなるのです。

それはどういうことでしょうか？ 例えば、顧客に商品を売ったとして、その代金の回収が2カ月後だったとします。回収までの2カ月の間、手元にお金がなく、家賃や水道光熱費、従業員の給料などの支払いができなかったとしたら、経営に必要な現金が足りなくなって、会社はつぶれてしまいます。これが、見かけ上は黒字（利益）なのに手元の現金が足りずにつぶれてしまう「黒字倒産」と言われるものです。

ビジネスの世界では**「キャッシュ・イズ・キング（Cash is King）」と言われ、現金が何よりも大事**なのです。この流れを表すのが、キャッシュ・フロー計算書です。

キャッシュ・フロー計算書は、営業、投資、財務の3つのパートに分かれています。

「営業キャッシュ・フロー」は、本業でどれくらいお金が増えたか（または減ったか）を表しています。営業キャッシュ・フローがずっとマイナスであるとしたら、そのビジネスを続けることはできないでしょう。

会社を大きくするためには、本業で稼いだお金を次のビジネスに投資する必要があります。どのような領域に投資しているかを表しているのが「投資キャッシュ・フロー」です。既存のビジネスを水平展開する場合もあるでしょうし、全く新しいビジネスに広げていく場合もあるでしょう。海外進出という選択肢もあるかもしれません。投資にはお金の支出が伴いますので、ビジネスが伸びている会社は投資キャッシュ・フローがマイナスになります。

本業が振るわなかったり、本業で儲けた以上にビジネスを拡大したりする場合には、新たにお金を調達する必要があります。逆に、手元資金に余裕がある場合は、借金の返済に回すこともあるでしょう。これを表すのが「財務キャッシュ・フロー」です。例えば、積極的に投資をする会社であれば、投資キャッシュ・フローが営業キャッシュ・フローを大きく上回り、足りない分は借り入れで賄うため、財務キャッシュ・フローがプラスになるという形です。

このように、キャッシュ・フロー計算書は会社の経営＝お金の動きを最も端的に表していることがわかると思います。

財務諸表を読めるようになるためには

経営者にとって財務諸表を読めるようになることの重要性はすでに触れましたが、経営者でなくても、社会人になって仕事をするようになると、このスキルがないと苦労すると思います。スキル習得のためには実務経験を積むのが一番ではあるのですが、疑似的に練習できる書籍も出版されています。公認会計士試験合格後、大手監査法人を経てベンチャー企業を立ち上げ、会計教育事業等に従事している福代和也氏が〝大手町のランダムウォーカー〟名義で書いた『世界一楽しい決算書の読み方』（KADOKAWA）という書籍内の例題を紹介します。福代氏は〝大手町のランダムウォーカー〟名でSNSもやられているので、興味のある方はフォローすることをおすすめします。例題は、図表4－2－5に示すもので、3つの損益計算書のうち、セブン－イレブンのものはどれかわかりますか？　というものです。

正解は②です。セブン－イレブンは直営よりもフランチャイズ経営の店のほうが多いため、直営売上に対応する費用である「売上原価」よりも加盟店の管理コストであ

図表4-2-5　セブン-イレブンの損益計算書はどれ？

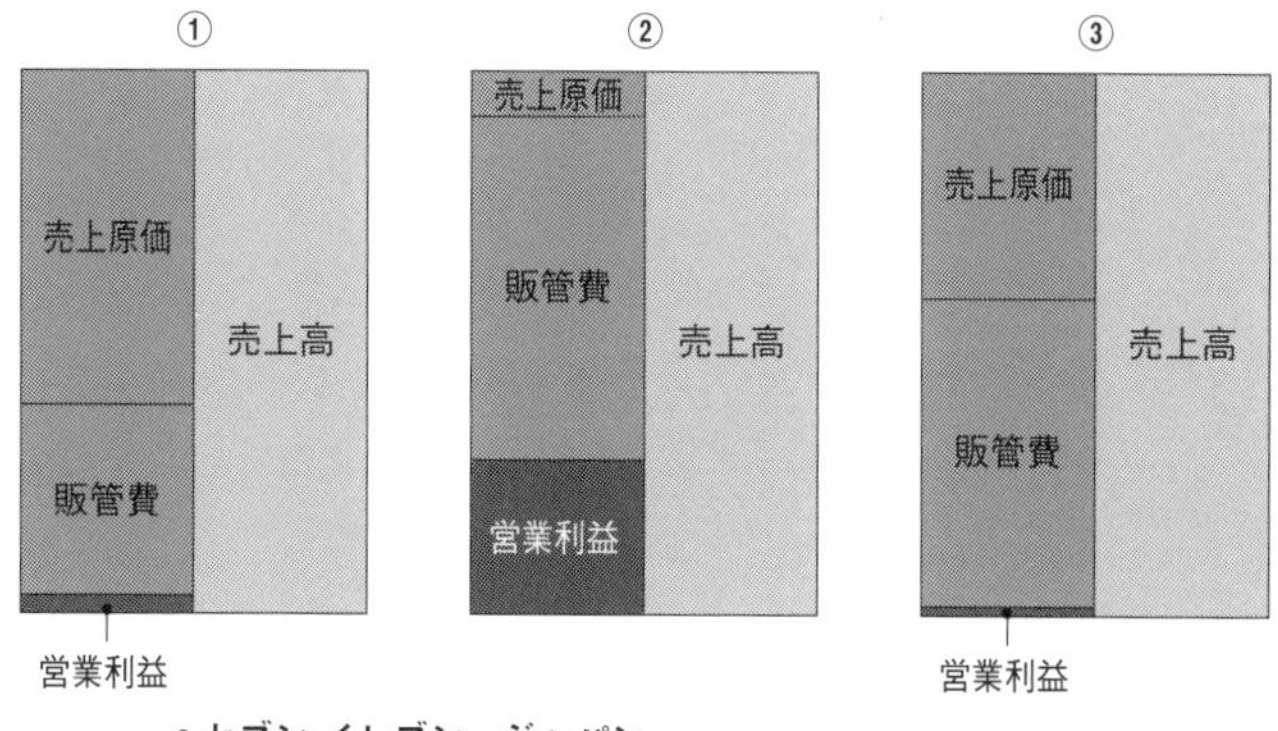

- **セブン-イレブン・ジャパン**
  店舗数日本一のコンビニチェーン。
- **ブックオフグループHD**
  中古品を顧客から買い取り店頭やネットショップで販売。
- **キャンドゥ**
  生活雑貨や食品などを販売する100円均一チェーン。

出所：大手町のランダムウォーカー『世界一楽しい決算書の読み方』（KADOKAWA, 2020）92ページ

図表4-2-6　フランチャイズ契約とは

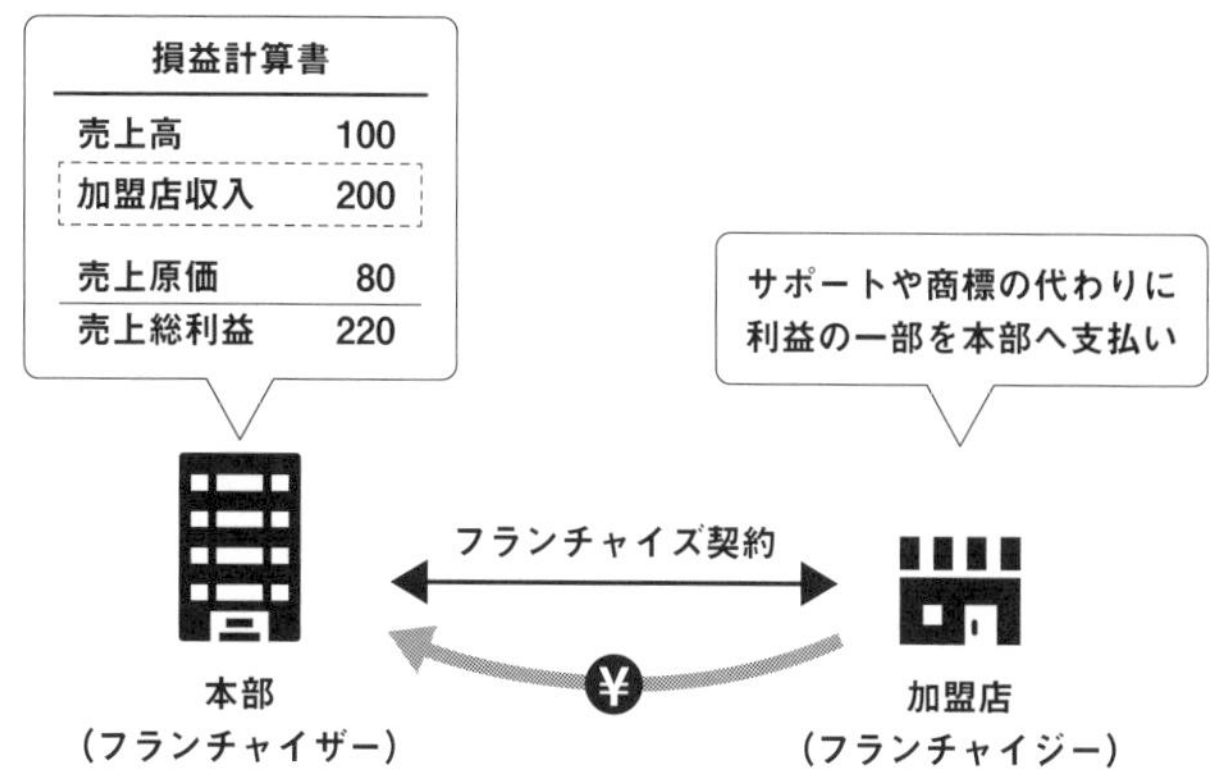

る「販管費」の割合のほうが多く、このような損益計算書になっています。ちなみに、①は100円ショップを経営するキャンドゥ、③が中古書籍などを販売する「ブックオフ」の運営会社で、原価率は同社が一番低くなっています。

ビジネスパーソンとして活躍するために

海外の同僚や経営者と話していると、会計士の資格やMBA、またはその両方を持っている人が少なくありません。前述の通り、ビジネスを数字で語る「会計」は、ビジネスの世界の共通言語です。

英語が母国語でない我々日本人が、ビジネスの世界の共通言語である会計を知らずに、どうやって世界中のビジネスパーソンと協業することができるのでしょうか？起業を志す人はもちろん、ビジネスの世界で活躍するためには、会計は英語と並んで学ぶべき、必須の項目だと思います。

ちなみに、筆者は公認会計士の資格を持っています。しかしその資格があるからといって、実務ですぐに使えるわけではありません。筆者自身の経験からも言えることですが、会計士の試験に受かったからといって財務諸表はつくれませんし、監査もできません。また、財務諸表を正しく読むこともままならない、というのが実態です。試験に受かることと実務で使えることは違うのです。財務諸表を読めるようになるには、実践あるのみ、です！

3 ファイナンス

大学発ベンチャーと資金調達

スタートアップをバックアップする機運はかつてないほどの高まりを見せており、日本での大学発スタートアップにも以前と比べて大きな資金が集まるようになってきています。一方で、企業間における競争も激しくなっている面もあるため、有利な資金調達を行うためには、十分な知識と準備をもって臨む必要があります。

前節でも紹介しましたが、アメリカのある調査によると、起業した会社の8割が5年以内に事業からの撤退を余儀なくされており、別の統計では、起業家にとっての最大の後悔についての質問には、「もっと財務管理を勉強すべきだった」という答えが一番多かったそうです。スタートアップ・エコシステムが整備され、日本よりも教育

図表4-3-1　起業した会社の生存率は?

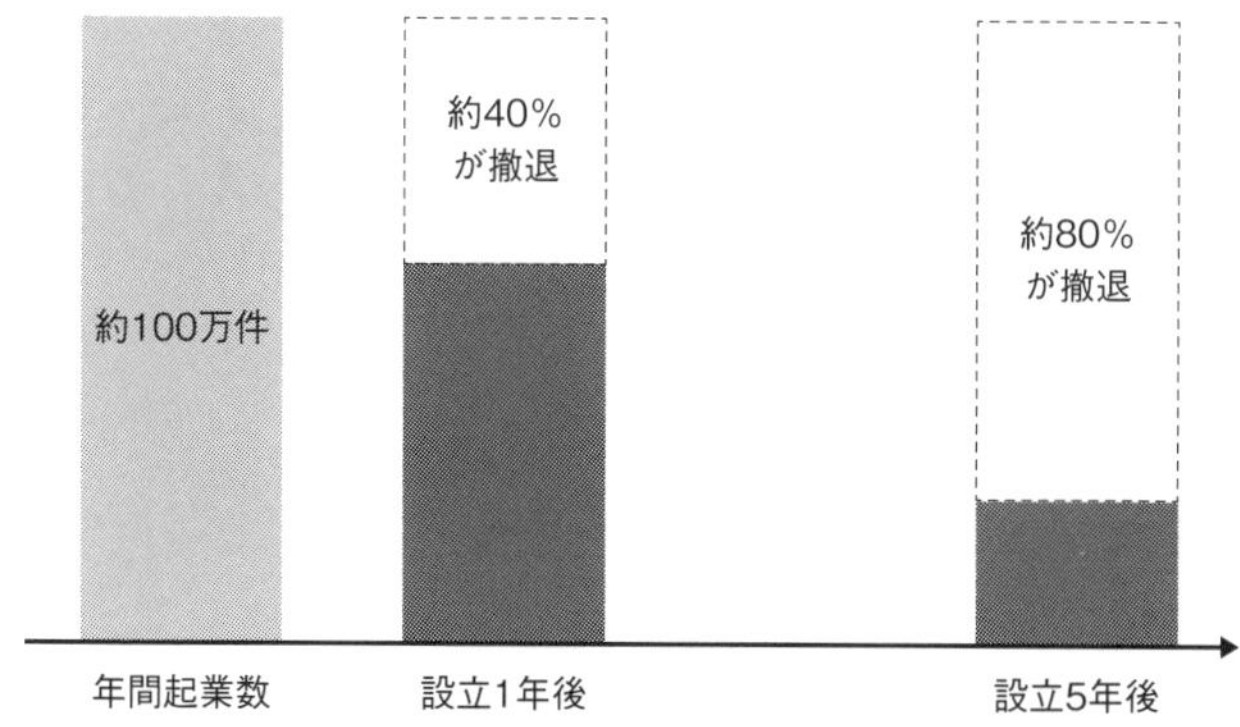

出所：Michael E. Gerber "The E-Myth Revisited" 1995

図表4-3-2　起業家の最大の後悔とは?

- もっと財務管理を勉強すべきだった **68%**
- もっと良いビジネスプランをつくるのに時間をかけるべきだった **67%**
- もっとマーケティングに時間とお金をかけるべきだった **65%**
- 相談相手を見つけるべきだった **49%**
- プロの会計士と契約すべきだった **29%**

出所：VIP ABC "How much money does it take to start business ?"

環境の整ったアメリカですらこのような状況ですので、日本の大学生の皆さんも、しっかりと学んでおく必要があるでしょう。

ベンチャーファイナンス：アカウンティングとファイナンス

第4講2で、「ビジネスを数字で語る『会計』は、ビジネスの世界の共通言語だ」という話をしました。本節で取り上げるファイナンスは、アカウンティング（会計）と対になる考え方です。会計が主に過去と現在の経済事象を表現する手法である一方、ファイナンスは主に未来のことを対象にしています。また、会計は企業の経営状態の把握や報告が目的ですが、ファイナンスが目的とするのは資金調達と企業価値の最大化です。

また前節で「キャッシュ・イズ・キング」、つまりお金が大事という話をしました。皆さんが事業を始め、継続するためには資金調達が何より必要です。資金を集め、事業を通じて企業価値を高め、資金の出し手である投資家や金融機関等に還元するのが、ここで扱う「ベンチャーファイナンス」です。

資金調達の類型：自己資本と負債

前節の貸借対照表の説明においてアカウンティングの側面から紹介しましたが、創業期の資金調達の方法は、大きく自己資本（エクイティ：Equity）と負債（デット：Debt）に分けられます。自己資本は法律上の返済義務がない一方、資金の出し手である投資家の立場からするとリターンに対する期待が大きいので、調達コストは高くなります。一方、銀行等の金融機関からの調達である負債は、元本の返済や約定に従った利息の支払いが必要になる一方、自己資本と比べた場合の相対的な調達コストは低くなります。

負債がいいのか自己資本がいいのかは、一概には言えません。ビジネスの性質や成長ステージなどによって異なります。返済義務のない自己資本が多いほうが経営的には安定していると言えますが、調達コストの低い負債でレバレッジ（てこの原理）を利かせて大きく成長させる、ということも考えられます。

図表4-3-3　財務安全性とレバレッジ

必要な資金を資本で調達するか、
負債で調達するかは、慎重に検討する必要がある

	返済義務	利払い	主なステークホルダー	調達コスト
純資産 (Equity) ＝自己資本	なし	不要	株主（投資家） ⇒利益分配、経営に対する意見 など	相対的に 高い
負債 (Debt) ＝他人資本	あり	必要	銀行	相対的に 低い

図表4-3-4　"レバレッジを利かせる"とは

自己資金で100万円調達して店舗運営
➡年間50万円の利益

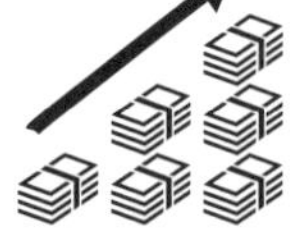

もし、銀行から900万円借りたら
利益は？

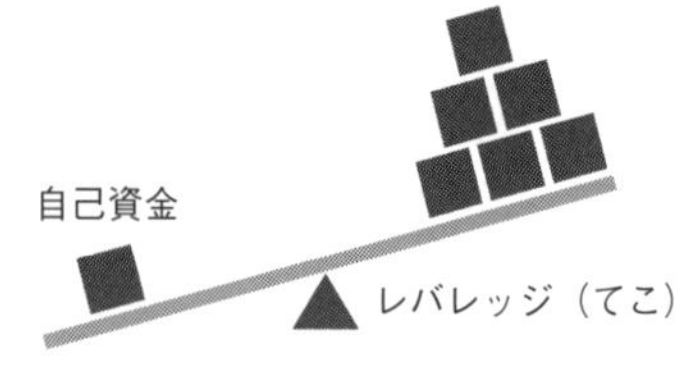

銀行借入による
レバレッジ
＝10倍？

ベンチャーキャピタルのビジネスモデル

ベンチャーキャピタル（VC）とは、未公開企業に出資して株式を取得し、将来的にその企業が株式公開や事業売却をした際に出資分を売却することで利益（値上がり益）の獲得を目指す事業体のことを言います。そのビジネスモデルは図表4－3－5の通りです。

VCは、簡単に言うと株式を「安く買って高く売る」ことを生業（なりわい）としているため、企業を成長させる、という観点においては、出資先の経営者と同じベクトルを持っています（出資先が成長すれば売る時の株価も上がる）が、出資する際の事

図表4-3-5　VCの典型的なビジネスモデル

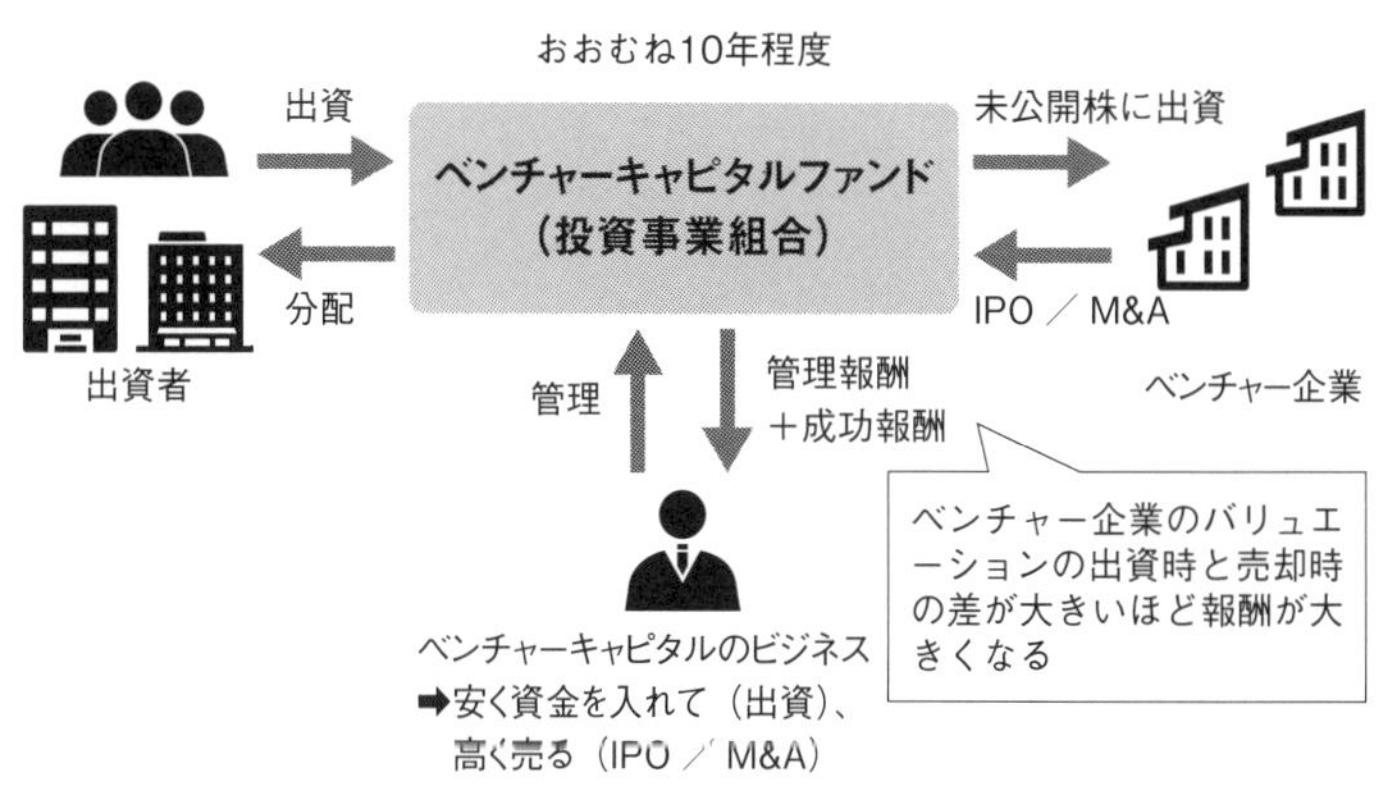

業評価（バリュエーション）や事業展開の方針などをめぐっては意見が分かれることもあります。

ベンチャーの類型と資金調達

Ｊカーブ（創業初期〜ビジネス立ち上げまでは大きく沈み、ある時点から指数関数的に成長する曲線）を描いて成長する企業をスタートアップ型、急激な成長曲線を描かずに着実に成長する企業をスモールビジネス型と呼ぶとすると、前者はエクイティファイナンスを行うＶＣなどに好まれ、後者は金融機関に好まれる傾向があります。

図表4-3-6　ベンチャー類型別の資金調達の適性

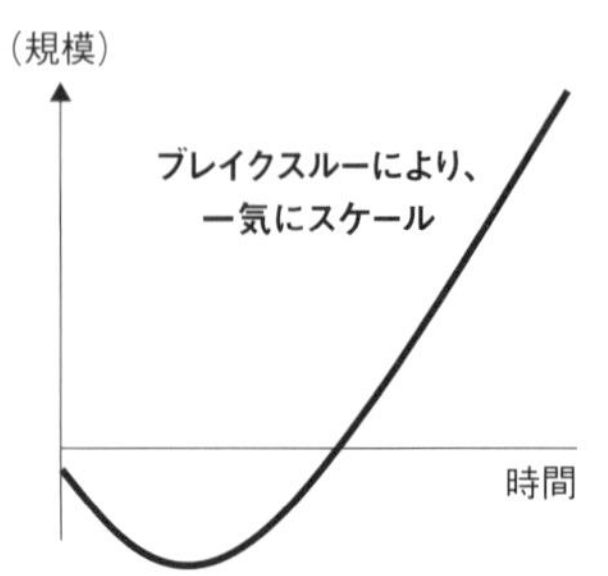

- 新ビジネスモデルで短期の成長を目指すタイプ
  ➡VCなどに好まれやすい

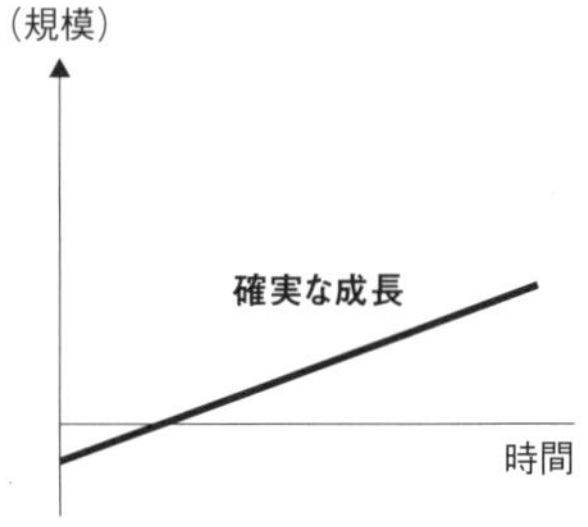

- 確立されたビジネスモデルで確実な成長を目指すタイプ
  ➡金融機関に好まれやすい

甘い言葉にご用心

　自己資本（エクイティ）による資金拠出には返済義務がないため企業が倒産すると出資額はゼロになってしまいます。一方、企業が成長するとその価値は10倍や１００倍、時として１０００倍以上になることも珍しくありません。

　前述したように、資金の出し手と受け手の利害は、時として相反します。そのため、ＶＣなどエクイティによる資金提供者と経営者との関係は、結婚にたとえられることがよくあります。たとえ多額の資金提供が

図表4-3-7　自己資本（エクイティ）での調達の類型と留意点

エクイティでの資金調達は結婚にたとえられる。まず、出資者は必ず何らかの形でのリターンを求めてくる。長い目で見て、一緒にビジネスを大きくしていくパートナーとしてふさわしいか、よく見極めよう

	主な留意点
手元資金	十分な資金はあるか? 生活費は?
親戚・友人	人間関係を金に換える 覚悟があるか?
エンジェル投資家	お金以外の利点はあるか? 業界での立ち位置、知見etc.
VC	担当者との相性、得意領域
CVC／事業会社	出資者の既存事業との関係

いわゆる“反社”に注意

長期にわたり、一緒に進むビジネスパートナーとしてふさわしいか?

必ずリターンを求められる（望まないIPO／売却も……）

魅力的に感じられたとしても、担当者との相性だけでなく、事業に対する選好など、先々までその資金提供者とうまくやっていけるかをよく考える必要があるでしょう。

甘い言葉で近寄ってくる出資者にも注意が必要ですし、特に、いわゆる反社会的勢力との関係は企業にとって致命傷になるので、十分に注意しましょう。

VCはここを見る

事業の将来性を見極める、いわゆる〝目利き〟は、経験を積んだベンチャーキャピタリストにとっても難しいものです。では、彼らは投資先をどのように選定しているのでしょうか。もちろん、彼らも投資先企業の属するマーケットの成長性や競合との比較などは行いますが、多くのベンチャーキャピタリストがほぼ例外なく挙げるのが、経営者（チーム）の〝人間力〟、あるいは〝胆力〟です。

今日、多くの人が思いつくようなビジネスモデルはほぼ、ほかの人も思いついていると言ってもよいでしょう。その際に重要な判断材料となるのは、その事業に対する想いや視座の高さ、そして何より「やりきる力」です。苦しいからといって途中で投げ出しそうな人には、誰も資金提供などしないでしょう。もちろん、必要なスキルを持っていることも大切です。例えば、AIを使ったビジネスモデルを描いているのに、経営者やそのチームにAIのわかる人間がいないと、話にならないでしょう。

負債による資金調達

スモールビジネス型の企業の場合、銀行等の金融機関からの融資（負債）による資金調達が適しています。銀行等はVCなどの投資家と違い、事業価値が10倍や100倍になることを最優先の期待事項とはしていません。元本・利息を確実に支払ってくれる相手にお金を貸すので

図表4-3-8　VCのチェックポイント

ポイント	チェックの視点
経営者・チーム	【経営者】 • ビジネスに対する情熱、ビジョン • 人間力、視座の高さ • そのビジネス領域での知識、ネットワーク etc. 【チーム】 • 事業実現に必要な人材が揃っているか • プロダクトをつくって適切にリーンモデルを回せるか
マーケット	• 既存市場、潜在的な市場、波及可能性のある市場 • 強み／差異化要因 • フロー型かストック型か
顧客ニーズ	• 固定顧客の有無・ターゲット（年齢、地域、性別、収入etc.） • 世の中のトレンド
出資条件	• 株式の種類、株価、出資額

す。そのため、バラ色の成長戦略よりも、事業の堅実さ、実績などをアピールするとよいでしょう。

創成期に利用できる融資制度では、日本政策金融公庫の新創業融資制度がおすすめです。国の100％出資による金融機関であるという信用と、何より代表者の連帯保証が不要という点が、若い起業家にとっては魅力的なのではないでしょうか。

新創業融資制度の評価のポイントは図表4－3－10の通りです。成長性よりも確実性が評価されると言えるでしょう。

その他の資金調達方法

自己資本、負債以外の資金調達方法としては、補助金・助成金やクラウドファンディングなどがあります。

補助金・助成金は返済義務がない点は魅力ですが、後払いである点、相応の手間が必要な点などに注意しなければいけません。

クラウドファンディングは、個人でも比較的手軽に利用できる資金調達の方法ですが、スタートアップが利用する場合には、テストマーケティングという位置付けでの

図表4-3-9　創成期に利用できる主な融資制度

■日本政策金融公庫

- 国の100%出資による政府系金融機関である公庫による融資
- 代表者の連帯保証が不要であることが特徴
- **新創業融資制度**、中小企業経営力強化資金 etc.

■制度融資

- 各自治体にある信用保証協会のあっせんで、金融機関から受けられる融資

■その他

- 女性・若者・シニア向けの創業サポート事業
- 金融機関系VCからのエクイティ調達とのセット etc.

※最新の情報は、ウェブサイト等で必ず確認のこと！

図表4-3-10　新創業融資制度の評価のポイント

ポイント	チェックの視点
自己資金	• 創業者が起業のために準備してきた資金（≠生活資金） • 預金通帳で確認 • 融資額は、自己資金の2〜3倍が目安
代表者	トラック（実績）がないため、代表者の定性情報を重視 • 経歴：実施する事業との関連性 • 個人信用情報：事故歴があるとほぼ困難、個人名義の支払い（家賃、電話代、水道光熱費）等が滞りなく支払われていること • 税金の支払い履歴：公庫は税金によって運営されている
事業見込み	成長性より確実性⇒裏付け資料が有利な材料に • 顧客との取引契約、受注実績、入金履歴 • 顧客リスト • 受賞履歴、メディア掲載実績 • VCからの出資

売買型のクラウドファンディングの活用がおすすめです。

製品やサービスのプロトタイプ作成費用等をクラウドファンディングの提供者から募り、その資金で返礼品としてのプロトタイプを提供し、感想などをフィードバックしてもらうのです。それにより、その製品やサービスの向上に役立てると同時に、口コミやSNSを通じたマーケティング効果も期待できます。

紙幅の都合で、ここでは基本的な枠組みの説明にとどめますが、まずは資金調達の重要性とここで説明した基本的な枠組みを理解した上で、実務においては、この領域に詳しい仲間や専門家に相談することをおすすめします。

図表4-3-11　補助金・助成金

行政が新たな需要や雇用の創出を促進し、
国の経済を活性化することを目的に、
創業に必要な資金の一部をサポートする制度

■メリット
- 創業時にも申請可能
- 基本的に返却の必要なし

■デメリット
- 金額が比較的少額であるのに対し、申請・報告等に相当程度の事務処理が求められる
- 後払いの性質のため、つなぎ資金が必要

※最新の情報は、ウェブサイト等で必ず確認のこと！

4 「成長戦略とＩＰＯ」

ＩＰＯとは？

ＩＰＯとは、「Initial Public Offering」の頭文字をとったもので、企業が初めて株式を公開（上場）することを指します。自社の株式を証券市場で自由に売買できるようにすることで、株主として一般の投資家が資本参加することを意味します。

広く一般投資家が株主になることは、企業が「個人企業（プライベートカンパニー）」から「公開企業（パブリックカンパニー）」に生まれ変わるという非常に重要な変更を意味します。社会的な企業として、収益の源泉や継続性、将来の成長性が求められるとともに、情報開示による経営の透明性を確保し、また公開企業としてふさわしいコーポレートガバナンス（企業統治）や内部管理体制が適切に整備されていることが必要となります。

そのため、企業がＩＰＯするにあたっては、公認会計士または監査法人の監査を２年間受けなければならず、さらに、証券会社や証券取引所による厳格な審査をクリアする必要があります。ＩＰＯを実現するには、社内管理体制の整備など多大な労力も必要とすることから、将来にわたって安定的に利益を維持し、かつ事業の成長のために必要な経営資源（ヒト・モノ・カネ）を確保するために最適なタイミングを見極めた上で、ＩＰＯの実施スケジュールを決定することが重要です。

ＩＰＯのメリット・デメリット

企業にとってのＩＰＯのメリットは、①資金調達能力の向上および財務内容の充実、②企業の社会的知名度や信用力の向上、③社内管理体制の強化、④ストック・オプションなどのインセンティブプランによる人材確保、⑤株式交換制度等を活用したＭ＆Ａの円滑化――などが挙げられます。

デメリットとしては、①企業の株式が買い占めや投機的取引の対象となるリスク、②事業内容の開示義務に伴う事務負担の増加、③株式事務や株主対応の増加、④上場

図表4－4－1　企業にとってのIPOのメリット・デメリット

企業にとって以下のメリットやデメリットがある

メリット	デメリット
資金調達の多様化、財務基盤の強化	社会的責任の増大
社会的知名度・信用力の向上	金融商品取引法や取引所規則等への対応コストの増加
経営管理体制の充実	敵対的買収への対応・買収防衛策

維持のためのコスト負担――などが挙げられます。

ＩＰＯを行うと、増資等により直接一般投資家から資金調達を行うことで財務体質の強化が図られ、知名度や信用力の向上により取引先の拡大や優秀な人材の確保が可能となります。実際にＩＰＯを行った企業からは、採用にあたって応募してくる人材の質が大きく変わったとの感想がよく聞かれます。

他方、潜在的に株主となり得る投資家を含む一般から資金調達を受けること（が可能となること）で、その株主に対しての説明義務が生じます。投資家向けの企業情報の開示（ＩＲ）や決算発表、有価証券報告書の開示に加え、上場企業の経営者は内部統制を整備・運用し、その有効性を自ら評価する必要があります（いわゆるＪ－ＳＯＸへの対応）。なお、有価証券報告書やＪ－ＳＯＸ対応に伴い提出する内部統制報告書については、原則として公認会計士または監査法人の監査を受ける必要があります。また、企業の株式が証券市場で自由に売買されるため、自社の株式が買い占めや投機的な取引の対象となるリスクもあります。これらについ

図表4-4-2　創業者にとってのIPOのメリット・デメリット

創業者にとって以下のメリットやデメリットがある

メリット	デメリット
創業者利益の実現	支配割合の低下
保有株式の時価の形成による価値の明確化	敵対的買収の脅威

ては、専門の解説書を読み、また専門家に相談することをおすすめします。

創業者や株主にとってのIPOのメリットは、①創業者利益の実現、②株式の公正な価格形成による財産価値の増大などが挙げられ、デメリットとしては、①既存株主の支配割合の低下、②敵対的買収等により経営権を奪われるリスクなどが挙げられます。

創業者を含むIPO前からの株主は、IPO時に保有している株式の一部または全部を売却することにより、創業者利益・キャピタルゲインを得ることができます。また、保有する株式が証券市場で流通することになり、公正な株価が形成されて流通性が向上することで、株式の換金性が高まり、財産形成が図られることになります。

他方、企業の株式が証券市場で自由に売買されることになるため、敵対的買収によって創業者の経営権が奪われるリスクもあります。敵対的買収などを防止するためには、安定株主対策やIR情報の充実等を図っていくことも重要となります。

以上のように、IPOは企業や創業者・株主にとって多様なメリット・デメリットがあります。企業がＩＰＯを検討する際には、これらのメリット・デメリットの双方を勘案した上で、慎重に進める必要があります。

どんな企業がＩＰＯをしているのか

ここで、日本の過去10年のＩＰＯ件数の変動を見てみましょう。２０１０年は22社でしたが、２０１５年には92社、２０２０年および２０２１年にはそれぞれ93社、１２５社がＩＰＯを行っています（有限責任 あずさ監査法人調べ）。また、本書執筆時点で公表された２０２２年の件数は93社となっており、おおむねここ数年は年間１００社前後のＩＰＯが行われていることとなります。

また、２０２２年はウクライナ情勢、世界的な金利の上昇や物価上昇等に伴う経済環境および株式市場の悪化があり、当初予定していたＩＰＯスケジュールを延期している企業が多かったと言われています。これらの企業が今後ＩＰＯをするのかも注目して見ていきたいと思います。

ＩＰＯを行った企業の業種を見ると、「情報・通信業」と「サービス業」が多くを占めています。かつてはスマートフォンの普及に伴うアプリやソーシャルメディア関連

図表4-4-3　2010年から2021年までのIPO件数はどのように推移している?

業種	2010年	2015年	2020年	2021年
情報・通信業	5社（23%）	24社（26%）	36社（38%）	52社（42%）
サービス業	3社（14%）	24社（26%）	26社（28%）	33社（26%）
化学	1社（ 5%）	11社（12%）	4社（ 4%）	5社（ 4%）
医薬品	2社（ 9%）	4社（ 4%）	3社（ 3%）	4社（ 3%）
小売業	2社（ 9%）	3社（ 3%）	4社（ 4%）	3社（ 2%）
その他	9社（40%）	26社（29%）	20社（23%）	28社（23%）
計	22社	92社	93社	125社

新規上場会社の数は増加傾向にある。
また、**業種別では「情報・通信業」と「サービス業」が約7割**を占めており、法人向けのIT関連サービスを展開する企業が目立っている

の企業のＩＰＯが目立っていました。これは、相対的に多額の投資が必要とされず、マーケットに受け入れられるビジネスモデルを構築した企業は早期に収益化を図ることが可能であるため、ＩＰＯも相対的に容易だったからと考えられます。

近年では、ＳａａＳやＡＩ、ＤＸを推進する企業のＩＰＯが増えており、大学や研究機関の技術シーズをもとにした研究開発型企業のＩＰＯの増加も顕著になってきている特徴があります。

日本でもスタートアップ・エコシステムが年々強化されており、大学等がその研究成果にもとづいた起業を推進する一方で、ＶＣなどの投資家も独自技術を有する大学発スタートアップやディープテック領域への投資に積極的になってきており、社会的課題を解決するイノベーションを創出していこうとする気概を持った人たちが起業家・

投資家ともに増えてきている実感があります。今後もディープテック領域や研究開発型のスタートアップのＩＰＯが多数行われることが期待されます。

上場している大学発ベンチャー企業

スタートアップ・エコシステムの発展、大学の起業意欲や投資家マインドの変化などにより、ディープテック領域での研究開発型の大学発スタートアップは増加しています。経済産業省が毎年委託して実施している「大学発ベンチャーの実態等に関する調査」においても、２０２２年2月17日時点で上場している大学発ベンチャー企業は64社存在していることが示されています。当該報告書の調査日時点以降も大学発ベンチャー企業のＩＰＯは行われており、この流れは年々大きくなっています。

なお、研究開発型のスタートアップは、研究開発を経てビジネス化・事業化することになるため、設立からＩＰＯに至るまでの期間が長期にわたる傾向があり、ＩＰＯするまでに10年以上を要する企業が半数以上となっています。これは、大学等の研究成果であるシーズの技術をどのように製（商）品化し、どのマーケットに展開していくかなど、解決すべき課題が多くあるため、長期化しているものと考えられます。

図表4-4-4　上場している大学発ベンチャー企業

上場している大学発ベンチャー企業は年々増加し、2022年2月17日時点では合計64社となっている

社名	時価総額	社名	時価総額
ペプチドリーム	2,682.1億円	オンコリスバイオファーマ	98.8億円
ミクシィ	1,792.2億円	メタップス	97.2億円
レノバ	1,089.9億円	フェイス	96.6億円
ユーグレナ	895.2億円	アライドアーキテクツ	90.6億円
サンバイオ	762.9億円	ジェイテックコーポレーション	89.3億円
ヘリオス	653.5億円	ホットリンク	72.6億円
PKSHATechnology	606.2億円	カイオム・バイオサイエンス	72.5億円
ジーエヌアイグループ	590.9億円	ツクルバ	72.5億円
アドベンチャー	575.3億円	トランスジェニック	67.9億円
アンジェス	486.7億円	ディー・ディー・エス	66.5億円
ファーマフーズ	479億円	デ・ウエスタン・セラピテクス研究所	61億円
オプティム	478.6億円	イルグルム	58億円
CYBERDYNE	476.9億円	リボミック	55.1億円
シンバイオ製薬	369.9億円	レナサイエンス	53億円
ステムリム	368.9億円	ブライトパス・バイオ	51.3億円
マークラインズ	339.4億円	オークファン	50.9億円
ユーザーローカル	242.4億円	リブセンス	47.8億円
インターアクション	241億円	モルフォ	47.7億円
スリー・ディー・マトリックス	207.7億円	ディジタルメディアプロフェッショナル	38億円
ジャパン・ティッシュ・エンジニアリング	198.9億円	ヒューマン・メタボローム・テクノロジーズ	34.5億円
ALBERT	193億円	ユビテック	33.5億円
Gunosy	191.4億円	フィット	31.7億円
ACSL	189.3億円	はてな	30.9億円
ブイキューブ	183.7億円	フィーチャ	28.4億円
リプロセル	170.6億円	クリングルファーマ	28.1億円
ナノキャリア	168.7億円	セルシード	25.7億円
Klab	159.1億円	DNAチップ研究所	23.1億円
オンコセラピー・サイエンス	129億円	ハウテレビジョン	22.2億円
ライトアップ	128.6億円	テラ	21.2億円
キッズウェル・バイオ	127.3億円	クラスターテクノロジー	21億円
ドリコム	117.4億円	キャンバス	18.6億円
カヤック	112.9億円	フェニックスバイオ	15.8億円

出所：令和3年度産業技術調査事業（イノベーション創出を目指した事業会社からの事業切出し手法及び大学発ベンチャーの実態等に関する調査）「大学発ベンチャーの実態等に関する調査」（経済産業省）(https://www.meti.go.jp/policy/innovation_corp/start-ups/reiwa3_vc_cyousakekka_houkokusyo.pdf)

しかしながら、多くの課題を解決して成長を続けていく大学発スタートアップのＩＰＯが今後も増加を続けていくことを大いに期待しています。

日本のＩＰＯはスケールが小さい？

では、アメリカと比較した場合にはどうでしょうか。日本とアメリカのＩＰＯ企業の中央値を比較すると、ＩＰＯ時の資金調達額で９・３６倍、時価総額で３・８１倍（いずれもアメリカのほうが大きい）の差がついています。また、売上高の変化を見

図表4－4－5　現在の日本のIPOをめぐる問題点
～日本のIPOはスケールが小さい？

日本とアメリカの新規上場会社を比較する（中央値ベース）と、
資金調達額で9.36倍、時価総額で3.81倍の差をつけられている

2017～2020年上場企業の調達額				
	日本／マザーズ	米／ナスダック		日米倍率
単位	（百万円）	（百万USD）	（百万円）	
最小	130	3	330	
中央値	1,175	100	11,000	9.36
最大	122,142	3,490	383,900	
平均	3,112	195	21,450	6.89

2017～2020年上場企業の時価総額				
	日本／マザーズ	米／ナスダック		日米倍率
単位	（百万円）	（百万USD）	（百万円）	
最小	1,383	3	330	
中央値	13,058	452	49,720	3.81
最大	717,256	85,125	9,363,750	
平均	24,061	1,569	172,590	7.17

出所：経済産業省「スタートアップによるレイター期・IPOファイナンス等の見直しに係る調査報告書」（2022年3月）
※ナスダックの日本円換算は1ドル110円とした

IPOを達成した会社の規模もアメリカに大きな差をつけられており、
成長したメガベンチャーが少ないと言える

ると日本はＩＰＯ後に成長が鈍化しているというデータもあり、これらは、アメリカと比較して、日本ではＩＰＯによる資金調達が十分に行えていないことを示していると言われています。

しかしながら、日本とアメリカではＩＰＯに関わる状況に大きな違いがあるということも言えます。

日本の場合、アメリカと比べると企業規模が小規模な段階でＩＰＯをすることができ、ＩＰＯで得た資金や知名度・信用力を活用して、成長を加速することが可能となる環境にあると言えます。ただし、ＩＰＯ後に成長が鈍化している企業が多いことからも、その日本特有の利点を十分に活かしきれていない可能性はあると考えられます。

過去にＩＰＯが選択された背景

最後に、現在の日本の大企業が過去にＩＰＯを選択した背景について触れたいと思います。

現在ではグローバルな大企業として認識されている企業も過去にＩＰＯを行い、成長を遂げてきました。例えば、ソニー（現・ソニーグループ）は１９５８年、京都セラミック（現・京セラ）は1971年、日本電産（現・ニデック）は1988年にＩＰＯを行っており、ＩＰＯ後も大きく成長して今日の地位を築いています。

1980年代の半ばまでは、銀行借入による間接金融ではなく、株式による直接金融が中心であったと考えられます。現在では、長期にわたる低金利政策・ゼロ金利政策によって、企業も低金利で資金を借り入れることができますが、成長資金を確保するという観点からは、返済不要の自己資本として資金調達を行い、成長投資を行うことが可能なＩＰＯが依然として選択されているということになります。

なお、ＩＰＯ後に企業の成長が伸び悩んでしまった結果、創業者やベンチャーキャピタルなどの上場前の株主がＩＰＯによって利益を得ることを目的として上場を行う、いわゆる「上場ゴール」と揶揄（やゆ）されることがあります。しかし、上場ゴールと言われてしまっている企業の全てが、意図してＩＰＯ後の成長を鈍化させているわけではありません。ＩＰＯは、あくまで企業の成長戦略のひとつとして行われるべきものです。資金調達や知名度の向上によって企業の成長が加速するタイミングを慎重に検討した上でＩＰＯを行うとともに、ＩＰＯを成長のエンジンとしてその後の成長戦略を着実に実行していき、さらなる成長・企業規模の拡大を継続して図っていくことが、企業の経営者には今後も求められます。

ファイナンス、IPOの4つを取り上げました。これらはスタートアップの立ち上げに必要なだけでなく、ビジネスの現場で働く全ての人にとって重要なものです。それぞれの内容を限られた紙面で伝えることは難しいのですが、その重要性や勘所だけでも感じとっていただければ幸いです。

本書を読んでもっと学んでみたいと思われた方のために、参考書籍・文献を掲載しますので、意欲のある方はチャレンジしてみてください。

著者	分野
大手町のランダムウォーカー	アカウンティング
大手町のランダムウォーカー	アカウンティング
稲盛和夫	アカウンティング
田所雅之	ビジネスプラン
田所雅之	ビジネスプラン
アッシュ・マウリャ著／渡辺千賀解説／角征典訳	ビジネスプラン
エリック・リース著／伊藤穣一解説／井口耕二訳	ビジネスプラン
近藤哲朗	ビジネスプラン
磯崎哲也	ファイナンス
https://sogyotecho.jp/	起業全般・ファイナンス
https://hajimeru01.com/side/	起業全般・ファイナンス
KPMG FAS編	CVC・投資評価
KPMG FAS編	CVC・投資評価
長谷川克也	起業全般
鎌田富久	起業全般
あずさ監査法人編	IPO
ヘンリー チェスブロウほか著／長尾高弘訳	オープンイノベーション
あずさ監査法人インキュベーション部（編集）	インキュベーション
山本飛翔	知財戦略

筆者がおすすめする参考書籍・文献

本書はKPMGが実施した春秋28回×90分の講義のエッセンスをまとめたものです。28回の講義のうち5回は、日本の従来の教育プログラムで学ぶ機会の少ないビジネススキルに関したもので、「スタートアップのための必携ビジネス知識」と題し、ビジネスプラン、アカウンティング、ベンチャーファイナンス、知財・法務、税務、IPOの6つのテーマを設けていました。

本書第4講では、このうちビジネスプラン、アカウンティング、ベンチャー

書籍・文献名	発行年月日	出版社
会計クイズを解くだけで財務3表がわかる 世界一楽しい決算書の読み方	2020/03/28	KADOKAWA
会計クイズを解くだけで財務3表がわかる 世界一楽しい決算書の読み方［実践編］	2022/06/17	KADOKAWA
稲盛和夫の実学—経営と会計	2000/11/07	日本経済新聞出版
起業の科学 スタートアップサイエンス	2017/11/02	日経BP
入門 起業の科学	2019/02/28	日経BP
Running Lean —実践リーンスタートアップ	2012/12/21	オライリージャパン
リーン・スタートアップ	2012/04/12	日経BP
ビジネスモデル2.0図鑑	2018/09/29	KADOKAWA
起業のファイナンス増補改訂版	2015/01/16	日本実業出版社
創業手帳	（毎月改訂）	創業手帳
起業のミカタ		「起業のミカタ」編集部
実践CVC —戦略策定から設立・投資評価まで	2018/10/06	中央経済社
実装CVC —技術経営から戦略・財務リターンまで	2021/01/30	中央経済社
スタートアップ入門	2019/04/27	東京大学出版会
テクノロジー・スタートアップが未来を創る：テック起業家をめざせ	2017/12/28	東京大学出版会
Q&A株式上場の実務ガイド〈第4版〉	2022/03/04	中央経済社
オープンイノベーション 組織を越えたネットワークが成長を加速する	2008/11/25	英治出版
実践インキュベーション 大学発スタートアップ・エコシステムへのインサイト	2022/08/29	中央経済グループパブリッシング
スタートアップの知財戦略：事業成長のための知財の活用と戦略法務	2020/03/09	勁草書房

コラム3

KPMGと慶應義塾大学との関わり

大学発の起業を支援

「インキュベーション」とは、「孵化（ふか）」を意味する英語ですが、最近では「新規事業の創出や育成を行う」という意味で使用されています。あずさ監査法人インキュベーション部では、大学などのアカデミアを中心としたエコシステムから生み出される大学発スタートアップやベンチャー企業の育成や支援を行うことによって日本経済の活性化につなげ、ひいては社会に貢献することを目指して、国内の大学との共催によるシンポジウムの実施や執筆活動などを継続的に行っています。

そのひとつとして、毎年、慶應義塾大学医学部発ベンチャー協議会と共催で「Keio Visionary Café Featured by KPMG」と「慶應義塾大学医学部発ベンチャー・サミット Featured by KPMG」という2つのシンポジウムを開催しています。

左から、倉田剛（KPMGコンサルティング プリンシパル）、坪田一男（慶應義塾大学名誉教授）、阿部博（あずさ監査法人常務執行理事インキュベーション部長）

前者は、将来起業を考えている大学生を中心に、東京証券取引所の協力のもと、東証アローズの施設見学や起業家・専門家を登壇者として招き、起業において大事な心構えや必要な志などを共有するシンポジウムとなっています。2022年11月に開催されたシンポジウムにおいては、ベンチャー協議会代表でもある坪田一男慶應義塾大学名誉教授にも登壇いただき、学生の皆さんに熱いメッセージを送っていただきました。

後者は、慶應義塾大学医学部発ベンチャー協議会の会員企業によるプレゼンテーションを中心としたシンポジウムで、起業を志す学生はもとより、ベンチャーキャピタルや金融機関など多方面の方に参加いただいているプログラムです。

2023年1月に開催された第4回となるシンポジウムでは、協議会員であるベンチャー企業18社から社会の難題に挑む自社の技術や強み、今後の展開などについてプレゼンテーションを行っていただきました。本シンポジウムに登壇いただいた方はいずれも心臓病医療、再生医療、眼科医療、リハビリ医療などの分野における医薬品・医療機器開発などを通じて社会課題の解決を目指す熱い志をお持ちの医師・起業家ばかりとあって、日本の医療・医療機器の技術の高さを改めて感じることができ、定員を大幅に超える130名以上の申し込みがあるなど、関心の高さがうかがえるイベントになりました。

慶應義塾大学向け講座の講義を終えて

本書のもとになった慶應義塾大学向けの寄附講座（秋期講座）のしめくくりとして、坪田一男名誉教授とともに、「スタートアップ創出と成長戦略」と題する講義をさせていただきました。講義には多くの学生が出席され、熱心に聞き入るとともに講義後にも鋭い質問や自分の想いを語る姿に大いに刺激を受けました。

アメリカをはじめとする海外の著名な起業家の多くは20代の頃に起業し、その多くが今や世界有数の企業へと成長しています。日本でも、創業者が20代のうちに起業し、バブル経済の崩壊やリーマンショックなどを経た今もなお、日本を代表するリーディングカンパニーとして存在し続けている大企業が多くあると同時に、若い経営者が率いるスタートアップやベンチャー企業も続々と誕生してきています。

スタートアップへの就職を希望している学生が半数近くを占めるというアンケート調査結果もあり、講義に出席された学生の中にも、起業を志す人、スタートアップやベンチャー企業への就職を考えている人が多くいたと思われます。学生や若手の研究者は、起業に向けた、もしくは起業後間もない段階での多くのサポートを必要としています。今後も日本のスタートアップ・エコシステムがさらに発展し、若い世代の方々が日本はもとより世界で活躍されることを願っています。

スタートアップに関心を持つ若い方々や熱意を持った学生の皆さんと触れ合うことで、まだまだ日本の未来は明るいなと感じるとともに、これからもインキュベーション活動を通して、新しい革新的な技術やアイデアを有するスタートアップ企業や起業家の支援をより一層進めていく決意を新たにしました。

（阿部 博）

第5講

学生起業家からのメッセージ

スペシャル対談：現役、元起業家に聞く「起業」から学べることとは？

・進行　倉田剛・編集（本書編集担当）
・話し手　起業家：高橋史好さん
元学生起業家：荻原健斗さん
受講生①：木村未来さん
受講生②：片岡宏斗さん
（対談収録日　2023年3月24日）

倉田：まずは、起業された二人には起業のきっかけを、これから社会に出るお二人には将来的な起業に対する興味といったところからお願いします。

起業は身近なところから始まった

荻原：私は早稲田なのですが（笑）、大学在学中に日本語学校を開校という起業経験があります。卒業後は縁あってKPMGコンサルティングに在籍しています。

中学2年生から5年間、中国で生活しましたが、当時、全く意思伝達ができなかった私は周囲の人に助けられ、支えられてきました。帰国して大学入学後、今度は周りの留学生達の日本語学習に関する課題や日常生活の悩みを毎日のように耳にしました。中国時代への感謝の気持ちもあり彼らに日本語を教えていたのですが、調べてみると、東南アジアでは日本語学校の月謝が平均給与の3分の1もする。日本語の勉強を金銭的理由で諦めざるを得ない人達がいるという社会課題を解決すべく、JLPT（日本語能力検定試験）を体系立てた日本語教育講座の動画コンテンツを作成し、動画配信サービスやSNS上で無料配信することを考えたのです。

当初はスマホで撮影した2分ほどの動画を編集なしでアップしていましたが、一晩で「ありがとう」というコメントが何件も来るなどニーズを強く感じ、自作コンテンツを毎日配信し続けました。視聴者の声を取り入れ飽きさせない工夫を重ねることで少しずつ認知度が高まり、当時最も注目度の高かったベトナム・ハノイで学校を開校するに至りました。初月で300人ほどが応募、大学の授業を休んで現地で学校の運営、教師の採用・育成、学生への指導など、慌ただしい日々を過ごしたことを覚えています。

高橋：私は今、慶應のSFC総合政策学部に所属しており、この4月に復学予定です。群馬県の両親とも公立高校教員という保守的な家庭で育った反動もあってか反抗期が長く、ほぼ家出のような形で海外に行ってみようと思い、高校2年の時、単身インドに留学しました。ちょうどインドは急激に発展をしている変化がすごい時期でもあり、全く違う世界に大きな衝撃を受け、それまでの固定概念や価値観が全て壊れた瞬間。それが16歳の時でした。

実は当時、インドでは、一部ニューリッチ層の間に、子どもの日本語教育のためのシッターを求めているところがあり、運良く1年滞在できることになったのです。ホストファミリーのパパが人生で初めて会った「アントレプレナー」

高橋史好さん

でした。大規模インフラを構築する実業家で、日々の生きるスピード感や、話す内容の規模感の大きさなどに感銘を受け、私も起業したい、社会を変えるようなことをしてみたいと思い始めました。

勉強は苦手、資本もない私でしたが、インドで生活する女子高生をコンテンツにしたら面白いメディアになりそうという安直な発想から「インド女子高生の日常」というSNSの運用を始めたところ、3カ月ほどで1万人近いフォロワーになったのです。ただこれはとても事業と言えるようなものではないし、新しいことをするにもリソースや自分という人間への社会的信頼がまったく足りない。そこで一旦帰国して、勉強し、仲間づくりができれば何か足掛かりがつかめるかもしれないと大学受験をして今日に至ります。

その後、立ち上げた事業は主に2つ。1つは日本の若者がインドのものにリアクションするというインド向けユーチューブチャンネルで、昨年登録者15万人になったタイミングで日本のＩＴスタートアップに売却しました。もう１つは今、インドジュエリーの日本向けＤ２Ｃブランドの立ち上げに取り組んでいます。

木村：３月に経済学部を卒業しました。データ分析のゼミで幸福度について研究したことがきっかけで、日本の幸福度向上、ウェルビーイングについて関心があります。また、新しいものを生み出すイノベーション、多様な価値観を持つ人たちと協働して何かをすることにも興味があります。大学３年生の時には中国の西安交通大学で１年間、コロナ禍のためオンラインでしたが交換留学をしました。

課外活動では、東京大学発の i.school の受講生として１年間、イノベーションを起こす仕組み、デザイン思考、アナロジー思考、未来洞察などを学びました。また、秋田県にかほ市のシティプロモーションや神奈川県横浜市青葉区の地域交流拠点ＳＰＲＡＳ ＡＯＢＡＤＡＩのスタッフを通して、コミュニティづくりに携わっていました。就職先は東京の鉄道会社で、学生時代の経験や興味関心をもとに、社会変容に対応しながら利用する人が豊かに過ごせる街づくり・沿線開発に携わっていきたいと考えています。

片岡：4月からベンチャーキャピタル（VC）に就職予定です。2021年秋まで硬式野球部に4年間所属し、早慶戦に出ることを目標に毎日、練習してきました。ただ2年生の時にヘルニアを患い、肩の脱臼も再発、秋の新人戦直後には立てないくらいひどくなり、手術をしましたがもう野球はできない状態になりました。目標を失ったタイミングで今度は新型コロナです。その時に、自分は何がしたいのかと自問自答しました。自分が本当に必要とされるところでバリューを発揮したいという思いが強くなり、3年生の夏頃に、新人監督として裏方に回るという選択をしました。

3年生の時に起業家とVCの関係を学び、その後、就職内定先のVCが提供する講座に参加し、国内外の現状、投資家と起業家との関係性などを理解し、一緒にビジネスをつくっていくという想いを聞き感銘を受けました。その役割は、いかに選手を活躍させるかを考える新人監督とも非常に似ていると思い、VCを志すようになりました。

倉田：では、荻原さんと高橋さんからは起業にまつわるエピソードなどをお聞きしたいと思います。一方、木村さん、片岡さんには講義を受けて思ったこと。さらには、荻原さんや高橋さんに聞いてみたいことをお願いします。

高橋：マネジメントどころか社会人としての経験もゼロですから、アカウンティングや組織のつくり方など、全てイチから勉強しなければなりません。ましてやその先にどんなリスクが待ち受けているのかもわかっていませんから、あらゆる落とし穴にしっかり落ちて、そのたびに学んで強くなっていったという感じですね。

辛かったこともたくさんあります。今でも一番心がキュッとなるのは、一緒に未来をつくろうと誓い合った仲間が抜けていき、最後は一人になってしまったことです。好きなことだし楽しいとは思うのですが、責任も全て一人で負うことの重み、絶対に逃げられない、弱音も吐けない立場なのだと、常に孤独と向き合っています。

とはいえ後悔はしていません。成功体験が複利的に膨らむ実感があり、どんどん自分が強くなっていく感覚が持てる。純粋に自分の成長を感じられます。自分の手で自分の未来を変えている感覚って、すごく幸せだなと思います。

片岡：例えば野球なら、大谷翔平選手みたいになる、甲子園に出る、プロを目指すという目標が明確で、それが変わることはほとんどありません。でも起業の場合は、ピボット（方向転換）しようと思えばすぐにできそうな気がします。最初に何か定量化された目標設定はありましたか。また、それが変わることはあったのでしょうか。

高橋：登録者数など具体的な数値目標とＫＰＩはありますが、起業人生の出口として明確な設定はなかったですね。ただ、大切にしている軸はあります。私の場合は「なくても困らないけどあったら楽しくなるものだけをやっていこう」というビジョンがあります。

木村：アカウンティングなども全て自分でという話ですが、実際、ゼロからイチは生み出せても、1を10に、１００にするとなると、人や組織、会計など様々な知識が必要になるということですよね。人には向き不向きもあると思うのですが、それでも自分でやらなきゃいけないとなった時にどう対応していくのでしょうか。

高橋：なかなかうまくいかないことばかりなのですが、起業された先輩は皆さん同じような経験がある。専門家に相談するお金はないし、法務や税務に詳しい人も身内にいないから、そうした先輩に教えを請うことがすごく多いです。

片岡：ビジネスを誰とやるかは結構重要な要素かと思います。最初は同じ志を持つ人達で始めたのだと思いますが、離脱が起こる。それには何があったのでしょうか。

高橋：少しシビアな話になりますが、学生起業あるあるで何となく仲良しの人と始めたので、細かい決め事はとりあえず後にしようと。ところがそれが原因でもめることになってしまった。権利関係などはしっかり事前に決めておくべきでした。

起業は孤独との闘いでもあった

編集：経営者は孤独と言われます。お二人はそれにどう向き合ってきましたか？

高橋：どう消化するかですよね。私は一人旅が大好きで、苦しい時ほど自分のことは誰も知らないようなところに行き、一人で消化しています。

片岡宏斗さん

荻原：私も孤独を感じることは多々ありました。というのも、基本的にはオンライン上で顔の見えない人たちに「どうしたら喜んでもらえるか？」と一人悶々と考えながらコンテンツを企画しなければいけなかった。また日本語として間違った情報は教えるわけにはいきません。それで、一人でいると「なぜ日本人の自分が、〝は〟と〝が〟の使い方の違いまで頑張って勉強しているんだろう？」などという疑問も浮かんでくる。ただ、何とかつくりあげた動画に対して「先生、ありがとう！」「おかげでＪＬＰＴに合格しました！」という喜びのコメントがあふれるのを見ると、そうした孤独感や疑問が払拭されて自分が誰かの支えになっていると思え、モチベーションが保てたのですね。

辛かったことはほかにもあります。例えば最初のうちは全く収益が出ない（笑）。動画再生数やチャンネル認知度は指数関数的に上がったものの1年間はほぼ無給でした。ほんの数万円程でしたが、初めて自分がゼロから築き上げてきたもので稼いだお金が振り込まれた時の感動は今でも忘れられません。

ほかにも、一緒に事業を進めてきたメンバーとの間にちょっとした方向性の違いがあり、それが軋轢（あつれき）となって、最終的には、自分が折れてきっぱり事業から手を引く、というような結果も、当時は辛かったですが、今となってはいい思い出です。

孤独ということでは、事業を立ち上げたばかりの時は、経営目標・戦略だけでなく、従業員の労務、会計や税務、機材発注など、経営の根幹に関わることから事務的な定型作業まで、企業運営に関する機能の全てに自分で対応しなければなりません。1日のほとんどが雑務で忙殺されることも多かった。ですよね、高橋さん？

高橋：そうですね。思い描いていた〝代表〟とはかけ離れていました（笑）。人の処遇でトラブルが起きたかと思えば、ファイナンスで問題が生じる。もう本当に予期せぬ方向からトラブルが生まれて、常に満身創痍みたいな感じです。

荻原：大企業ならばルール化されていること、例えば従業員への交通費支給について法律ではどう定められているのか、ホームページをつくっても利用規約に何を書けばいいのかといったことも全部自分で調べていたので、やはり大変でした。

成功のカギは？

木村：荻原さんと同様に、私の知人も複数でユーチューブを始めましたが結局、解散しました。コンテンツについてかなり悩みながら、チャンネル登録者数を伸ばすために何度も活動休止して話し合い、大きく方向転換して再開する姿を見てきましたが、あまり伸びず苦戦していました。

お二人の場合、何がご自身の成功要因になったと思いますか。それから、ニーズに応えるとか登録者数を増やすところで、方向転換はされたのですか？

荻原：徹底した差異化とトライアルアンドエラーの繰り返しの2つが肝だと考えます。差異化としては、始める前に市場の伸びしろや競合をリサーチしました。当時オンラインの日本語講座は「こんにちは」程度の日常会話くらいしかなく、一方でTOEFLのような英語関連はしっかりとした講義動画が多々ありました。日本語学習者数の増加という将来性がありかつ競合がまだいないところで差異化し、そこに徹底的に軸を置いてブレずに進めました。トライアルアンドエラーとしては、視聴者の生の声を聴き、その時々のニーズに柔軟に対応するなど、失敗も多くありましたが、視聴者の満足度が高まるよう、新しいことをどんどん取り入れていきました。

高橋：私も、成否は事前のリサーチやポジション取りでほぼ決まっていたように思います。インドの人口が増えるなか、安いスマホが手に入るようになり、動画と触れ合う機会が増えた。そこでインド向けは伸びるという仮説が生まれ、同時に自分にはインドに滞在歴があり、ある程度、人々のエンタメへの嗜好性や国民性がわかるという肌感覚があった。インドの人は日本人の何に興味を持つかという仮説を組み合わせて、本当にニッチなところで始めましたが、その時のポジションは事前のリサーチでほぼ決まっていたと思います。

　方向転換については、ユーチューバーも一昔前と違って、自分の見せたいものではなく、いかに見てもらうかが大事で、ニーズをくみ取りうまく舵を切れた人が生き残る時代になっている。ですから自分のポリシーと折り合いをつけることが難しかったですね。結局私は、軸はブラさずに小さな軌道修正を繰り返していました。

荻原：今事業を立ち上げる際に共通する重要なポイントは間違いなくＳＮＳだと思います。ユーチューブを含めたＳＮＳは人が集まるプラットフォームで、まずそこにコミュニティをつくり、そこから派生させてビジネスを拡大することがトレンドのような気もします。私の場合、例えば現地での日本語学校開校、国内での住まい・携帯キャリア・バイトなどを探す外国の方を企業へ紹介するなど、ＳＮＳ上でのコアな事業を主軸に、それを梃に様々な事業を多角的に広げていきました。

つまり、まずは起業の前提として市場ニーズの把握、主軸づくりなどが挙げられますが、その先にSNSでいかに集客できるか、が大事だと考えています。

木村：いつ頃からお金がらみの問題が発生していったのか気になりました。

荻原：私は、当初から収益を出すことを念頭に置いていました。収益がないと事業への投資ができず社会への提供価値をさらに拡大していくことなどできませんし、自身のモチベーション維持も困難になると考えていたからです。単なるボランティアではいけないと強く思います。とはいえ、計画通りにはいきませんでしたが（笑）。

起業する前に学んでおくべき知識とは？

倉田：木村さんと片岡さんは、講義を受けて考えが変わったことはありましたか。

木村：もともと自分の力で何か新しいサービスを生み出してみたいという想いはあるのですが、起業となるとちょっと腰が引けてしまうところがありました。講義を受けてみて、もし明確に成し遂げたい何かが見つかり、それを起業で成し遂げたいと思った時に、いろんな問題が出てくることも勉強になりました。ただ、私には起業の準備もしながらコツコツと財務のことを考えるなんてできそうもない。そこで例えば、弁護士を目指す友達のように、起業に必要な基礎知識についていつでも相談できる人脈やコネクションをつくる必要性も感じました。

片岡：カケダスの社長さんが登壇された時、投資家と起業家の関係性において、いざこざのようなものはないですかという、VCを意識した質問を投げてみました。それに対して、なかには経験も知識も少ない学生起業家をカモにするようなところもあると聞いて、そういう現状なんだなと。それもあって、僕はスタートアップに足りない知識を補える存在になりたい、と思いました。起業家から信頼される存在です。そういう意味でも、今回の講座はすごく勉強になりました。

木村未来さん

高橋：私はこれまで、大学の講義も含め、起業に役立ちそうないろいろな場に参加してきましたが、その多くがビジョンの話や、大企業の経営戦略をひもときそれをどう生かすかとか、ブランディングとは、マーケティングとは、といった文脈での授業だったのです。私にとって一番知りたいことである法務や税務のテクニカルな知識も学べるこの講座は、ぜひ受けたいですね。

編集：法務や会計などの情報や知識を得るにはどうすればいいのでしょうか。

荻原：行き詰まったらまずはウェブで検索し、それでわからなければ知り合いや専門家に聞く、というような手探りで進めていたことを覚えています。今となっては、最低限でも体系立てた起業に関する前提知識があればよかったと思います。

　ところで、先ほど高橋さんは事業を売却されたと言われましたが、もともとイグジットプランに事業売却はあったのでしょうか。私は当初プランを策定した時点でＩＰＯも視野には入れていました。でも、いざ進めていくと全然思うようにはいかない。全世界に日本語学校をつくりたいと思っても、もうハノイの1校だけで精一杯。海外とのカルチャーギャップや時差のあるオペレーションも大変で、結局は目の前の問題を追うことだけに必死でしたね。

高橋：全部思った通りにはなっていないという意味で、事業の売却もそのひとつです。日本のインバウンドも伸びるなか、インドの13億人にリーチできるさらなる展開をしようと仕込んではいました。でも2年くらいで伸びの天井にぶつかったのと、メンバーが抜けて一人でやることの限界を感じてしまった。さらにニッチな市場すぎて、インド向けのエンタメコンテンツをつくれる人や現地語がわかる人の採用もできなかった。それで不本意ながら、売却して次の事業に行こうとなりました。

それから情報や知識ですが、私には法務や会計の知識もなければ余裕もお金もないので、問題を事前に回避するなんてできません。毎回、行き詰まってから自分で勉強する。ウェブの情報じゃ全然足りないから、最後は先輩やコミュニティに頼るんです。でも皆さん同じ経験があるので、優しく寄り添ってくれた。体系化されてはいませんが、それが日本のスタートアップのエコシステムの良い側面だとしみじみ思います。

編集：事業を始める、続けるために、やらなかったことはありますか。それから事業には大きいものから小さく削ぎ落としていく場合と、小さいものを肉付けしていく場合とがあると思いますが、どちらが大切になってくるのでしょうか。

高橋：私の場合、やれなかったに近いと思いますが、プライベートの関係づくりでしょうか。本当に保守的な地域社会だったので、私が起業したって言ったら、東京で悪い大人に騙されたんじゃないかって感じで、家族にも地元の友達にも理解してもらうことをやめました。ただ、ひとつ面白かったことがあって、地元の新聞で私が紹介された時に両親が喜んで、初めて認めてもらえた。ネットニュースじゃダメで我が家の最有力メディアは地方紙です（笑）。

次に、削ぎ落とすというところでは、私にはインドでのエンタメがわかることと人より時間を投下できることしか武器がなかったので、ニッチに刺さるように削げるところは全部削いで、針のように尖らせて戦ってきたと思います。

荻原：私の場合も、あえてやらなかったという意味で、親にはできるだけ詳細は話さないようにしていました。私の親も普通の親御さんと同じで、いわゆる良い大学に入って良い企業に就職することが望ましいという固定観念・価値観がすでに出来上がっていたので、リスクの高い起業家としての道を歩みたいなんて言ったら大反対されるのは目に見えていました。そのため、一般の新卒初任給よりも遥かに多い収入を毎月コンスタントに得られるようになってからしっかり説明しようと思っていました。が結局、その目標には一歩届かず、また仲間との方向性も合わず、心身ともに疲弊してしまったことを覚えています。学生の自分にとって一番の理解者であろう親からの反対は絶対に避けたかったから、こちらからは多くを語らなかったというのはありますね。

2つ目の、削ぎ落すか肉付けしていくかの優先順位については、同時並行ではあるものの、私は最初に事業案を削ぎ落しながら、ニッチな市場を狙った主軸を確立させた上で、ＪＬＰＴだけでなく、そのほかの日本語の資格というような新たな軸を少しずつ足していくというスタンスを取りました。

学生で起業することのアドバンス

荻原：もうひとつ経験から言えることとして、学生という強みはひとつの武器にしてほしいし、個人的には学生の時に起業を経験してみてほしいと思っています。私も社会人になって思うのは、「学生起業家です」と学生さんから言われると、怪しまれるというよりは、「あっ偉いな、頑張ってるな」という目線になってくれる人が多いということです。自分も学生時代は、「学生起業家です」と言っていました。

荻原健斗さん

何をもって起業とするかの定義は人それぞれでいいと思いますし、起業自体が目的となるのも本末転倒だと言われてしまうかもしれませんが、とにかく1カ月本気で考えれば、市場ニーズに合致した自分の成し遂げたい事業の軸を見つけ、少額ながらも何かしらの収益を上げることはできると思っています。それより重要なのは、起業した自分は幸せなのか、自身の本質を発見できるのかということです。自身のやりたいことをずっと追求していくなかで、収益が少しだったとしてもラッキーと思えるのか、収益が多くないとモチベーション維持ができないのか。そもそも自分は起業家に向いているのか。成し遂げたいことを実現するためにどれほどの犠牲を払えるのか。学生時代に起業することで、そういったことを見極めるいいトレーニングにもなります。

高橋：私も学生起業が一番リスクが少ないと思います。残念ながら制度が変わってしまいましたが、慶應って8年間休学ができたんです。その間にどんなチャレンジをしても、また戻ってきてもいい。次にどんなキャリアを歩むにしても、挑戦の経験はプラスになると思います。今は学歴社会じゃないと言いつつも、大学名はわかりやすい信頼のポートフォリオで、あって損はないと思います。

まずは行動してみてほしい

倉田：ありがとうございます。我々ではなかなか気付けない、参考になる話がたくさん出てきました。最後に、この本の読者へのメッセージをお願いします。

片岡：僕は、日本の未来、イノベーションに関して悲観はしていません。というのも、VCの運営側としてこの1年間、起業家サークルの人や投資や起業に興味のある人に集まっていただくイベントを2回開催したのですが、皆さん、自分がどう社会に関わっていくか、貢献していくかという点ですごい意識を持っておられる。

そういう仲間と話すのは楽しいですし、一緒にいろいろチャレンジすることが結局、すごく小さいかもしれませんが社会を変えていくと思っています。

昔、天動説から地動説へのパラダイムシフトは、旧(ふる)い世代が引退し新しい世代に替わっていったことで起きたといいます。僕らの世代が上の年代と呼ばれるようになった時に、すごく良い影響をおよぼせられるように、スタートアップやイノベーションに興味がある仲間を増やしながら、そういう役割を担える社会人になろうと思っています。

高橋：抽象的なメッセージになりますが、大きな志があるわけでもなく、自己表現のひとつの手段として私は起業を選びました。自分が幸せに生きるための手段がたまたま起業だったということなのです。ビジネスにこだわる必要はなくて、人は自分が幸せになる自己表現の手段が見つかったら幸せなんだろうなって今、改めて思います。

木村：私には現時点で起業するという選択肢はありませんが、イノベーションを起こすことには興味があります。今回起業をテーマにした講義を受け、さらにこうして実際に起業された方のお話まで聞けたことを踏まえてお話しさせていただきます。

私は、起業は自分のやりたい夢に向かって強い意志・信念を持つ人でないとできないものだと思ってきましたが、実はそこまでの意志がなくても可能だし、一緒に組む人や新しいコンテンツの掛け合わせによって大きなイノベーションや成功するビジネスも生まれる。そういう可能性があるのだなって、今は思います。

同時に、宇宙やeスポーツなど様々な社会課題解決のためのビジネスがあることも知り、刺激になりました。そして起業が向いているかはともかく、ビジネスを生み出す上ではいろいろな価値観に触れたり、起業家コミュニティに参加してみたりということが大事だと思いました。ひょっとしたら私もこれから会社の中で新しい事業を立ち上げたり起業したりするかもしれないわけで、この講座を受けてよかったです。

荻原：何か上から言える立場でもないのですが、私の経験が少しでも誰かの役に立つなら、という想いを込めてお話しさせていただきます。そもそもまず、皆がみな起業家になる必要はないと思います。サポート役の方が強いとか、企業に属した方がいいという人が大多数ですし、それはそれで武器だと思います。ただ、もしご自身が起業家としての素質があるのなら、そのことには早い段階で気付いてほしい。

そのためには、何か思い立ったら、アイデアがあるなら、興味を持ったなら、すぐにアクションを起こしてほしいです。先ほども言いましたが、このご時世、起業なんて本当に、自分の考えひとつですぐできてしまいます。失敗しても全く問題ないと思いますし、それがご自身の貴重な経験にもつながります。

企業の人達と話をしていると、この人は絶対、起業家になった方がより輝けるのに、と思う人が一定数います。この本をきっかけに、社会にインパクトを与えるような起業家が一人でも多く増えることを心から願っています。

倉田：本日はありがとうございました。

エピローグ

アメリカを中心に世界各国でテクノロジー・スタートアップが数多く誕生するなか、日本においても大学発のスタートアップをはじめとした若手の起業家の増加は見られるものの、アメリカや中国と比較してそのインパクトは小さいと言わざるを得ません。CBインサイツ（CB Insights）社の公表しているデータによる2023年2月時点でのユニコーン企業（評価額が10億ドル以上、設立10年以内の非上場企業）数の国際比較

図表－1　ユニコーン企業数の国際比較

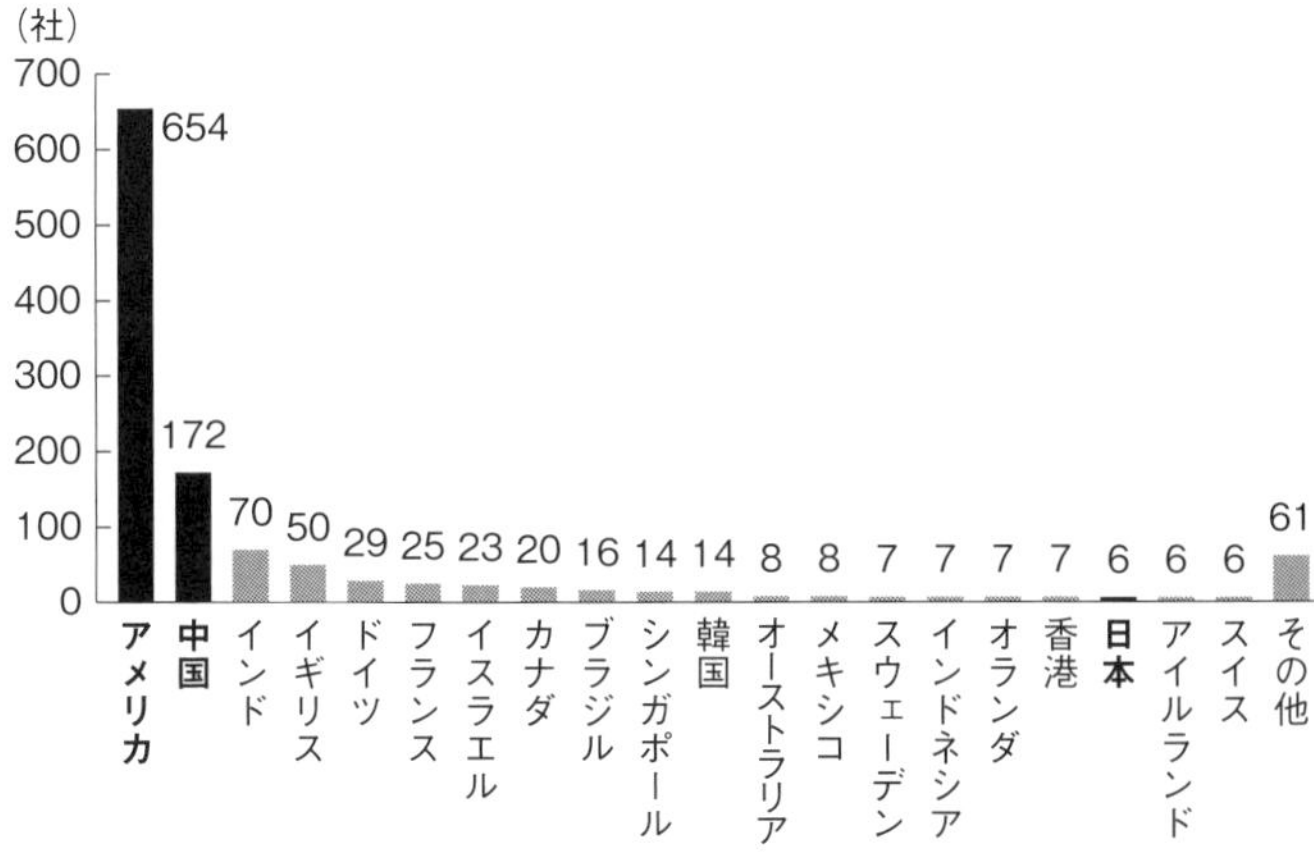

出所：CB Insights社調べ（2023年2月時点）

は、図表－1の通りとなっています。

また、「失われた30年」の例としてよく引用されるのが84ページ、図表3－1－2のデータです。平成初期には世界の時価総額ランキング上位を占めていた日本企業の存在感は、今やありません。

日本から世界的なスタートアップや破壊的イノベーションが生まれない原因は、教育制度にもその一端があると言われていますが、筆者も欧米やアジアの起業家や同僚と接するなかでそれを感じる機会が多々ありました。実際に体験した、シリコンバレーの高校生シリアルアントレプレナー（連続起業家）とのエピソードを紹介します。

その高校生は2年生の時に全米規模のビジネスコンテストの地区予選で入賞して起業し、そこで得た特許をＮＡＳＡ（アメリカ航空宇宙局）に売却、さらにその売却資金で2社目を立ち上げ、半年後にはそのプロダクト（ＡＩを活用した教育アプリ）を自分の高校に試験導入していたそうです。

もちろん、アメリカの高校生全てが彼のような起業家ではありませんが、彼の周りには、小さい頃から地域コミュニティや学校のクラブ活動などを通じてビジネスに慣れ親しむ環境があったそうです。

彼が参加したビジネスコンテストの主催団体には3000以上の高校から17万人以上が参加しており、その裾野の広さは、日本で言う野球のピラミッド構造を連想させました。日本ではものすごい数の野球少年が甲子園を目指し切磋琢磨してレベルを上げ、そこを勝ち抜いた者がプロに進み、さらにそこで優れた選手がメジャーリーグに行って活躍しています。広い裾野を持つピラミッド構造があって初めて、イチロー選手や大谷翔平選手のような、世界を代表するプレイヤーが出てくるのではないでしょうか。くしくも、先頃行われた野球の国別対抗戦（WBC）では、大谷選手やダルビッシュ有選手率いる〝侍ジャパン〟が激闘を制して14年ぶり3回目の世界王座を奪還し、大変な話題となりました。ビジネスの世界でも、こうした裾野を広げる活動が必要ではないでしょうか。

筆者には、〝ビッグ4〟と言われるアカウンティングファームに所属するプロフェッショナルとして、こうした状況を打破しなくてはいけないという危機感、使命感のようなものが以前からありました。そうした想いを抱えるなか、慶應義塾大学への寄附講座の内容について担当教授の中妻先生と初めてお話ししたのが、２０２１年の暮れのことです。ちょうど、ＫＰＭＧコンサルティングが同じ年の7月に、新たな価値創造モデルを探索することを目指し「ビジネスイノベーションユニット」を立ち上げた直後のことでした。

中妻先生とお話をすると、同じような問題意識をお持ちであることがわかりました。中妻先生ご自身も、慶應義塾大学から日本を代表するような起業家を輩出し、母校に還元してほしい、という強い想いを持っていらっしゃいました（本書において中妻先生にお書きいただいた「はじめに　日本経済を支える『木』を育てたい」を今改めて読むと、その熱い想いが伝わってきます）。こうして、当講座のテーマはあっという間に決まりました。

春季講座の募集では、５００名の定員に対して７５０名を超える応募があり、急遽定員を６００名に増枠してスタートしましたが、受講生へのアンケートではこうした調査では異例とも言える満足度の高さで、昨今の大学生のスタートアップやイノベーション創発に対する意識の高さを改めて感じることができました。秋講座も引き続き

600名近い受講生を集める人気講座となりました。

講座の一部には、起業のみならずビジネスの現場では必要でありながら、日本の標準的な教育カリキュラムの中では学ぶ機会の少ない会計や財務、法律、税務などの基礎知識もラインアップとして並べました。当初、これらのビジネス基礎知識はAIやフィンテックの最新動向などと比べると学生さんには退屈に思われるのではないかと懸念していましたが、中妻先生の「ぜひ入れてほしい」との要望もあって採用しました。結果、当初の懸念とは裏腹に大変な好評をいただきました。

手前味噌ではありますが、会計や財務、税務といった分野を学問として学ぶ機会はあっても、実際のビジネス現場でどのように使っているかということを専門家が解説する講座は、これまでになかったのではないでしょうか。

本書は、2022年に実施した各90分、春秋計28講座の内容をコンパクトにまとめたものです。スタートアップやイノベーションに必要な要素を限られた紙幅で全て伝えきることはできませんが、そのエッセンスだけでも感じ取っていただければと思います。なお、本講座は2023年もさらに充実した内容で継続しております。

講座がスタートした2022年には、岸田文雄内閣総理大臣が起業家育成の「スタートアップ創出元年」と位置付けたほか、経団連においても「スタートアップ躍進ビジョン」を発表するなど、日本発の世界的スタートアップ誕生に向けた機運が高まっています。KPMGとしても、こうした流れを後押しするとともに、未来を担う若者達の挑戦をバックアップができれば、と考えています。いつの日か受講生の中から世界を驚かせるような起業家、イノベーターが出てくることがあれば、望外の喜びです。

執筆者を代表して

KPMGコンサルティング ビジネスイノベーションユニット　倉田　剛

◇第4講　1、2、3

倉田 剛（くらた・たけし）

◇第4講　4

浜口 基周（はまぐち・もとちか）

有限責任 あずさ監査法人 第1統轄事業部/企業成長支援本部インキュベーション部　テクニカル・ディレクター　公認会計士

学習院大学経済学部卒。著書に『Q&A 株式上場の実務ガイド〈第4版〉』（共著、中央経済社、2022年）。

KPMGコンサルティング　ビジネスイノベーションユニット

従来型のコンサルティングモデルの枠を超え、クライアントと協働で新たな事業やサービスを創出し、マーケットにダイレクトに価値提供していく新しいコンサルティングモデルを構築する組織として、2021年7月に設立。エッジの効いたテクノロジーをいち早く探索・深く理解し、環境問題や地域活性化など本質的な課題に中長期的に向き合い、デジタル×妄想力で社会課題に向き合う変革のオーケストレーターとして、行政・企業・団体、消費者を巻き込みながら自らがコンソーシアムを組成し価値創出をリードすることを目指している。

◇**第3講　5**
倉田 剛（くらた・たけし）

◇**第3講　6**
中山 知紗（なかやま・ちさ）
KPMGコンサルティング ビジネスイノベーションユニット ディレクター
同志社大学政策学部卒。著書に『日経MOOK　スマートシティ3.0』（共著、日本経済新聞出版、2022年）など。

◇**第3講　7**
笹木 亮佑（ささき・りょうすけ）
KPMGコンサルティング ビジネスイノベーションユニット ディレクター
東京理科大学工学部卒

◇**第3講　8**
海保 忠勝（かいほ・ただかつ）
KPMGコンサルティング ビジネスイノベーションユニット マネジャー
早稲田大学大学院先進理工学研究科卒

◇**第3講　9**
宮原 進（みやはら・すすむ）
KPMGコンサルティング ビジネスイノベーションユニット ディレクター
KPMGジャパン 防衛・宇宙チームリーダー
著書に『デジタル・ファイナンス革命』（共著、東洋経済新報社、2019年）など。

◇**第3講　10**
倉田 剛（くらた・たけし）

◇**第3講　コラム3**
髙橋 智也（たかはし・ともや）
KPMGコンサルティング ビジネスイノベーションユニット マネジャー
KPMGモビリティ研究所 メンバー
早稲田大学第一文学部卒

◇**第2講　コラム2**
阿部 博（あべ・ひろし）

◇**第3講　1**
倉田 剛（くらた・たけし）

◇**第3講　2**
伊藤 貴比古（いとう・たかひこ）
KPMGコンサルティング ビジネスイノベーションユニット Edge Incubation & Innovation アソシエイトパートナー
青山学院大学大学院会計プロフェッション研究科卒

山本 将道（やまもと・まさみち）
KPMGコンサルティング ビジネスイノベーションユニット Edge Incubation & Innovation マネジャー
早稲田大学第一文学部卒

◇**第3講　3**
麻生 多恵（あそう・たえ）
KPMGコンサルティング サステナビリティ・トランフォーメーションユニットパートナー
KPMGジャパン 脱炭素化サービスリーダー
筑波大学生物資源学類卒

村山 翔（むらやま・しょう）
KPMGコンサルティング サステナビリティ・トランフォーメーションユニット シニアコンサルタント
早稲田大学法学部卒

◇**第3講　4**
大島 良隆（おおしま・よしたか）
KPMGコンサルティング ビジネスイノベーションユニットスマートシティチーム ディレクター
KPMGモビリティ研究所 コアメンバー
学校法人 大阪経済大学 非常勤講師
慶應義塾大学大学院理工学研究科修了

執筆者一覧（担当順）

◇第1講

佐渡 誠（さど・まこと）

KPMGコンサルティング 執行役員 ビジネスイノベーションユニット統轄パートナー

慶應義塾大学卒。著書に『「ゴール仮説」から始める問題解決アプローチ』（すばる舎、2018年）、『6スキル　トップコンサルタントの新時代の思考法』（共著、日本経済新聞出版、2023年）など。

◇第2講　1、2

阿部 博（あべ・ひろし）

有限責任 あずさ監査法人 常務執行理事 パートナー 公認会計士

KPMGジャパン プライベートエンタープライズセクター スタートアップ統轄パートナー

慶應義塾大学経済学部卒。著書に『IPOと戦略的法務――会計士の視点も踏まえて』（共著、商事法務、2015年）、『実践インキュベーション：大学発スタートアップ・エコシステムへのインサイト』（共著、中央経済社、2022年）など。

【あずさ監査法人 インキュベーション部】

佐藤 太基（さとう・だいき）　パートナー 公認会計士

森 滋哉（もり・しげや）　シニアマネジャー 公認会計士

大村 昌之（おおむら・まさゆき）　シニアマネジャー 公認会計士

北郷 高史郎（ほんごう・こうしろう）　マネジャー 公認会計士

須藤 章（すどう・あきら）　マネジャー 公認会計士

池田 宜正（いけだ・よしまさ）　マネジャー 公認会計士

竹内 智昭（たけうち・ともあき）　マネジャー 公認会計士

古口 長一郎（こぐち・ちょういちろう）　アシスタントマネジャー

◇第2講　コラム1

倉田 剛（くらた・たけし）

KPMGコンサルティング ビジネスイノベーションユニット プリンシパル 公認会計士

KPMGジャパン 運輸・物流・ホテル・観光セクター 統轄リーダー

大阪大学経済学部卒、米国マサチューセッツ大学MBA修了。著書に『詳解 四半期開示のための連結マネジメント』（共著、税務経理協会、2004年）、『モビリティ　リ・デザイン 2040――「移動」が変える職住遊学の未来』（共著、日本経済新聞出版、2022年）など。

慶應大生が学んでいる
スタートアップの講義

2023年6月21日　1版1刷

編著者　KPMGコンサルティング ビジネスイノベーションユニット

発行者　國分正哉
発行　株式会社日経BP
日本経済新聞出版
発売　株式会社日経BPマーケティング
〒105-8308　東京都港区虎ノ門4-3-12
https://bookplus.nikkei.com/
デザイン　小口翔平＋畑中茜＋後藤司(tobufune)
本文DTP　マーリンクレイン
印刷・製本　中央精版印刷

ISBN978-4-296-11701-7

本書籍に関するお問い合わせ、ご連絡は下記にて承ります。
https://nkbp.jp/booksQA

Printed in Japan